죽은 역학자들

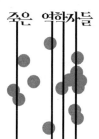

죽은 역학자들
-코로나 19의 기원과 맑스주의 역학자의 지도

2021년 9월 7일 제1판 1쇄 인쇄
2021년 9월 14일 제1판 1쇄 발행

지은이   롭 월러스
옮긴이   구정은, 이지선
펴낸이   이재민, 김상미

편집   정진라
디자인   정계수, 정희정

종이   다올페이퍼
인쇄   천일문화사
제본   국일문화사

펴낸곳   너머북스
주소   서울시 서대문구 증가로20길 3-12
홈페이지 www.nermerbooks.com
등록번호 제313-2007-232호

ISBN 978-89-94606-67-5 03300

너머북스와 너머학교는 좋은 서가와 학교를 꿈꾸는 출판사입니다.
홈페이지 www.nermerbooks.com

Dead Epidemiologists

코로나19의 기원과 맑스주의 역학자의 지도

죽은 역학자들

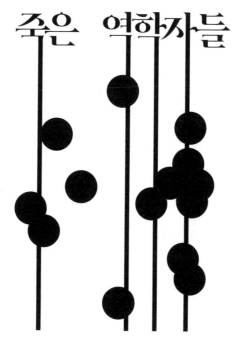

롭 월러스 글
구정은·이지선 옮김

너머북스

이녹 벤저민, 라파엘 벤저민,

그리고 셀소 멘도사를 추모하며.

차 례

일러두기

원서의 필자가 작성한 주는 미주로, 본문에 보충 설명이 필요한 경우에
작성한 옮긴이의 주는 각주로 정리하였다.

코로나19는 우리에게 많은 것을 알려줬다. 치명률 2퍼센트 안팎의 전염병이 지구 전체를 마비시킬 수 있다는 깨달음, 세계화가 이미 온 세상을 촘촘하게 엮어 놓았으며 그 그물망에서 벗어날 수 있는 나라나 지역은 없다는 사실, 사람과 가축 들이 숲을 파고들 때 숲속의 바이러스들은 어쩔 수 없이 '인간들이 사는 세상'으로 넘어올 수밖에 없다는 것, 가장 약한 사람들이 전염병의 습격으로 가장 큰 피해를 받을 수밖에 없는 현실. 이 모든 것을 바이러스가 보여 줬다.

어느 인터뷰에서 미국 학자 겸 운동가 제러미 리프킨은 코로나19를 가리켜 '기후변화로 서식지가 파괴된 모든 생물이 대대적인 이주를 하고 있다는 증거'라 불렀다. 롭 월러스가 이 책에서 내내 강조하고 있는 것이 바로 그러한 바이러스의 '이주' 현상이다. 병원균이 오랜 서식지를 넘어 야생동물에게서 가축과 인간의 세상으로 넘쳐나게spillover 만드는 가장 큰 요인은 개발이라는 이름으로 진행되는 삼림 파괴이며, 그 뒤에는 거대 농축산업이 있다. 이들 '애그리비즈니스Agribusiness'는 무차별적인 '글로벌 자본회로'의 일부분이며, 자본에 좌지우지되는 각국 정부, 특히 강대국들의 지원을 받는다. 애그리비즈니스에 돈을 대는 뉴욕과 런던과 홍콩의 자본은 모두 팬데믹의 공모자이다.

월러스는 여기에 공모자들이 더 있다고 말한다. 야생과 농축산업, 자연과 인간의 공존을 막으면서 정작 그 사이사이의 방어막들은 교란시키는 자본의 패악을 경고하기는커녕, 자본에 포섭돼 구미에 맞는 소리만 읊으면서 전염병에 맞선 근본적인 싸움을 방해하는 전문가들이 그들이다. 저자는 그런 방역 전문가들을 '죽은 역학자들Dead Epidemiologists'이라 부른다.

미네소타대학 글로벌연구소에 적을 두고 있는 진화생물학자 월러스는 2020년 국내에 번역된 『팬데믹의 현재적 기원Big Farms Make Big Flu』에서 조류독감 등 인플루엔자를 중심으로 바이러스의 진화와 확산을 촉진한 거대 축산업과 자본주의의 세계경제 시스템에 대해 문제를 제기한 바 있다. 그 책에 실린 글은 대부분 2000년대 후반부터 2010년대 초반 사이에 쓰인 것인 데 비해, 이번 책 『죽은 역학자들』은 코로나19 발생 이후에 썼거나 인터뷰한 내용을 모았다. 그 자신의 코로나19 투병 경험을 시작으로 해서 지구상 수많은 이들의 죽음을 부르고야 만 애그리비즈니스의 실체와 무기력할 뿐 아니라 나쁘기까지 한 역학자들의 실태에 대한 극렬한 비판을 담았다. 전작에서와 마찬가지로, 이번에도 그는 기업과 정부뿐 아니라 '좌파' 지식인과 동료 학자, 심지어 대안적인 농업을 주장해 온 운동가 등을 향해 날선 비판의 칼을 전방위로 휘두른다.

자본의, 자본에 의한, 자본을 위한 세계화라는 거대 농축산업의 현실을 보지 못한 채 단순히 방역 개입을 하는 것으로는 앞으로 계속해서 닥쳐올 글로벌 전염병들에 맞설 수 없다고 저자는 말한다. 그러므로 필요한 것은 자본에 의한 세계화가 아닌 반자본주의 진영의 국제주의이며,

기업을 위한 가축 전염병 연구가 아닌 '사람을 위한 팬데믹 연구'라고 주장한다.

이 책은 코로나19가 이제 막 세계를 휩쓸기 시작한 상황에서 쓰인 것이어서 이 전염병 자체에 대해서는 그리 많은 정보를 담고 있지는 않다. 마찬가지로, 다가올 '팬데믹 X'에 맞서기 위한 노력도 아직은 세계적인 차원에서 구체화되고 있지는 않은 상황이다. 그럼에도 월러스가 내놓는 근본적인 지적들은 축산이나 보건의료를 넘어 인류 모두가 처한 현실을 이해하게 해 주는 열쇠가 될 수 있다. 『팬데믹의 현재적 기원』에 이어 후속작 격인 이 책을 다시 번역할 기회를 준 너머북스에 감사드린다.

구정은, 이지선

첸은 미래의 조각들을 볼 수 있었지만, "오직 방정식 안에서만" 볼 수 있을 따름이었다. 종종 탄식이 터져 나왔다. 숫자들이 육체와, 그나마 간신히 세워 둔 의지를 공격해 오곤 했다. 숫자들 속에 도덕을 집어넣을 수는 없었다. 그는 예감과 방정식 들로 시詩를 지었다. 그것들은 실상 그에게 소용이 없다는 사실이 입증됐기에, 그리고 자신이 과거를 볼 수 있을지 결코 확신이 없었기에.

_제프 밴더미어 (2019)

내가 멕시코인이라고 당신에게 말하려면, 그 나라는 내가 죽기를 바랐다는 점부터 우선 말해야 할 거예요. 내가 미국인이라고 말하려면, 여기서 어떻게 죽을 것인지를 내가 자주 생각한다는 점을 말해야 할 것이고요. 지리를 언급하려면 우리가 어떻게 살아남았고 또 무엇이 우리를 죽일 것인지를 말해야 하는 때가 종종 있지요.

―미스 헤수스 (2020)

2020년 3월 말, 나는 침대에 누워 잉여산소를 뽑아내는 탈산기의 작동에 맞춰 숨을 몰아쉬고 있었다. 비행기가 천천히 하늘에서 내려오고 있었다. 그리 즐겁지 않은 소음을 들으며 30분 동안 헐떡거리고 있다 보니, 내가 연구하는 바로 그것을 내가 겪고 있다는 사실이 조금은 신기하게 생각됐다. 아마도 1년 전에는 지구 반대편 윈난성雲南省의 박쥐들 몸속을 맴돌았을 바이러스의 후손인 코로나19COVID-19 바이러스가 내 폐 안에 있었다.

수백만 명이 집안에 틀어박혀 있는 지금, 우리의 세계는 유사 이래 어느 때보다도 작아졌다. 그런데 지구의 다른 쪽에서 날아와 우리를 감염시킨 이 유령은 너무 커서, 쪼그리고 앉아 숨은들 그것으로부터 벗어날 수가 없다. 우리는 어느 때보다도 연결돼 있지만 이웃조차 만날 수가 없다. 분주하던 거리는 유령 마을처럼 변했고 선로는 텅 비었다. 5월의 혁명과

13

시위[1]가 미국을 뒤덮기 전까지 우리 사회의 기하학은 안팎이 뒤집혀 버렸고 먹이를 산 채로 집어삼키는 뱀처럼 트라우마가 휩쓸고 지나갔다.

나는 어디서 감염된 것일까? 3월 초에 나는 인종적 불평등과 보건에 대한 회의를 준비하기 위해 미시시피주 잭슨을 여행했다. 그 며칠 전에는 싼 항공편을 구해 27년 만에 뉴올리언스를 찾아가 조용한 밤을 보냈다. 중년의 나이가 됐지만 극빈층 수준으로 사는 터라 그레이하운드 버스를 타고 북쪽의 유스호스텔에 가서 숙박을 했다. 2층 침대 한 칸에서는 유럽에서 온 여행자가 간간이 기침을 내뱉고 있었다. 그에게서 옮았을까? 아마 그랬을 가능성이 높다. 아니면 그 며칠 전 세인트폴에서 영화관에 다녀온 후 갑자기 다래끼가 났던 그때 감염된 것일까? 그것도 아니라면, 돌아오는 길에 미니애폴리스의 주민 행사에 들렀을 때였나? 그 모임에 참석한 어느 커플이 진단 검사를 받았고—그때만 해도, 아니 지금도 쉽게 검사를 받을 수 있는 것은 아니지만—확진 판정을 받았다고 했다.

미국의 코로나19는 교구 조직 같다. HIV도, 2009년의 H1N1 조류인플루엔자도 먼저 뉴욕에 파고든 뒤 교통망을 타고 이 나라의 나머지 지역들로, 도시의 크기와 경제력과 교통망의 위계질서를 따라 번졌다.[1] 뉴올리언스는 뉴욕에서 퍼져 나가는 첫 번째 결절점 중의 하나였다.[2] 코로나19로 명명된 SARS-CoV-2라는 이 신종 바이러스를 퍼뜨리는 과정에 나도 일조한 것이라면 대체 6주 동안 공중보건 시스템을 통해 왜 걸러지지 않은 것인지 의문스럽다.[3]

우리의 공항과 화려한 쇼핑몰 들은 신자유주의의 장엄한 대성당들처럼 리모델링됐다. 미국의 버스 정류장은 가난한 노동자들을 실어 나르는

---

1   2020년 5월 25일 미네소타주 미니애폴리스에서 백인 경찰에 살해된 흑인 남성 조지 플로이드 사건으로 미국 전역에서 인종주의 폭력 반대 시위가 일어난 것을 가리킨다.

포장 센터들이나 마찬가지다. 전염병이 터져 나오기 한참 전부터 놀린스[2]와 배튼루지[3]에서 사람들이 나쁜 친구들과 가족들, 낮은 임금에 대해 말하는 것을 수도 없이 들었다. 감옥에서 막 나왔다는 한 남성은 이혼을 하고 일자리를 찾아 나서는 중인데 가진 것이라곤 갈색 종이 쇼핑백 하나뿐이라고 했다. 스펙트럼의 반대편에는 몇 살인지 모를 여성과 잡담을 하는 현금 부자 석유 사업가가 있었다. 태도가 좀 거칠어도 생각은 괜찮은 편이지만, 그곳 사람들의 현실은 우리를 둘러싼 환경을 그대로 드러내 보이는 듯했다.

버스 기사나 기차역 직원은 거의 흑인이었다. 현장에 관리자는 보이지 않았다. 아마 도움을 청해도 경찰 또한 나타나지 않았을 것이다. 흑인 노동자 몫은 그레이하운드 버스밖에 없다. 퇴색하고 흠집 난 버스들, 하이테크 감독이라는 이름으로 복종을 요구하는 회사의 스마트폰 앱 지시를 따르지 않고 정해진 시간표대로 출발하는 것조차 거부하는 버스들. 운전기사들은 성격이 좋았고 허튼소리 따위는 하지 않았다. 요금을 거두고 행패를 부리는 사람이 없도록 훈계를 했다. 목적지로 향하는 동안 그들은 버스라는 기계뿐 아니라 사람들도 인도하고 있었다.

뉴올리언즈 교외는 예상대로 경이로웠다. 걸프의 습지를 가로지르는 크레인과 콘크리트 기둥 위로 주들을 잇는 도로가 지나고 있었다. 생명체처럼 변화하는 풍경 속으로, '라 벨르 메종La Belle Maison(좋은 집)'이라는 낡아빠진 여관이 보였다. 전신주가 바닷가 안개 속으로 사라질 때까지 줄지어 서 있었다. 마치 우리의 에너지 생산은 무한하다는 것처럼.

---

2 Nawlins. 뉴올리언즈New Orleans를 현지 사투리를 흉내 내 부르는 말.

3 Baton Rouge. 뉴올리언즈가 있는 루이지애나주의 주도.

인종 학살의 주범이자 노예주였던 잭슨[4]의 동상은 이제는 철거됐지만, 수십 년 동안 그의 이름을 딴 뉴올리언즈 시청 앞 광장에 서 있었다. 흑인 해방운동의 진원지 중 하나였던 그곳에. 하지만 민권운동 역사박물관은 흑인의 맹렬한 저항에 보내는 찬사로 가득했다. 내가 들른 버스 정류장은 프리덤 라이더[5] 27명이 체포됐던 바로 그곳이었다. 몇 년 지나 빌어먹을 미시시피주까지 비록 이름뿐이기는 했지만 '흑인 공화국'이 뻗어 나갔다. 그들의 자취는 지금도 이어진다. 법적인 권리를 넘어서서 자치와 경제적 민주주의를 요구했던 흑인 시장 초크웨 루뭄바와 그 아들 초크웨 안타 루뭄바의 잭슨-쿠슈 계획[6], 맬컴 엑스의 풀뿌리 운동과 '새로운 아프리카인들의 기구NAPO', 준 하드윅과 인민의회, 루키아 루뭄바[7]와 연대의 경제, 아만디아 교육 프로젝트와 '흑인에게 땅을' 캠페인, 예산 참여 운동인 '블랙벨트 작전', 투갈루 커뮤니티 농장, 아도포 민카[8], 칼리 아쿠노와 누구도 흉내 낼 수 없는 잭슨코퍼레이션.[9] [4]

내가 참여한 기후보건 연구팀은 '원보이스One Voice'라는 지역단체를 만났다.[5] 이들이 추구하는 목표 중의 하나는 에너지 민주주의다. 미시시피의 농촌 카운티들에서 전기회사 이사회의 인간들은 사립학교에는 공짜로 전기를 내주면서 가난한 이들에게 비용을 전가시키기 때문에 흑인 빈곤 가정의 다수는 생활비의 절반을 전기 요금으로 내야 한다. 잭슨 시

---

4 Andrew Jackson(1767~1845). 미국의 7대 대통령.

5 Freedom Riders. 미국 남부에서 버스 등 대중교통의 인종 분리와 차별에 저항한 흑인 운동가들.

6 Chokwe Lumumba(1947~2014)는 흑인 법률가이자 민권운동가로 미시시피주 잭슨 시의 시장을 지냈고 그 아들 초크웨 안타 루뭄바Chokwe Antar Lumumba도 2017년부터 시장으로 재임 중이다. 잭슨-쿠슈 계획Jackson-Kush plan은 루뭄바 등이 추진한 흑인을 위한 경제정책을 가리킨다.

7 Rukia Lumumba. 초크웨 루뭄바의 딸로, 역시 흑인 인권운동가로 활동하고 있다.

8 Adofo Minka. 미시시피주에서 활동하는 흑인 저널리스트.

9 흑인 활동가 칼리 아쿠노Kali Akuno 등이 2014년 창립한 잭슨코퍼레이션Cooperation Jackson은 지역 흑인들의 경제적 자립과 발전을 돕는 기구다.

내 존R린치 거리 1072번지에 있는 원보이스의 사무실은 흑인 민권운동의 중심지였던 곳이다. 크위메 투레, 엘라 베이커, 패니 루 해머를 비롯해 쟁쟁한 흑인운동가들은 모두 이곳에 발자취를 남겼다. 50년이 지나 새로운 세기가 왔지만 싸움은 계속되고 있다. 원보이스는 흑인이 선출직 공무원에 뽑히도록 지원하고 있다. 흑인 급진주의자들이 활동하는 이곳 주도에서, 이달 들어서까지도 주지사 관저에는 남부연방기[10]가 휘날렸고 흑인 조직가들의 운동에 맞서 인종 분리를 지속하기 위한 비밀스런 모임들이 열렸다. 잭슨에 사는 동료와 이야기를 하다가 잠시 다른 이야기로 화제를 돌려 볼까 했는데, 이 여성은 지역 기구들 때문에 골머리를 앓고 있던 참이었다. 백인은 흑인이 지역에서 힘을 얻을 것이라는 두려움에 사로잡혀 있다는 것이었다.

튀긴 오크라와 콩 바베큐를 먹었다. 하루는 다래끼를 치료해야 해서 급히 한밤에 응급실을 찾아야 했다. 눈 밑이 빨갛게 부어올라 진물이 났다. 미국의 보건 시스템은 제2차 세계대전 때에 가장 좋았지 싶다. 꽤 괜찮다는 미시시피주의 병원도 수준이 떨어졌다. 미네소타주 경계선을 넘어서면 내 몸이 정지라도 한다는 것인지, ER 컴퓨터 진료가 보험 처리가 되는지 알아보느라 씨름을 해야 했다. 내가 2~3년째 즐겨 써 먹고 있는 농담을 주고받으면서, 동유럽 억양과 미시시피 남부 사투리가 섞인 말투의 간호사에게 전국 의료서비스가 만들어지면 이런 시답잖은 관료적인 절차들은 다 없어질 거라고 말해 줬다. 미국의 의료 종사자들에게도 낙원이 펼쳐질 거라고 여겼는지 그녀의 얼굴이 환해졌다. 처방전을 기입하면서 간호사들은 밤중에 시내에 나가지 말라고 되풀이해서 친절하게 경고

---

10 미국 남북전쟁 때 흑인 노예 해방에 반대한 남부연합 깃발. 백인 인종주의자들의 상징으로 쓰인다.

했다.

며칠 뒤 세인트폴의 집으로 돌아가서 나는 코로나19의 특징인 쿵쿵거리는 두통과 간헐적인 어지럼증에 12일이나 시달리면서 열심히 일했다. 이 책에 실린 원고 중 몇 편을 그때 써서 2020년 상반기에 마무리했다. 몸 상태가 서서히 나빠지면서 무서울 정도로 숨이 가빠졌고, 신체 기능도 떨어졌다. 엄마 집에 있던 아이는 컴퓨터를 통해 몸 좀 챙기고 필요하면 도움을 청하라고 난리를 쳤다. 이 음흉한 감염증이 가져다준 두려움 사이를 오가던 나에게는 꼭 필요한 충고였지만, 원고 하나를 출판사에 넘기고도 나는 진단을 받지 못했다. 미네소타에서 왔다고 했더니 늘 다니던 병원 직원은 의사가 나를 진료할 것인지 전화로 물어도 대답을 피했다. 수십 년 동안 이런 줄다리기를 해 본 덕에, 내가 원치 않는 답을 주는 걸 피하려고 애쓰는 중임을 알 수 있었다. 사실이 그랬다. 하지만 전염병에 걸리고 보니 도저히 평소처럼 점잖은 척을 하고 있을 수가 없었다. 대답을 달라고 소리를 질렀다. 실망을 시키는 게 문제가 아니라, 대답을 안 해 주는 것이 더 힘들다고. 내가 참 좋아하는 그 의사를 만남으로써 전염병을 병원에 퍼뜨려서는 안 된다는 점을 한편으로는 이해하면서도, 팬데믹에 대해 나한테 설명해야 하는 것이 그들의 의무라는 생각이 들었다. 의료 체계를 제대로 작동시키지 않고 있는데도 내가 그들을 신뢰해야 하는가? 우리 양측에 부과된 이 모순은 수익성 기준으로 의료 체계를 설계할 때부터 내재된 것이었다.

그래서 나는 온라인 진료를 받기로 했다. 내게 던져진 첫 번째 질문은 증상이 심각하냐는 것이었다. '그렇다'를 클릭하자 병원 이름들이 떴지만 진료 예약을 할 수가 없었다. 조치를 받으려면 '아니다'를 눌러야만 한다는 걸 깨달았다. 반복되는 질문에 답을 하고 하루를 기다린 뒤 내 얼굴도 본 적 없고 검체 채취도 하지 않고서 간호사가 확진 판정을 내렸다. 검사는 없음. 항바이러스제는 없음. 병원에 마스크도 장갑도 없음. 지역 보건 당국에선 아무도 나를 체크하러 오지 않았다. 현대 의학과 정부에 모두 버림받은 것이다. 물론 진료 약속을 잡아 주지 않은 그들에 대한 나의 1차적인 분노는 아무 개입도 하지 않는 이 겹겹의 의료제국에 대한 좌절감과 두려움 때문에 방향을 잘못 잡은 것이었음을 나도 안다. 그러니 두 달 뒤 미니애폴리스의 부패한 제3지구[11]가 불타고 약탈이 횡행할 때 내가 흥분하지 않을 수 있었겠는가. 이 체제의 가장 큰 피해자였을 다인종 사회의 소외됐던 누군가가 그 체제에 반격을 가해 무너뜨린 것이었으니.

도구함 밑바닥에서 N95 마스크를 한 장 찾아냈다. 오래전 대학을 졸업했을 때부터 감염성 질환을 공부하다 보니 마련해 놓고 있었던 도구함이었다. 2005년부터는 H5N1 조류독감[12]부터 시작해서 감염병의 새로운 위협들을 연구해 왔다. 그러는 과정에서, 나는 어쩌면 가장 위험할 수도 있는 병원균의 소용돌이를 만들어 내는 자본가들의 토지 사용과 농업 개발의 어두운 논리로부터 거리를 두는 법을 배워야 했다. 그런데도 매번 나는 컴퓨터 스크린에서 춤을 추는 숫자와 문장 뒤에 숨겨진 현실에 충격을 받고는 한다. H7N9 조류독감의 출현은 내가 마스크를 사게 만들었다. 2013년의 못난이 롭 덕분에 이제 와서 안심하는 2020년의 롭.

세계 각국 정부들은 이런 병원균이 생겨나게 만든 산업들을 우선적으로 지켜 주면서 혼란스런 신호만 내보낸다. 대체 괜찮다는 것인지, 아니

---

11 미니애폴리스 경찰서가 있는 행정지구로, 조지 플로이드 사망으로 촉발된 시위가 격렬하게 벌어진 곳.

12 H1N1, H5N1 등 조류에서 변이를 일으켜 인간도 감염시키는 바이러스에 의한 질병을 가리킨다. 조류독감(Avian Influenza, Avian flu, bird flu)이라는 용어로 통칭됐으나 양계가금류 업계의 반발 때문에 국내에서는 영어 약칭의 머리글자만 따와 'AI'라 부르고 있다. 이 책에서는 저자가 명시적으로 Avian flu, bird flu라 표현한 경우에는 조류독감으로 번역했다.

면 백인 기득권층은 괜찮다는 것인지, 아니면 둘 다인지. 지난 10년 동안 그 어둠의 이면에서 '죽은 역학자들'은 동에 번쩍 서에 번쩍 하며 의사인 양 굴고 보상을 누려 왔으나 결과는 낭패나 다름없었다. 이건 괜찮은 게 아니다.

이 책에 모은 글 중에 코로나19를 언급한 것들은 상황이 전개되는 것을 봐 가며 거의 실시간으로 쓴 것들이다. 그사이 하루가 멀다 하고 상황이 달라졌으니 작성된 시점을 염두에 둘 것을 부탁드린다. 지난 25년간의 연구가 이 전염병의 발발에 대비한 예습처럼 느껴져 놀라울 정도다. 관련 글 대부분은 2020년 1월 중순부터 쓴 것들이다. 지금 읽어 보니 첫 번째 에세이는 마치 그 후 몇 달 동안 세계가 어떤 일을 겪을지를 예측해 놓은 글 같다. 여기 실린 글을 훑다 보면 새로운 데이터가 쌓여 가면서 이 전염병을 조금씩 더 알게 되는 과정을 엿볼 수 있을 것이다.

이번 세기에 들어와 야생동물에게서 차례로 출현한 낯선 병원균은 더 폭넓은 개념틀로 설명할 수 있다. 코로나19의 기원은 2019년 12월부터 시작해 여러 생물문화적biocultural 영역의 안팎에서 추적해 갈 수 있지만 넓게 보면 문명의 시작점으로까지 거슬러 올라갈 수 있다. 사람들은 박쥐 동굴이 이 질병의 시발점이라 생각할지 모르나, 사실 그곳은 기원 찾기의 종착점일 뿐이다. 하지만 10년 동안 역학자들이 코로나바이러스에 대해 알아내겠다면서도 조사해 보기를 꺼렸던 것들이 무엇인지 그 핵심을 짚어 내려면 반드시 짚어야 할 것들이 있다. 너무나 분명한 이 진실 속으로 걸어 들어가려 한 사람은 아무도 없었다. 이 어마어마한 리더십의 실패와 집단 인지의 실패에 우리 모두 얽매여 있다. 이를테면 3월 한 주 동안 코로나19에 시달리면서 작업을 해야 했던 나 역시, 제국적 예외주의를 주장하면서도 재정은 파탄난 지극히 미국적인 상황을 마주하고 있었다. 내겐 아무 일 없을 것이라는 믿음을 가지고 일하러 돌아다녀야 했으니 말이다. 내가 늘 오가던 사우스미니애폴리스의 길모퉁이에서 두 달 뒤 흑인 노동자 조지 플로이드가 숨졌다. 흑인으로 살아가면서 느끼는 매일의 위협을 늘 이야기하면서도, 그는 정작 자신이 경찰의 무릎에 깔려 숨져 가는 장면이 실시간 영상에 담길 것이라고는 상상하지 못했을 것이다. 미니애폴리스 경찰이 병원의 자문을 근거 삼아 호흡 곤란을 일으킬 위험이 있는 케타민을 투입했던 '말 많은' 흑인들도 그랬을 것이다.[13] 미국이 가진 부(富)는 노예를 가동하고 인종 학살을 저지르고 환경을 파괴하는 과정을 매일 반복함으로써 만들어진다. 체포한 사람을 살해하는 것에서부터, 코로나에 걸릴 위험을 무릅쓰고 일하도록 육류 가공 공장에 노동자를 밀어 넣는 것까지. 마치 이 나라는 그러지 않고는 존재를 인정받을 수가 없다는 것처럼.

이 책에 실린 글을 함께 쓴 이들에게 고마움을 전하고 싶다. 앨릭스 리브먼, 데이비드 와이즈버거, 데버러 월리스, 루카 데 크레센조, 루이스 페르난도 차베스, 루크 버그먼, 막스 아질, 리처드 코크, 로드릭 월리스, 타미 요나스, 야크 팝스트에게 감사를 표한다. 농업생태농촌경제연구소와 '사람을 위한 팬데믹 연구', 미드웨스트 재생운동의 동료들인 앤 울프, 브라이언 럼지, 캐롤린 베츠, 코라 뢸로프스, 에탕 뒤팽, 그레이엄 크리스텐센, 하스민 아라우호, 제시카 그나드, 존 최, 존 퀼릭, 카레 멜비, 오카모토 켄이치, 킴 윌리엄스-퀼렌, 로라 페인, 로라 토머스, 멜레이사 피게로아, 패트릭 케리건, 라이언 피트웨이, 세리나 스테인, 타냐 커센의 헌신적

---

13   미니애폴리스 경찰이 흑인 용의자들의 저항을 무력화하기 위해 강력한 마취제인 케타민을 투약한 사실이 2018년 폭로됐는데, 이 사건을 가리키는 것으로 보인다.

인 도움에도 고마움을 전한다. 《먼슬리리뷰》의 카밀라 발레, 에린 클러몬트, 프레드 맥도프, 자밀 조나, 존 벨라미 포스터, 마틴 파디오, 마이클 예이츠, 수지 데이는 전문적인 능력으로 시간을 크게 아낄 수 있도록 도와주었다. 벤 에런라이크와 에드거 리베라 콜론, 피로제 만지, 민디 풀리러브의 논문은 내게 큰 도움을 줬다. 멋진 표지를 만들어 준 피터 커리에게도 감사를 보낸다. 내 온라인과 오프라인 친구들, 특히 코로나의 기원을 둘러싼 조녀선 레이섬과의 토론, 농업 분야에서 생겨난 전염병의 기원에 대한 커지아 바커의 글, 박쥐 동굴에 대한 아이디어를 읽고 비판해 준 '1848 정신' 네트워크, 내가 생각한 이야기들을 풀어 갈 수 있게 도와준 앤서니 갈루초와 그린 부츠에게 진심으로 고맙다는 말을 하고 싶다.

2020년 7월

롭 월러스

1
—
신종 코로나바이러스에 대한 기록

> 인도차이나에서 반란이 일어난 것은 그들이 자신의 문화에 눈을 떴기 때문이 아니다. '아주 단순히' 숨을 쉴 수가 없게 됐기 때문이다.
>
> — 프란츠 파농 (1952)

치명적인 신종 바이러스가 전 세계로 퍼지기 시작했다. 사스SARS(중증 급성호흡기증후군)와 메르스MERS(중동호흡기증후군)와 연관된 이 바이러스에는 사스코로나바이러스2[14]라는 이름이 붙었다. 동물을 산 채로 사고 파는 중국 우한武漢의 시장에서 비롯된 것으로 보인다.[6] 중국 당국은 전국에서 5,974건의 감염이 발생했고 이 중 1,000건은 심각하다고 보고했다.[7] 거의 모든 지역에서 감염이 확인되자 당국은 이 바이러스가 진원지로부터 빠르게 확산되는 것으로 보인다고 경고했다.[8]

초기 모델링을 통해 바이러스의 몇 가지 특징이 드러났다.[9] 감염자 한 명이 전염시킬 수 있는 사람 숫자를 가리키는 기초감염재생산지수Basic

---

14 SARS-CoV-2. 세계보건기구WHO는 2020년 1월 중국에서부터 유행하기 시작한 신종 코로나바이러스 증후군을 COVID-19(한국의 공식 명칭은 '코로나19')로 공식 명명했으나, 저자는 2002~2003년 중국 광둥성과 홍콩 일대에서 번진 사스코로나바이러스와의 연관성을 강조하면서 '사스코로나바이러스2'라는 용어를 혼용하고 있다.

reproduction number, R0가 3.11로 나타났다. 이런 추세라면 확산을 억제하기 위해서는 신규 감염의 75퍼센트를 막아야 한다는 뜻이다. 모델링을 한 연구팀은 공식 보고와는 별개로 우한에만 2만 1,000건이 넘는 사례가 발병한 것으로 추정하고 있다.

바이러스의 염기서열을 분석해 보니 중국 전역에서 채취된 표본 사이에 거의 차이가 없었다.[10] 장소를 옮기면서 돌연변이를 축적해 빠르게 진화하는 RNA 바이러스의 변이 속도가 느리다는 것을 알 수 있다. 그러나 코로나바이러스는 해외로 퍼져 나가기 시작했다. 호주, 프랑스, 홍콩, 일본, 말레이시아, 네팔, 베트남, 싱가포르, 한국, 대만, 태국, 미국 등에서 이 바이러스에 걸린 여행자들이 나타났고[11] 6개국에선 지역사회 감염이 시작됐다.[12]

2주간의 잠복기를 거쳐 사람과 사람 사이에 전염되는 것으로 보아 이내 전 세계에 확산될 것으로 보인다. 세계 전체가 우한이 될 것인지는 아직 알 수 없다. 바이러스가 세계에 얼마나 번질 것인지는 감염률과 회복율(혹은 사망율)의 차이에 달려 있다.[13] 감염률이 회복율보다 높으면 인류 전체에 전염병이 퍼질 수 있다. 하지만 그 결과는 피치 못할 우연이라든가, 발병국의 대응 등에 따라 지역적으로 크게 다를 것이다.

감염병 위험을 부정적으로 보는 이들은 이런 시나리오를 믿지 않을 것이다. 이번 사스-2[15]로 숨진 사람이 흔한 계절성 인플루엔자 사망자보다 적은 것도 사실이다.[14] 하지만 이는 아직 발병 초기라는 점과 바이러스의 본질을 깨닫지 못한 데에서 나온 실수다.

사스-2를 포함해 모든 전염병은 역동적이다. 기회를 날려 버리지 않

---

15   2002~2003년 유행한 사스를 저자는 이 책에서 '사스-1'이라 통칭하고 있으며, 2020년부터 유행하기 시작한 코로나19는 그 변종이라는 의미에서 사스-2로 부르고 있다.

으려면 진화론적 제비뽑기를 잘 해야 하고 운도 조금 따라야 한다. 바이러스가 대규모로 퍼질 만큼 충분한 숙주를 찾아내지 못할 수도 있지만 다른 전염병이 생겨날 수도 있다. 세계로 퍼진다면, 언젠가는 사라지더라도 전염병이 게임체인저[16]가 될 수 있다. 안 그래도 소란스럽고 분쟁 중인 세계의 일상을 또다시 뒤집어 놓을 수 있다.[15]

변종의 잠재적 치명성이 중요한 변수다. 바이러스가 예상보다 감염력이 적거나 덜 치명적이면 우리의 문명은 계속되겠지만, 그래도 많은 사람이 희생될 것이다. 10여 년 전 H1N1 인플루엔자 사태는 처음에 우려한 것보다는 덜 위험한 것으로 드러났다. 하지만 변종이 세계로 번졌고 최초의 피해보다 훨씬 더 많은 사람을 조용히 살해했다. 발생 첫해인 2009년의 사망자가 57만 9,000명이었는데, 합병증 사망자가 당초 예상의 15배가 넘었다.[16]

사람들이 전례 없는 수준으로 연결돼 있다는 점이 위험 요소임을 여기에서 알 수 있다. 당시 H1N1은 9일 만에 태평양을 건넜다. 가장 정교한 모델로도 몇 달은 걸릴 것이라고 예측했는데 이를 훌쩍 뛰어넘었다. 항공운항 자료를 보면 사스-1 이후로 중국의 국내 여행은 10배 늘었다. 확산 범위가 이렇게 넓으면 치명률이 낮더라도 많은 사망자를 낼 수 있다. 치명률이 1918년 독감[17]의 절반에도 못 미치는 2퍼센트라 해도 40억 명이 감염되면 8,000만 명이 숨진다. 게다가 이번 바이러스에는 계절성 독감과 달리 집단면역[18]도 형성되지 않았고, 속도를 늦출 백신도 없다. 효

---

16 어떠한 흐름을 뒤집어 놓을 결정적 역할을 한 사건, 사람, 물건 등을 가리키는 말.

17 1918~1919 세계를 휩쓴 인플루엔자로, 흔히 '스페인 독감'이라 불린다. 독감은 질병을 유발하는 바이러스를 가리키는 정확한 용어는 아니지만 계절성 인플루엔자를 가리키는 말로 쓰인다.

18 herd immunity. 지역사회 인구집단 가운데 상당수가 바이러스에 이미 감염됐거나 백신을 접종받아 항체가 형성된 상태. 집단면역이 형성되면 병원균이 새로운 숙주를 찾기 힘들어지기 때문에 감염병이 더

과적인 사스-2 백신을 만드는 데에는 아무리 빨라도 석 달은 걸릴 것이다.[17] 과학자들이 H5N2 조류독감 백신 개발에 성공한 것은 미국 내 발병이 종료된 뒤였다.[18]

역학적으로 중요한 변수는 감염성과 감염자가 증상을 나타내는 시점 사이의 상관관계다. 사스와 메르스는 증상이 있는 사람들을 통해서만 바이러스가 퍼졌다.[19] 사스-2도 비슷하다면 여러 가지를 고려할 때 비교적 괜찮은 상태라고 볼 수 있다. 백신이나 맞춤형 항바이러스제가 없더라도, 19세기 수준의 공중보건만으로도 전염의 고리를 끊을 수 있기 때문이다.

그러나 지난 일요일 중국의 마샤오웨이馬曉偉 국가위생건강위원회 주임은 감염자가 증상 발현 이전에도 전염성을 보였다고 발표해 세계를 놀라게 했다.[20] 예상하지 못한 반전이다. 격분한 미국의 감염병 학자들은 관련 자료에 접근할 수 있게 해 달라고 요구하고 있다. 바이러스는 전형적인 공중보건 문제이며 전문가의 예상을 벗어나는 진화를 하지는 않을 거라고 생각했던 미국 연구자들은 충격을 받았을 것이다. 무증상 감염이 사실이라면, 보건 당국이 증상이 있느냐 없느냐를 보며 신규 감염을 확인하기가 힘들어진다.

정확한 원인, 감염성, 침투력, 가능한 치료 방법 등 사스-2에 대해 모르는 것이 너무 많기 때문에 역학자들과 보건 당국이 우려할 수밖에 없는 상황이다. 유행병 회의론자들이 말하는 계절성 독감과는 달리, 불확실성이 커지면서 관계자들은 불안해질 수밖에 없다.

불안은 역학자들과 공중보건 관계자들이 하는 일의 본질이기도 하다.

이상 위험한 수준으로 번지지 않는다.

불안은 개연성 안에, 더 광범위하게는 사람과 사물이 오고가는 교역에 내재된 구조적 오류 안에 자리 잡고 있다. 치명적인 감염병에 대비하지 못했을 때의 피해는 발병에 따른 피해를 과잉 우려했다가 실제로는 그리 크지 않았을 때 느낄 당혹감보다 훨씬 심각하다.[21] 그러나 긴축재정을 예찬하는 이 시대에, 예방책을 세웠을 때 따르는 부수적 이익이든, 정반대로 나쁜 도박에 따른 엄청난 손실이든, 어떤 식으로든 재난에 대비한 보장을 추구하는 국가는 거의 없다.

감염병 대응법을 선택하는 일은 역학자의 손에서 벗어나 있을 때가 많다. 결정권을 쥔 당국은 여러 가지의, 그리고 종종 상반되는 의제들을 조율한다. 심지어 치명적인 전염병을 막는 일이 항상 최우선 목표로 다뤄지는 것도 아니다. 당국이 어떻게 할지 고민하는 동안 충격의 규모가 커지면서 당국의 힘이 미치지 못하는 '탈출 속도'가 가속화할 수 있다. 사스-2가 식품을 파는 한 시장에서 세계무대로 옮겨 간 것에서 증명됐듯이, 역학자들이 존재를 걸고 최선의 노력을 해도 다른 현실적인 이유로 치명적인 타격을 입게 될 수 있다.

이번 감염병에 대한 내 본능적 반응은 우려와 실망, 조급함을 뛰어넘는 어떤 것이다.

나는 진화생물학자이자 공중보건의 유전자 계통발생을 연구하는 학자로서 성인이 되고 대부분의 시간인 25년간 신종 전염병의 다양한 측면을 연구해 왔다. 많은 분의 도움을 받아 여러 곳에 쓴 글에서 알 수 있듯이, 나는 병원균에 대한 이해를 높이려고 노력해 왔다. 초기 DNA 염기서열 분석에서부터 토지 사용의 경제지리학, 글로벌 농업의 정치경제학, 그리고 과학 인식론에 이르기까지 말이다.[22]

때로 직설화법은 마음을 다치게 한다. 소셜 미디어를 통해 사스-2에 대한 질문이 쏟아지자 기분이 언짢아지고 피곤해졌다. 내가 뭐라고 말하길 바라는 거지? 내가 어떻게 하길 바라는 거지?

걱정에 휩싸인 친구와 동료 들에게 개인적이면서도 전문적인 조언을 하면서 어색한 통화를 한 적도 있었다. 농업을 하는 친구가 '해외여행을 하는 건 괜찮으냐'고 묻길래 나는 '의료용 마스크를 쓰고, 밥 먹기 전에 손을 씻고, 그 망할 가축들을 없애 버려'라고 했다. 싸한 농담을 하고 나니 내 스트레스는 조금 풀렸지만, "망할 가축들을 없애라고?", 이렇게 되묻는 친구의 응답을 보니 내가 점수를 잃은 건 확실했다. 내 입장에서도 전혀 좋을 것이 없었다. 나는 사과했고 친구는 결국 웃었다.

이런 상황은 직업에 따르는 위험이다. 너무 늦을 때까지 아무렇지 않은 척, 거의 저항할 수 없는 대유행 상태로 치닫는 상황과의 싸움을 준비해야 하는 역학자에게는 정치적 관성 때문에 생기는 실존적 공포가 존재한다.

아직은 확실치 않지만 만약 사스-2가 엄청난 재앙이라면 지금 할 수 있는 일은 거의 없다. 그저 공중보건의 구멍을 막고, 바이러스가 세계 인구의 90퍼센트가 아니라 적은 이에게만 치명적이기를 바라는 것이 전부다.

이미 진행 중인 팬데믹에 맞서려고 해서는 안 된다는 것은 분명하다. 미래를 예측하는 이론이나 관행도 몽땅 쓸데없다. 세계의 지도자와 전문가 들은 스스로가 독창적이라고 주장하고 있지만![23]

7년 전에 나는 이렇게 썼다.

지금 유행하는 질병과는 다른 인플루엔자의 발생을 이야기하는 것은 먼

미래의 일을 거론하는 게 될 것이다. 지금 미리 걱정을 하는 것은 본능적이긴 해도 정확한 반응은 아니다. 그 기원이 어디든지, 이 질병은 문자 그대로 이미 헛간을 떠난 지 오래다.[24]

이번 세기에 우리는 이미 아프리카돼지열병African swine fever, 캄필로박터 Campylobacter, 와포자충Cryptosporidium, 원포자충Cyclospora, 에볼라Ebola, 병원성 대장균E. coli O157: H7, 구제역foot-and-mouth disease, E형 간염hepatitis E, 리스테리아 Listeria, 니파바이러스Nipah virus, Q열Q Fever, 살모넬라Salmonella, 비브리오Vibrio, 여시니아Yersinia, 지카Zika, 그리고 H1N1(2009년), H1N2v, H3N2v, H5N1, H5N2, H5Nx, H6N1, H7N1, H7N3, H7N7, H7N9, H9N2 등을 포함한 다양한 인플루엔자바이러스 A형Influenza A의 새로운 변종이 나타나는 것을 목격했다.[25]

하지만 이런 발병을 해결하려는 노력이 진행된 적은 거의 없었다. 당국은 상황이 가라앉으면 안도의 한숨을 내쉬며 전염성과 독성의 최대치에 이른 바이러스가 나타날 가능성을 무릅쓰고 전염병의 주사위를 굴렸다. 그로 인한 고통은 예측에 실패하거나 용기가 부족해서 벌어지는 통상의 고통보다 훨씬 크다. 하지만 엉망진창인 상황을 만회하려고 성급하게 개입하면 오히려 상황을 악화시킬 수 있다.

방역 개입의 이유는 다양하다. 나와 동료들이 주장하듯, 그람시적인 표현을 쓰자면 권력과 생산에 대한 구조적 개입을 사람들이 거론하지 못하게 막기 위해서 '긴급'이라는 명분을 들이댈 때가 많다. 우리가 알지도 못하는 사이에 '지금이 위기야!'라는 경고를 던져 놓고 논의를 막는 것이다.

그러나 구조적 문제를 말하지 않으면 긴급 개입은 효과를 내지 못한다. 예방과 격리는 감염균이 새 숙주를 찾지 못해 스스로 소멸되는 상태를 목표로 하는데, 이러한 앨리효과[19]의 임계치는 구조적 요인에 의해 설정된다.

서아프리카에서 발병한 에볼라에 대해 나는 이렇게 썼다.

> 숲이 상품화되면서 어떤 긴급 개입도 발병 자체를 막을 수 없을 만큼 이미 지역 생태계가 무너져 내렸을 수 있다. 신종 전염병은 훨씬 강한 감염력을 보여 준다. 질병 곡선의 다른 쪽 끝에서는 이미 발생한 질병이 간헐적으로 다시 반등할 기회를 노리며 계속 순환하고 있다.
>
> 다시 말해 신자유주의가 초래한 구조적 변화는 에볼라 비상사태의 발생 뒤에 있는 배경에 그치는 것이 아니며 이 변화 자체가 바이러스나 마찬가지인 비상사태라고 볼 수 있다. 임업과 농업을 혼합한 전통적 농업 방식은 바이러스가 퍼지지 않게 막아 주는 역할을 해 왔는데, 숲이 베어져 나가고 집약적 농업이 늘어나면서 그런 저항력 자체가 없어졌다.[26]

효과적인 백신과 항바이러스제가 이미 나왔는데도 콩고민주공화국의 에볼라는 장기간 지속되고 있다.[27] 도대체 무엇이 잘못됐을까? 생체의학의 신은 어디로 간 것일까? 실패를 은폐하려 한다고 콩고인을 비난하는 것은 식민통치 시절의 강제이주나 다름없는 행태이며, 수십 년간 글로벌 노스[20]의 이익에 맞춰 진행돼 온 구조조정과 권력 교체로부터 제국주의가 손을 씻어 내려는 것과 같다.[28]

---

19 Allee effect. 미국의 동물생태학자인 워더 앨리Warder Allee가 발견한 법칙으로 개체의 밀도가 떨어질수록 번식률과 생존율도 낮아지는 것을 말한다.

20 Global North. 미국, 유럽 등 북반구에 있는 부국들을 일컫는 말. 저개발국들을 지칭하는 글로벌 사우스 Global South에 대비되는 개념이다.

그럼에도 우리가 할 수 있는 것이 아무것도 없다고 말하는 것 또한 옳지 않다. 지역 차원에서는 감염병이 발생했을 때 이웃끼리 도울 수 있는 모임을 조직하고, 세계의 모든 사람이 무상으로 백신과 항바이러스제를 사용할 수 있도록 요구하고, 항바이러스제와 의료품을 특허 없이 대량 생산할 수 있게 하고, 실업과 의료 급여 등 경제적 지원을 보장하는 프로그램을 실행할 수 있다.

좌파가 남긴 유산의 핵심 요소인 이러한 사고방식과 조직 방식은 역동적이지만 산만한 온라인 환경에서는 이미 작동하지 않는 것으로 보인다.[29]

질병 통제의 방식이 좌로, 우로 급격히 움직인다는 사실은 내가 반자본주의적 농업과 보존농업에 더욱 힘을 쏟게 만든 이유가 됐다.

우리가 어찌할 도리가 없는 질병이 애초에 발생하지 않게 하자는 생각을 하던 시점에, 한발 떨어져서 긴급 개입의 상황을 구조적으로 가늠해 보면서 나는 감염병에 대한 글을 쓰게 됐다.

질병의 구조적 원인이라는 말은 그 자체로 논쟁의 근원이 된다. 어떤 사람에게 사스-2의 기원이 여전히 의문으로 남아 있다.

처음에는 관심이 우한의 한 시장으로 집중됐다. 특이하고 호감 가지 않는 식단을 고수하는 사람들이 이곳을 찾는다. 서구가 파괴하고 있는 생물다양성의 종착점, 위험한 질병의 반란이 일어난 곳이기도 하다. 《뉴욕타임스》는 이렇게 적었다.

중국의 시장들은 흔히 과일, 채소, 쇠고기, 돼지고기, 양고기, 머리와 부리는 그대로 두고 털만 뽑은 통닭을 판다. 물탱크에 살아 있는 게와 물고기를 놓고 팔기도 한다. 더 특이한 것들을 파는 시장에는 살아 있는 뱀, 거북이, 매미, 기니피그, 대나무쥐, 오소리, 고슴도치, 수달, 사향고양이, 심지어 새끼 늑대도 있다.[30]

기표Signifier이면서 기의Signified[21]이기도 한 뱀은 문자 그대로 사스-2의 원천으로 꼽히기도 하는데, 뱀의 손아귀에서 잃어버린 낙원과 원죄를 떠올리게 만든다.[31]

이 가설을 지지하는 역학적인 증거가 있다. 우한 시장에서 채취한 585개 샘플 중 33개에서 사스-2 바이러스 양성 반응이 나타났다. 그중 31개는 야생동물을 집중적으로 사고 파는 시장 서쪽 끝에서 나온 샘플이었다.[32]

야생동물이 갇혀 있는 시장 거리에서 채취한 샘플 가운데 양성은 41퍼센트에 그쳤다. 초기 감염자의 4분의 1은 우한 시장을 방문했거나 야생동물에 직접 노출된 적이 없다.[33] 초기 감염 사례는 시장이 문제가 되기 전에 확인된 것들이다.[34] 다른 사례들은 공통적으로 분자 수용체가 취약한 가축 종인 돼지를 취급하는 사람들에게서 발견됐다. 그래서 한 연구팀은 돼지를 신종 코로나바이러스 출현의 잠재적 원인으로 추정하는 가설을 세우기도 했다.

아프리카돼지열병으로 지난해 중국 돼지의 절반 정도가 죽었음을 생각하면 후자는 오류일 가능성이 높다.[35] 질병이 집중적으로 나타나는 것은 처음이 아니다. 병원균의 단백질이 서로 촉매작용을 일으키는 곳에서

---

21 스위스의 언어학자 페르디낭 드 소쉬르가 말한 개념으로, 기표signifier는 "의미하는 것"을, 기의signified는 "의미되고 있는 것"을 뜻한다. 예를 들어 '연필'이라는 문자와 소리는 기표, 연필하면 떠오르는 이미지와 개념은 기의다.

는 질병끼리 긴밀히 섞이고, 두 질병이 서로의 임상적, 역학적인 변화를 촉진시키기도 한다.[36]

서구의 반중국 정서는 문제이지만, 중국의 공중보건에도 문제는 있었다.[37] 중국 중앙정부와 지방정부의 사스-2 대응에 대한 중국인의 분노와 실망을, 서방의 외국인 혐오증을 무기 삼아 무마할 수는 없다는 것은 분명하다.[38] 중국 혐오증의 함정을 벗어나려 애쓰는 동안 우리가 중요한 농업생태학적 균형을 놓치고 있을 수도 있다.

문화적인 대립은 차치해 두고, 마오쩌둥 이후 경제 자유화를 이룬 이래 공업화 생산과 마찬가지로 전통적인 방식으로 도축을 하고 농산물을 거래하는 시장과 해외에서 들어온 식품이 함께 중국인의 주식이 되었다.[39] 두 가지 방식은 토지 사용 방법에 의해 하나로 엮인다.

산업 생산이 확대되면서 야생동물을 식품화하는 것이 점점 자본의 논리를 따르게 되고, 이들이 주요 지형 안으로 깊숙이 밀려들어 왔으며 원발성 병원균이 더 많이 생겨나게 됐다.[40] 인구 밀도가 높아지고 주거지가 확장된 도시 주변에서는 인간이 아닌 야생 동식물과 새로 도시화된 지역 사이의 접점이 늘고 종간 감염 역시 증가하고 있다.[41]

세계에서 가장 야생적이라는 동물들도 점차 농업의 가치 사슬에 엮이고 있다. 타조, 호저, 악어, 과일박쥐, 그리고 열매를 먹고 일부만 소화시켜 세계에서 가장 비싼 커피를 공급하는 사향고양이 등이 그렇다.[42] 어떤 야생종들은 과학적으로 그 정체가 식별되기도 전에 식탁 위에 오른다. 대만의 한 시장에서 발견된 코가 짧은 돔발상어처럼.[43]

모든 것이 점점 상품으로 취급된다. 대부분의 종이 사는 곳곳에서 자연이 파괴된다. 그 결과 남겨진 것의 가치는 더 높아진다.[44] 인류학자 라일 핀리Lyle Fearnley는 중국 농부가 그들이 파는 동물에 새로운 의미와 가치를 부가하면서 경제성 있는 상품으로서 야생동물과 가축을 교묘하게 구분해 왔다고 지적했다. 상품 거래를 둘러싸고 제기된 전염병 경고음에 대응하는 방식도 마찬가지다.[45] 마르크스주의자라면 소규모 농부의 통제를 넘어 글로벌 자본 회로로 확장되는 맥락에서 이런 기표들이 나오고 있다고 말할 터이다. 공장식 축산업과 야생동물을 파는 시장의 차이는 중요하지만, 둘 사이의 유사점과 변증법적 관계를 놓쳐서는 안 된다.[46]

여러 다른 메커니즘에 따라 발생하는 차이도 있다. 중국을 포함해 세계의 많은 소농은 산업적 가공 공장에 햇병아리를 키워 넘기는 식의 계약을 맺고 일한다.[47] 이들의 일터는 숲의 가장자리에 있고, 식용 동물이 대도시 외곽의 가공공장으로 보내지기 전에 병원균에 감염될 수 있다.

한편 공장식 농장이 확장되면서 야생 식품을 찾는 이들은 숲으로 더 깊이 들어가고, 새로운 병원균에 감염될 가능성이 높아진다. 반면 감염 경로를 교란시키는 숲의 생태적 복잡성은 점차 떨어진다.

자본은 질병에 대한 조사 결과를 무기로 삼는다. 소농에게 비판을 떠넘기는 것이 거대 농축산업, 애그리비즈니스Agribusiness의 위기 관리 관행이 됐다. 하지만 질병은 시간, 장소, 방법 등의 모든 측면에서 시스템의 문제이지, 특정의 누군가를 욕해서 풀릴 문제가 아니다.[48]

코로나바이러스는 이런 특징을 아우르고 있는 것으로 보인다. 사스-1과 사스-2는 시장에서 시작된 것—돼지에게서 나왔을 가능성도 한편으로는 있지만—으로 보이는 반면, 메르스는 중동에서 낙타가 산업화되면서 일어났다.[49] 그런데 바이러스에 대한 과학적 논의들은 대개 병독성의 원인을 이런 경로들에서 찾는 것을 배제하고 있다.

질병을 생각하는 방식이 달라져야 한다. 나는 질병의 인과관계와 방역을 보는 시각이 생물의학이나 생태보건학을 넘어서 너무 폭넓다 싶을

정도로까지 생태사회학적 분야로 뻗어 나가야 한다고 제안한다.[50]

다른 생각을 가진 사람들도 있다. 어떤 연구자들은 가금류나 가축의 유전자를 조작해 질병에 저항할 수 있도록 해야 한다고 주장한다.[51] '유전자가 조작되지 않은' 인간에게 감염이 되기 전, 무증상 상태에서 먹이가 될 동물들이 변종에 감염되지 않게 차단하자는 것이다.

다시 한 번, 내 분노의 근원으로 시간을 되돌려 보자. 9년 전 나는 병원균을 유전적으로 조작하려는 시도가 제1원칙으로서 놓친 것이 무엇인지에 대해 썼다.

> 신종 프랑켄치킨[22]은 생산비용 면에서 개도국도 감당할 수 있다는 장점이 있지만 인플루엔자는 여러 대응책을 뛰어넘으며 생존하는 능력을 갖고 있다. 수익성 높은 생물학적 모델을 이야기하지만 거기에는 물질적 실재에 대한 기대가 투영되기 마련이며 그런 기대가 예측과 뒤섞인다. 문제의 차원이 간단하지 않다는 것도 해결하기 어렵게 만드는 이유 중 하나다. 주류 학자들도 인플루엔자가 단순한 바이러스나 감염증 이상이라는 걸 깨달아 가고 있다. 형식과 내용 모두에서 인플루엔자는 기존의 경계선이나 행동방식 따위에 구애받지 않는다. 병원균은 당면한 문제를 해결하기 위해 생물문화조직[23]에 축적된 것들을 활용한다. 거기에는 분자 수준 혹은 그와 다른 수준의 것들이 모두 포함된다.[52]

---

22 미국의 작가 메리 셸리의 소설 『프랑켄슈타인』과 닭의 합성어. 프랑켄슈타인은 과학 실험에 의해 만들어진 괴물. 프랑켄치킨은 근육량이 늘어나게끔 유전자를 변형시킨 닭을 의미한다.

23 환경생태 분야에서 생물다양성biological diversity이라는 말이 흔히 쓰이지만, 언어와 문화, 환경 간의 연계를 포함하는 개념으로 근래에는 생물문화 다양성biocultural diversity이라는 용어를 쓰는 이들이 늘고 있다. 이 책의 저자는 숙주가 되는 생명체뿐 아니라 그 숙주가 살아가는 전체 환경, 그것에 영향을 미치는 인간의 작용까지를 모두 포함해 '생물문화조직biocultural organization'이라는 표현을 쓰고 있다.

애그리비즈니스는 우리가 자본주의적 관계라는 과거에 계속 묶여 있게 만들기 위해 기술유토피아적 미래를 쳐다보게 만든다. 질병이 진화하는 그 상품의 궤적을 빙빙 돌게 만드는 것이다.

이런 상황에서 역학자가 주로 하는 일은 서커스단 소년이 삽을 들고 코끼리 뒤를 쫓아다니는 식의 사후 관리다. 신자유주의 프로그램 아래에서 역학자나 공중보건 기관은 치명적인 감염병을 부르는 최악의 관행들을 합리화하면서 시스템이 실패한 뒤 뒤치다꺼리를 하고, 그 대가로 펀딩을 받는다.[53]

호주 퀸즐랜드대학의 방역학 교수 사이먼 리드Simon Reid가 내놓은 신종 코로나바이러스에 대한 논평은 그로 인한 모순을 그대로 드러내 보인다.[54] 그는 전체적인 그림을 그려 내지 못한 채 기술자로서의 관찰을 담아 여러 주제를 나열하기만 한다. 무능하거나 나쁜 의도가 있어서가 아니라, 신자유주의적인 대학에서 일을 하다 보니 생기는 모순일 뿐이다.

미국 좌파는 전문경영인에게 칼날을 돌린다.[55] 급진적인 사회민주주의자는 전문경영인이라는 자본가 계급을 욕하면서도 버니 샌더스[24]의 행정부에 들어가려고 안간힘을 쓴다. 반면 현대의 스탈린주의자는 관리자도 무산계급이라고 주장한다.[56] 전문경영인이라는 계급이 전염병 분야에도 있을까? 형이상학적인 논쟁은 피하고 존재하는지만 관찰해 보자. 그들은 존재한다! 내가 실제로 그런 사람들을 만났다.[57]

리드를 비롯해 연구기관에 속한 역학자는 중국 등지에서 신자유주의

---

24 Bernie Sanders. 2020년 미국 민주당 대선 후보 경선에 출마한 좌파 정치인. 진보 진영 인사들이 샌더스를 많이 지지했지만 조 바이든이 대선 후보로 결정됐고 그해 11월 대선에서 승리했다.

로 인해 생겨난 질병을 치료해야 할 입장인 동시에, 자신들에게 돈을 대는 시스템이 잘 작동하고 있다는 데에서 위안을 얻는다. 현직에 있는 많은 이가 살아가기 위해 선택한, 아니 더 잘 살아 보겠다고 선택한 딜레마다. 심지어 수백만 명을 위기로 몰아갈 전염병이 나타날 수 있는데도 말이다.

리드는 사스-2에 대해 '죽은 역학자들'이 내놓은 설명을 바탕으로 식품의 구조와 보존에 대한 아이디어를 얻었다. 이번 세기에 실제 역학 분야에서 유명한 선구자 중에도 이런 일을 한 사람들이 있지만 리드는 이 전염병을 설명하면서 아예 "완전한 공포는 좋은 것이다, 만세!"라고 외친다. "중국은 반복되는 전염병의 근원이지만 지금은 박애주의적인 자본주의의 지배를 받는 세계보건기구WHO가 모범적으로 생물학적 통제를 하고 있다"고 그는 주장한다.[58]

중국 혐오를 거부하고 중국에 물질적 지원을 제공할 수는 있지만, 중국이 2003년에 사스 발병을 감췄다는 점도 우리는 잘 기억한다.[59] 당시 중국은 전국에 코로나바이러스가 퍼지게 만들면서 언론을 통제하고 공중보건 관련 보도를 억압했다. 발병 후에도 몇몇 지역에서는 환자가 무슨 병으로 응급실까지 가게 됐는지 알 수 없었다. 사스는 결국 캐나다처럼 먼 나라들로까지 퍼졌고 간신히 사라졌다.

새로운 세기의 중국은 쌀, 오리, 산업용 가금류와 돼지 생산 분야에서 다양한 신종 변형 인플루엔자를 몰고 올 수 있음에도 최악의 상황을 외부에 알리지 않고 있거나, 혹은 알리지 못하고 있다. 이를 번영의 대가로 여긴다.

중국만이 예외적인 경우는 아니다. 미국과 유럽도 H5N2를 비롯한 H5N 시리즈의 신종 인플루엔자 발생지 역할을 했다. 여러 다른 나라와 식민통치의 대리인들은 서아프리카에서 에볼라가, 브라질에서 지카 바이러스가 출현하게 만들었다.[60] 미국 보건 당국은 H1N1과 H5N2가 발병하자 애그리비즈니스를 두둔했다.[61]

자본을 축적하는 두 개의 사이클, 미국 경기순환의 끝 또는 중국 경기순환의 시작(리드는 둘 다 선택한 것 같다) 중에서 하나를 선택하는 문제가 돼서는 안 된다. 제3지대로 도피한다는 비판을 받을 수도 있지만, 둘 다 선택하지 않는 것이 다른 옵션이 될 수 있다.

우리가 이 '그레이트 게임'[25]에 참여해야만 한다면, 최악의 병원균들이 나오지 못하도록 생태학과 경제학 사이, 도시와 지방과 야생 사이의 신진대사 균열을 바로잡는 생태사회주의를 선택하면 어떨까.[62] 세계의 모든 사람이 매일 국제적으로 연대하자.

소련의 모델과는 다른 생물학적 공산주의를 실현하자. 생물보완bioscurity을 재정의하고, 가축과 가금류와 농작물의 폭넓은 다양성을 보장할 면역 저지선을 정하자. 그러기 위해 원주민 해방, 농민 자치, 전략적 생태 복원, 장소에 따라 특화된 농업 생태를 포함한 새로운 세계 질서를 함께 만들자.

생태계 서비스[26]로서 자연선택의 개념을 다시 도입하고, 이미 검증된 유전적 면역이 다음 세대에게 전달될 수 있도록 가축과 농작물을 태어난 곳에서 키우자.[63]

---

25 Great Game. 18~19세기에 현재의 아프가니스탄 등 유라시아 내륙지대를 차지하기 위해 영국과 러시아가 벌인 정치적, 군사적 대결을 가리키는 말. 저자는 자연과 인류의 안전이 걸린 애그리비즈니스와 생태적 농업 사이의 싸움을 표현하기 위해 이 말을 빌려 왔다.

26 ecosystem service. 다양한 생물이 존재하는 생태계로서의 자연이 인간에게 제공하는 모든 혜택을 의미한다. 이 개념을 통해 생물다양성이 줄어들고 생태계가 훼손되면서 인류의 복지에 얼마나 영향을 주는지 알아봐야 한다.

어쩌면 이 글이 직업 탓에 모순적인 상황을 받아들여야만 하는 세상의 수많은 '리드'에게 불공평하게 느껴질 수도 있다. 하지만 500년간의 전쟁과 질병이 증명하듯이, 많은 역학자가 봉사하고 있는 돈의 원천이 더 많은 사람을 사망에 이르게 할지도 모른다.

_《먼슬리리뷰MONTHLY REVIEW》온라인,

2020년 1월 29일

2

인터뷰: "애그리비즈니스가
수백만 명을 죽음으로 몰고 갈 것"

야크 파브스트(이하 파브스트): 신종 코로나바이러스는 얼마나 위험한가요?

롭 월러스(이하 월러스): 지역 내 감염의 어느 시기이냐에 따라 다르겠지요. 감염이 막 확산되기 시작한 때인지, 정점에 이르렀을 때인지, 수그러드는 때인지에 따라서요. 지역사회의 공중보건 대응이 잘 이뤄지는지에 따라 다르기도 하고요. 당신의 연령이나 면역학적인 문제, 기초적인 건강 상태도 중요합니다. 면역반응의 기저에 깔려 있는 면역유전학 측면을 봐야 바이러스를 제대로 진단할 수 있을지 없을지를 알 수 있습니다.

• 2020년 3월 초에 독일 사회주의자 잡지 《마르크스21》의 야크 파브스트Yaak Pabst와 했던 인터뷰인데[64] 루카 데 크레센조Luca de Crescenzo가 두어 주 뒤에 내용을 이탈리아어로 번역하면서 질문 2개를 추가했다. 마지막 두 질문에 내가 답을 보낸 것은 미국에서 코로나19가 급격히 번지기 시작했을 때여서 어조에 좀 차이가 있다.[65]

파브스트: 그럼 이 바이러스를 두고 난리를 치는 것은 그저 공포를 조장할 뿐이라는 건가요?

월러스: 그런 이야기는 결코 아닙니다. 중국 우한에서 코로나19가 번지기 시작한 초반에 감염자 사망률이 2~4퍼센트에 이르렀습니다. 우한 이외 지역에서는 사망률이 1퍼센트 안팎으로 떨어집니다만, 이탈리아나 미국을 비롯해 여기저기서 번지고 있습니다. 사망률만 놓고 보면 사스-1[27]의 10퍼센트, 1918년 인플루엔자의 5~20퍼센트에 비해 낮습니다. H5N1 조류독감의 사망률은 60퍼센트였고 에볼라는 어떤 경우엔 90퍼센트에 이르렀어요. 그럼에도 이번 코로나19는 계절성 독감 사망률 0.1퍼센트와 비교하면 확실히 높습니다. 또한 위험성은 단순히 사망률만의 문제가 아닙니다. 침투율, 혹은 지역사회 감염률을 봐야 합니다. 세계적으로 인구집단 가운데 얼마나 많은 사람을 감염시키느냐 하는 거죠.

파브스트: 더 구체적으로 말씀해 주시겠습니까?

월러스: 세계는 교통망을 통해 역사상 어느 때보다도 연결돼 있습니다. 코로나바이러스에 대한 맞춤형 백신이나 항바이러스제는 아직 없고, 현재로서는 이 바이러스에 대항하는 집단면역도 형성돼 있지 않습니다. 그러니 사망률이 1퍼센트라 해도 상당히 위험할 수 있습니다. 이 바이러스의 잠복기가 2주 정도인데, 잠복기에도 전염을 일으키고 심지어 감염자에게 증상이 발현되기 전에도 전염시키는 것으로 보입니다. 아직 감염됐는지 알지도 못하는 사이에 나도 모르게 퍼뜨릴 수 있다는 이야기죠. 안전한 장소는 없다는 뜻이기도 합니다. 사망률이 1퍼센트라 해도, 40억

---

27 2002년 말부터 2003년 사이에 중국 광둥성과 홍콩 중심으로 아시아권에 번졌던 중증급성호흡기증후군 SARS. 코로나19와 마찬가지로, 변종 코로나바이러스에 의해 일어났다.

명이 걸린다면 4,000만 명이 목숨을 잃습니다. 비율이 작아도 모집단 수가 크면 희생자 숫자가 늘어나니까요.

파브스트: 겉보기엔 치명적인 병원균이 아니라 해도 숫자로 들으니 무시무시하군요.

월러스: 분명 그렇습니다. 게다가 지금은 확산 초기일 뿐입니다. 전염병이 퍼지는 과정에서 숱한 변화가 일어난다는 사실을 이해하는 게 중요합니다. 전염성이나 독성이 약화될 수도 있지만, 반대로 더 치명적이 될 수도 있습니다. 1918년 봄 인플루엔자 대유행이 시작될 때에도 초기에는 상대적으로 증상이 심하지 않았습니다만 2차, 3차 유행이 일어나면서 그해 겨울과 1919년을 지나며 수백만 명의 목숨을 앗아 갔지요.

파브스트: 하지만 팬데믹 회의론자들은 코로나바이러스 감염자 사망률이 전형적인 계절성 독감보다도 낮다고 주장합니다. 이 점에 대해서는 어떻게 생각하시나요?

월러스: 이 전염병이 소동으로만 끝난다면 나야말로 기쁠 겁니다. 그러나 다른 치명적인 질병들, 특히 인플루엔자와 비교하면서 코로나19가 별다른 위험이 아니라고 말하는 것은 코로나바이러스 대응을 제대로 못하는 것에서 관심을 다른 쪽으로 돌리기 위한 언술일 뿐입니다.

파브스트: 계절성 독감과 비교하는 것은 곤란하다는 것이로군요.

월러스: 확산 곡선의 서로 다른 위치에 있는 두 병원균을 단순 비교하는 것은 무리입니다. 계절성 독감에 걸리는 사람이 해마다 수백만 명에 이르는 것은 사실입니다. 세계보건기구WHO 추산으로는 매년 65만 명이

숨진다고 하고요. 하지만 코로나19는 이제 막 퍼지기 시작했습니다. 그리고 인플루엔자와 달리, 확산을 늦추고 취약한 인구집단을 보호하기 위한 백신이나 집단면역도 없는 상태입니다.

파브스트: 잘못된 비교라고는 해도 두 질병 모두 바이러스, 특히 RNA 바이러스[28]에 의한 것이고 입과 목을 통해 폐로 번집니다. 전염성이 강한 것도 같고요.

월러스: 표면적인 유사성만 보면 두 병원균의 심대한 차이를 놓치게 됩니다. 인플루엔자의 역학疫學에 대해선 이미 우리가 많이 알고 있어요. 하지만 코로나19에 대해서는 아는 게 거의 없습니다. 미지의 세계에 있는 거예요. 감염이 완전히 퍼지기 전까지는 이 바이러스에 대해 별로 알지 못할 가능성이 높습니다. 코로나19와 인플루엔자를 비교해서 분석하는 문제가 아니라는 것을 알아야 합니다. 코로나19라는 질병이 있고, 인플루엔자라는 질병도 있는 거지요. 여기저기서 감염이 번지면 팬데믹으로 가는 것이고, 숱한 인구가 바이러스 공격을 당한다는 뜻이기 때문에 우려를 해야 하는 겁니다.

파브스트: 당신은 오랫동안 전염병의 원인을 연구해 왔습니다. 당신은 저서 『팬데믹의 현재적 기원Big Farms Make Big Flu』에서 산업형 농업 관행과 유기농, 바이러스성 감염병을 연결시켰습니다. 이번 사태에 대한 당신의 통찰은 어떤 건가요.

---

28 DNA에 담긴 유전 정보를 RNA에 옮겨 적는 것을 전사轉寫라고 하고, 반대로 RNA에 담긴 유전 정보를 DNA로 전달하는 것을 역전사라고 부른다. 코로나바이러스와 인플루엔자 바이러스는 DNA가 아닌 RNA에 유전자 정보가 담겨 있고 역전사를 통해 증식하기 때문에 'RNA바이러스'라 불리며, 일반적인 유전 정보의 전달 방향과 반대라는 의미에서 '레트로바이러스retrovirus'라고도 불린다.

월러스: 매번 새로운 전염병이 번질 때에 진짜 위험은 이 질병들을 동 떨어진 사건들로 보는 편의주의적인 발상을 거부할 수 있느냐 마느냐에 달려 있습니다. 신종 바이러스가 늘어나는 현상은 먹거리 생산, 다국적 기업의 수익 지상주의와 밀접히 이어져 있습니다. 바이러스가 왜 점점 더 위험해지는지를 이해하려면 농업 생산 모델, 특히 축산업 생산 양식을 들여다봐야 합니다. 그런데 아직은 그럴 준비가 된 정부나 과학자가 많지 않아요. 사실은 그 반대이지요. 새로운 전염병이 나타나면 정부와 언론, 게다가 의료기관까지 나서서 분리된 대응에만 초점을 맞추며 위험한 병원균을 줄줄이 글로벌 스타로 만드는 구조적인 원인을 무시해 버립니다.

파브스트: 누구의 잘못인가요?

월러스: 산업적 농업을 이야기했습니다만 그 범위가 굉장히 넓어요. 세계 곳곳에서 자본이 소농이 가진 땅과 숲으로 침투하고 있습니다. 그런 투자 때문에 숲이 사라지고 질병이 출현할 환경이 만들어집니다. 이 광대한 땅이 가진 기능적인 다양성과 복잡성을 없애고 예전에는 묶여 있던 병원균들이 지역의 가축과 주민 사이로 들어오는 스필오버spillover가 일어나게 해 놓고는 토지 이용을 효율화했다고 주장하는 식입니다. 간단히 말해, 자본의 중심지인 런던이나 뉴욕이나 홍콩을 질병의 근원지로 봐야 합니다.

파브스트: 어떤 질병들을 말씀하시는 건가요?

월러스: 이제 자본과 관련 없는 질병은 없습니다. 아주 멀리 떨어진 곳까지, 말단까지 영향을 미쳐요. 에볼라, 지카, 코로나, 황열, 온갖 조류인플루엔자, 아프리카돼지열병 바이러스 같은 병원균이 저 멀리 외딴곳에

서 교외로 흘러들고, 지역 자본을 거쳐 글로벌 교통망으로까지 가닿습니다. 콩고의 과일박쥐가 두어 주 뒤에는 마이애미에서 일광욕하는 사람들을 죽게 만드는 겁니다.

파브스트: 그 과정에서 다국적 기업은 어떤 역할을 합니까?

월러스: 생태계로 봐도, 땅의 쓰임새로 봐도 지구라는 행성은 이제 농업의 행성이 됐어요. 애그리비즈니스가 식품 시장을 독식하려 합니다. 산업화된 나라의 기업들은 신자유주의 프로젝트의 지원을 받으면서 약한 나라의 토지와 자원을 강탈합니다. 그 결과로, 오랫동안 진화해 온 숲 생태계에 묶여 있던 병원균이 자유롭게 풀려나 온 세상을 위협하게 됐습니다.

파브스트: 애그리비즈니스의 생산 방식은 거기에 어떤 영향을 미쳤습니까?

월러스: 자본 주도형 농업이 자연주의 생태학을 밀어낸 것은 병원균의 독성과 전염성에 직접적으로 영향을 미칩니다. 치명적인 질병을 키우는 배양소로는 최적이죠.

파브스트: 어떻게 그렇게 된다는 거죠?

월러스: 유전적으로 단일화한 가축 품종을 사육하게 되면 면역력이 없어져서, 감염이 일어났을 때 전염 속도를 늦추기가 어렵습니다. 사육 규모가 커지고 가축의 밀도가 높은 것도 감염률을 높입니다. 붐비는 환경에서 자라는 동물들은 면역반응이 위축됩니다. 이른 연령의 가축을 도축해 처리율을 높이는 것도 산업적 축산의 한 특징입니다. 병원균이 질병에 민감한 새 숙주를 계속 공급받고, 이는 독성을 진화시키는 연료가 됩니다.

바꿔 말하면 애그리비즈니스는 수억 명을 죽일 수 있는 바이러스를 선택적으로 진화시키면서까지 수익을 추구하고 있는 거예요.

파브스트: 정말로!?

윌러스: 이런 기업은 방역에 위험한 문제를 일으켜 놓고도 그 비용을 얼마든지 외부로 전가할 수 있습니다. 가축에서 시작해 소비자, 농장 노동자, 지역 환경, 정부와 사법 체계로 비용을 떠넘기는 거죠. 그 어마어마한 피해에 따른 비용을 모두 기업 회계에 반영한다면 지금 같은 농업 기업들은 존재할 수 없어요. 자기들이 저지른 해악을 돈으로 물어낼 수 있는 기업은 하나도 없어요.

파브스트: 미디어에서는 코로나바이러스가 우한의 '이색 먹거리 시장'에서 시작됐다고들 하는데, 그 말은 사실인가요?

윌러스: 그렇기도 하고 아니기도 합니다. 그 말이 진실인지 알려면 생각해 봐야 할 지리적인 결절점들이 있어요. 전염의 고리를 연결하려면 야생동물이 거래되던 우한의 화난華南 수산시장으로 우선 거슬러 가야죠. 야생동물이 모여 있던 시장 서쪽 끝지점을 짚어 낼 수도 있겠고요. 그런데 얼마나 오래전, 얼마나 넓은 범위로 추적을 확대해야 할까요? 바이러스의 출현이 정확히 어느 시점에 시작됐다고 봐야 하나요? 시장에 초점을 맞추면 그 뒤에 있는 야생과 농업의 결합 지점이나 점증하는 자본화의 측면을 놓칩니다. 지구적으로든 중국 내에서든 야생의 먹거리가 점점 더 경제의 영역으로 합쳐지고 있습니다. 그런데 그 관계는 단순히 산업적 농업과 야생의 먹거리가 똑같이 돈벌이 대상이 된다는 것에 그치지 않습니다. 돼지와 가금류를 비롯한 산업적 축산 때문에 숲이 줄어들고, 야생

에서 먹거리를 얻던 사람들은 점점 더 숲속 깊숙이까지 파고들어야 하는 압박을 받습니다. 그 과정에서 코로나19를 비롯한 새로운 병원균과 맞닥뜨리면서 상호작용을 하게 되고 스필오버가 일어나는 거지요.

파브스트: 중국 정부는 애써 희석시키려 하지만 코로나19가 중국에서 시작된 첫 바이러스는 아니죠.

월러스: 그렇습니다. 하지만 중국이 예외적인 사례라고 할 수는 없습니다. 미국과 유럽 역시 H5N2를 비롯해 H5Nx라고 부를 일련의 신종 인플루엔자를 만들어 낸 '그라운드제로ground zero'(발생지)였지요. 미국과 유럽의 다국적 기업들과 신식민주의 장치들은 서아프리카의 에볼라 발생과 브라질의 지카 바이러스 감염증에도 책임이 있습니다. 미국 보건 당국은 2009년 H1N1과 H5N2 인플루엔자가 퍼질 때에도 애그리비즈니스들을 옹호하는 데 급급했습니다.

파브스트: 세계보건기구는 코로나19에 대해 국제 공중보건 비상사태를 선언했습니다. 타당한 조치였다고 보십니까?

월러스: 그렇습니다. 이런 병원균의 위험은 보건 당국이 산술적으로 위험을 분산시키는 정도로는 해결할 수 없습니다. 병원균이 어떻게 움직일지 알 수가 없거든요. 시장에서 병원균이 검출되고 몇 주 만에 세계로 퍼졌어요. 그러다가 병원균이 제풀에 사라진다면 정말 좋겠지요. 하지만 아직은 알 수 없어요. 병원균이 얼마나 빨리 사라질지 모르니 최대한 대비하는 게 좋습니다. 세계보건기구의 선언을 보면 나는 '팬데믹 극장'이 연상됩니다. 국제연맹이 그랬듯이, 국제기구는 활동을 하지 않으면 수명이 끝납니다. 그래서 유엔 기구들은 존립의 정당성과 권한, 자금을 늘 고

민합니다. 하지만 거기서 비롯된 행동들이 실질적인 준비와 예방으로 이어져서 코로나19의 확산 사슬을 깨뜨릴 수도 있습니다.

파브스트: 신자유주의가 밀어붙인 보건의료체제의 구조조정 탓에 의학 연구 여건도, 의료기관의 치료 여건도 열악해졌습니다. 의료 시스템에 자금 지원을 더 하면 바이러스와 싸우는 데에도 큰 변화가 일어날까요?

윌러스: 충격적인 이야기 하나 들려드릴게요. 마이애미의 의료 장비 회사에서 일하는 직원이 중국에 다녀온 뒤 독감 같은 증상이 나타나 가족과 지역사회에 옮기지 않도록 제대로 대응을 하면서 병원에 코로나19 진단을 요청했습니다. 오바마케어[29] 중에서 최소 옵션에만 가입한 상태였기 때문에 코로나19 진단비는 보험을 적용받지 못할까 봐 걱정했는데, 역시나 걱정한 대로였다고 해요. 진단비가 3,270달러(약 360만 원)가 나왔답니다. 미국에서는 이런 팬데믹이 일어났을 때에 비상명령을 내려서라도 시민의 검사비와 치료비를 연방정부가 부담하게 할 필요가 있어요. 시민이 필요한 도움을 받을 수 있게 해 줘야 합니다. 치료비를 감당하기 힘들어서 질병을 숨기고 남들에게 퍼뜨리지 않게 말입니다. 가장 확실한 해법은 전국적인 의료 서비스입니다. 광범위한 응급 사태에 대응할 수 있도록 의료 요원과 설비를 확보하면 위기 시에 사람들이 지역사회에 협력하기는커녕 병을 숨기는 일은 일어나지 않을 겁니다.

파브스트: 바이러스가 출현하면 어느 나라 정부이든 광범위한 지역 혹은 도시를 격리시키는 식의 권위적이고 징벌적인 조치를 취하기 마련입

---

29 미국 버락 오바마 행정부 시절에 만들어진 기초적인 건강보험제도.

니다. 이런 과격한 방식도 정당화될 수 있다고 보십니까?

월러스: '재난 자본주의'[30]가 경로를 벗어나면 관료주의 통제를 강화하기 위한 시험대로 전염병을 활용하는 일이 벌어지지요. 공중보건 측면에서 보자면 저는 결과적으로는 실수가 될지언정 신뢰와 공감 쪽에 표를 던지겠습니다. 그런 요소들이 방역에서 중요한 변수가 되거든요. 신뢰와 공감이 없으면 행정 조치가 주민의 지지를 받을 수 없습니다. 전염병 같은 위협을 극복해 내기 위해서는 다 함께 협력을 해야 하고, 그러기 위해서는 연대 의식과 상호 존중이 반드시 필요합니다. 훈련을 받은 이들이 검사를 돕고 비상식량을 배달해 주는 식으로, 감염된 주민들이 자발적 격리에 들어갈 수 있게 해 주는 거지요. 업무 면제와 실업보험을 지원해 주는 것 등도 공동체의 협력을 이끌어 내는 방법일 것이고요.

파브스트: 아시겠지만 지금 독일에서는 '독일을 위한 대안AfD'이라는, 사실상 나치와 다름없는 정당이 연방의회에서 의석 94석을 차지하고 있습니다. 나치주의자들 같은 극우파가 이 정당과 손잡고 코로나 위기를 선동 기회로 삼고 있습니다. 가짜 뉴스를 퍼뜨리면서 정부가 비행 제한이나 이민자 입국 금지, 국경 봉쇄, 강제 격리 같은 권위주의적인 조치를 취하게 부추기는 겁니다.

월러스: 여행 금지나 국경 폐쇄는 극우파가 글로벌 전염병을 '인종화'하기 위해 들이미는 요구입니다. 말도 안 되는 일이죠. 이미 지금 바이러스가 도처에 퍼진 상황에서 해야 할 일은 공중보건 체제의 회복력을 키

---

30 disaster capitalism. 캐나다에서 활동하는 저술가 나오미 클라인Naomi Klein이 저서 『쇼크독트린The Shock Doctrine』에서 제시한 개념. 큰 재난이 발생했을 때 자본가들과 권력집단이 재난 피해민들이 쇼크 상태에 빠진 것을 활용해 대규모 개발로 이익을 챙기는 것을 가리킨다.

위서, 누가 감염됐는지 지목하는 게 아니라 치료를 해 주는 겁니다. 물론 남의 땅을 도둑질해서 바이러스가 생겨난 곳으로부터 사람들이 다른 곳들로 탈출하게 만드는 짓부터 그만둬야죠. 그래야 애당초 병원균이 번지는 것을 막을 수 있습니다.

파브스트: 지속가능한 변화는 어떤 것일까요?

월러스: 신종 바이러스가 터져 나오는 것을 줄이려면 식품 생산이 근본적으로 달라져야 합니다. 농민들의 자율성과 공공 부문이 강화되면 환경을 지키고 감염이 급증하는 것을 억누를 수 있습니다. 개별 농장에서나 지역 차원에서, 곡물과 가축의 다양성을 늘리고 뒤섞는 것을 전략으로 삼는 겁니다. 검증된 면역력이 후세대로 전달될 수 있도록 식육 동물들을 나고 자란 곳에서 번식시켜야 합니다. 생산과 순환이 이어져야 합니다. 농산물 생산 비용과 소비자들의 구매 비용을 지원해 주면서 생태적 농업 생산을 돕는 겁니다. 개인과 지역사회 모두를 압박하는 신자유주의 경제학, 그리고 자본에 휘둘리는 국가의 억압으로부터 이런 실험들을 지켜 내야 합니다.

파브스트: 전염병의 동역학 앞에서 사회주의자들은 뭘 해야 할까요?

월러스: 공중보건만 놓고 보더라도, 애그리비즈니스에 사회의 재생산을 맡기는 일은 영원히 사라져야 합니다. 고도로 자본화된 식품 생산은 치명적인 신종 팬데믹을 불러오는 것을 비롯해 전체 인류를 위험에 빠뜨리는 관행에 의존해서 이뤄집니다. 이 위험한 병원균들이 애초에 발생지에서 벗어날 수 없도록 식량 시스템을 사회화할 것을 우리는 요구해야 합니다.

그러려면 먼저 지역사회의 수요에 맞춰서 식량 생산을 재편해야겠지요. 환경과 농민을 모두 보호하는 농생태학적 관행을 만들어야 하고요. 큰 그림을 보자면, 생태계와 경제를 갈라놓는 신진대사 방식을 고쳐야 합니다. 우리에겐 그렇게 지켜야 할 행성이 있어요.

루카 데 크레센조: 영국 정부는 최근 강력한 바이러스 대응 대신에 집단면역의 형성을 돕는 쪽으로 가겠다고 했습니다. 여기에 대해 추가 질문을 해 보겠습니다. 당신은 그 조치에 대해 "실패를 해법으로 포장하는 것"이라고 했는데, 무슨 뜻인지 설명해 주시겠습니까?

월러스: 영국 보수당은 미국 정부와 마찬가지로, 공중보건을 확충하는 것이 최선의 해법이라는 사실을 부인하는 길을 택했습니다. 뒤늦은 대응으로 가장 취약한 사람들을 코로나19의 위험 속으로 밀어 넣고, 집단면역을 키워 그들을 보호하기 위한 조치인 양 포장하는 거지요. 의사들은 환자에게 '해를 끼치지 않겠다'고 선서를 하는데, 이건 정부가 '최대한의 해를 끼치겠다'고 정반대로 선언을 하는 것이나 마찬가지입니다. 방역학자들이 보기에 집단면역은 기껏해야 전염병이 가져다주는 보잘것없는 부수익일 뿐이에요. 지난번 전염병을 거치며 항체가 형성된 사람의 숫자가 충분히 많으면 인구집단 가운데 면역력 없는 사람의 비율이 낮아지고, 병원균에 노출된 적이 없는 사람도 보호를 받을 수 있는 거거든요. 하지만 만일 병원균이 인구집단 전체 속에서 진화를 한다면 집단면역은 일시적으로 지나가는 효과에 그칩니다. 백신 접종으로 집단면역을 만들어 내는 게 훨씬 낫습니다. 그러려면 인구집단 다수가 접종을 받아야 합니다. 백신 생산에서 시장의 실패가 일어나는 경우만 아니라면, 백신에 의한 집단면역에서는 누구도 희생될 필요가 없으니 문제가 될 것이 없지요.

팬데믹의 사망자들을 생각하면, 사후적인 집단면역 이익을 얻겠다며 전염병을 방치하는 보건 체계는 있을 수 없습니다. 어떤 나라에서 국민의 생명을 책임진 정부가 그런 병원균이 활보하도록 놔두려 하겠습니까. 대응에서 한발 늦어 놓고서는 이제 와서 확산을 늦추려고 그랬다는 식으로 포장하는데, 그런 마법 같은 통제는 가능하지도 않습니다. 보수당은 적극적으로 방임을 하는 게 수많은 취약한 사람을 보호하기 위한 것이라 주장하지만 바로 그 사람들을 죽이는 짓입니다. '마을을 구하기 위해 마을을 부수겠다'는 것은 영국이 아주 위험한 상태임을 보여 줍니다. 모종의 위협에 맞선 싸움에서 중국을 비롯한 다른 나라의 대응을 따라잡을 능력이 다 소진된 지친 제국의 징후인 겁니다. 그래서 실패가 마치 해결책인 양 가장하는 거지요.

루카 데 크레센조: 이탈리아에서는 정부가 격리 명령을 내렸는데도 재택근무를 할 수 있는 소수를 빼고는 노동자 대부분이 여전히 매일 일터에 나갑니다. 가게들은 문을 닫았지만 공장은 가동 중이고 필수품이 아닌 상품을 생산하는 공장들조차 계속 돌아가고 있거든요. 최근에 노동조합과 고용자연합 측이 직장 보건안전에 관한 합의를 하기는 했으나, 세부 규정 없이 거리두기와 위생 조치와 마스크 착용을 기업에 '권유'하는 것에 그쳤습니다. 그러니 기업이 합의를 존중할 것이라 믿기는 힘듭니다. 이 문제를 어떻게 보시나요? 노동자가 가진 힘에 따라서도 전염병의 양상이 달라질까요?

월러스: 전쟁터에서나 고향에서나, 일하는 사람들을 대포의 포탄처럼 취급하는군요. 중국에서 퍼진 속도를 넘어서서 바이러스가 이탈리아를 휩쓰는데도 자본은 마치 평상시인 척 가장합니다. 생물학 연구실험실 수

준의 방역 조치를 취하지 않은 채로 일을 계속하게 하는데도 그들과 화해를 추구하는 것은 두 측면에서 노동자의 지위에 파괴적인 효과를 가져옵니다. 그들이 주는 대로 받아먹겠다는 신호를 보내는 것인 동시에, 국가적으로 건강을 악화시키는 일이니까요. 조합의 정당성을 위해서가 아니라 여러분의 생명 자체를 위해서, 그리고 가장 취약한 여러분의 동료와 지역사회의 구성원을 위해서 그런 공장은 문 닫게 만드십시오! 이탈리아의 감염자 급증은 자발적인 격리와 노동 조건을 둘러싼 타협으로는 전염병을 막을 수 없음을 보여 줍니다. 코로나19는 전파력이 너무 크고, 의료 여건의 한계 때문에 어정쩡한 조치만 취하기에는 너무 치명적입니다. 이탈리아는 지금 동네마다, 집집마다 돌아다니며 싸움을 벌이는 바이러스의 습격을 받았습니다. 진즉에 그놈을 후려쳤어야 했어요! 그래요, 어두운 밤에도 위험한 날에도 하늘을 떠받치는 것이 노동자들이지요. 심지어 이런 치명적인 전염병 속에서도. 하지만 공동 격리 기간에 매일매일 꼭 필요한 일이 아니라면 공장 문을 닫아야 해요. 다른 나라들이 하듯이 이탈리아 정부가 국가적인 공중보건 위기 때문에 일터에 나가지 못하는 사람들의 봉급을 보전해 줘야 합니다. 제가 할 소리는 아니죠, 저의 나라(미국)도 팬데믹 대응이 그야말로 엉망진창이니까요. 그러나 자본이 수백만 명의 목숨을 보호하기 위한 조치에 저항한다면, 다른 나라에서도 마찬가지이겠지만, 전투적 노동운동의 자랑스러운 역사를 갖고 있는 이탈리아의 노동자들이 나서서 저 탐욕스럽고 무능한 자들로부터 작전 지휘권을 되찾아 올 방법을 강구해야 합니다. 필수품이 아닌 상품을 생산하는 공장이 아직도 가동되고 있다는 것은 경영진과 그 뒤의 가진 자들이 당신을 하찮게 여기고 있다는 뜻입니다. 위층 사무실에 앉아 있는 재무 책임자는 지금도 노동자의 목숨 값을 생산비용에서 제외시킬 수만 있으면 되는 것

아니냐며 좋아하고 있을 것입니다. 전염병이 돌 때 사람들을 쫓아내는 것도 처음 있는 일은 아니고요. 역사학자 셸던 와츠Sheldon Watts는 재난 자본주의의 예기치 못한 반전에 대해 썼습니다.

흑사병으로부터 살아남기 위해 도망을 치면서 피렌체의 행정장관들은 남아 있는 평민들이 도시를 장악하지 않을까 걱정했다. 그 두려움은 옳았다. 1378년 여름 피렌체의 엘리트들 사이에 파벌 싸움이 일어나 일시적으로 도시가 마비되자 반항적인 양모 노동자들이 몇 달 동안 행정을 장악했다.

몇 달이라면 수천 명의 목숨을 구할 만한 시간이지요. 다른 나라들이 열흘 정도 간격을 두고 이탈리아의 감염 확산을 뒤따르고 있는 상황인데, 누군가의 이윤보다는 사람의 목숨이 더 중요하다는 것을 이탈리아의 노동자들이 세계에 보여 줄 수 있습니다.

_《마르크스21MARX21》, 2020년 3월 11일
《불평등한 지구UNEVEN EARTH》, 2020년 3월 16일

3

코로나19와 자본 회로

샌더슨: 도시 수도 공급망이 오염된 맨해튼 남쪽 지역의 물 공급원을 새로 찾기 위해 애론 버[31]는 맨해튼 컴퍼니Manhattan Company를 설립했죠. 회사 정관에는 버가 물 이외에도 다른 자산 대부분을 사용할 수 있도록 하는 조항이 포함돼 있었습니다. 그래서 그는 은행을 만들었고, 오늘날의 JP모건체이스JPMorgan Chase가 됐습니다.
키멜먼: 그게 버의 진짜 야심 아니었을까요. 도시에 황열병이 발생한 뒤 그가 수도 회사를 만들었는데, 그 회사가 만든 시스템이 너무 취약해서 이후 콜레라가 연이어 발생했습니다.
– 마이클 키멜먼과 에릭 샌더슨 (2020)

계산

2002년 이래 가장 심각한 급성 호흡기 증후군인 사스코로나바이러스2에 의한 질병, 코로나19에 팬데믹(세계적 대유행)이 선언됐다. 3월 말 현재, 도시는 하나씩 문을 닫고 있고 병원은 환자가 폭증해 마비된 상황이다.

초기 발병이 좀 줄어든 중국과[66] 한국, 싱가포르는 조금 나아졌지만 유럽, 특히 이탈리아와 스페인 등은 사망자가 늘자 어쩔 줄 몰라 하고 있다. 라틴아메리카와 아프리카에서는 이제야 발병이 나타나기 시작했다.

• 이 글은 《먼슬리리뷰》의 앨릭스 리브먼Alex Liebman, 질병생태학자 루이스 페르난도 차베스Luis Fernando Chaves, 수학 역학자인 로드릭 월러스와 함께 썼으며 진화생물학자 오카모토 켄이치Kenichi Okamoto의 의견도 반영했다.

31 Aaron Burr. 1756~1836. 미국 부통령을 지낸 정치인.

개중에는 대응을 잘 하는 나라도 있지만 세계 역사상 가장 부유한 나라인 미국의 전망은 암울하다. 5월은 돼야 사태가 절정에 이를 것으로 보이는데 이미 의료진과 환자는 개인 보호 장구가 부족해 서로 싸우고 있다.[67] 미국 질병통제예방센터CDC는 간호사들에게 머릿수건과 스카프를 마스크 대용으로 쓰라고 추천했다. 간호사들은 "이미 시스템이 무너졌다"고 입을 모은다.[68]

미국 정부는 기본 의료 장비 구매를 처음에는 거부했고 이제는 개별 주보다 훨씬 비싼 값에 공급하고 있다. 또 미국 내에서 바이러스가 퍼지는 동안 공중보건을 위한 개입이라며 국경을 봉쇄하겠다고 발표했다.[69]

영국 런던 임페리얼칼리지Imperial College 역학팀은 감염자를 격리하고 노인을 대상으로 사회적 거리두기를 실시해 감염 곡선이 치솟는 것을 누그러뜨리는 '완화' 정책이 성공적으로 진행되더라도 미국에서 110만 명이 사망하고, 전국 중환자실에서 받을 수 있는 것보다 8배 많은 환자가 생길 것이라고 예측했다.[70] '종식'을 목표로 질병을 억제하는 정책을 추진하고자 한다면 중국이 한 것처럼 환자와 그 가족 구성원을 격리하고 여러 기관을 폐쇄하면서 지역사회 전체로 거리두기를 확대하는 더 강력한 방식이 될 것이다. 이 경우 미국의 사망자는 20만 명 선으로 줄어들 것으로 추산된다.

임페리얼칼리지 연구팀은 경제가 위축되고 지역사회 서비스가 붕괴되는 부수적인 비용이 뒤따르겠지만 적어도 18개월은 억제 정책을 성공적으로 추진해야 한다고 밝혔다. 연구팀은 중환자실에 늘 일정 숫자의 환자가 입원해 있을 것으로 보고 지역사회 방역 수준을 조정해 가며 질병 통제와 경제 활동의 균형을 맞출 것을 제안했다.

그러나 이에 반대한 연구자도 있었다. 『블랙스완Black Swan』이라는 책으로 유명한 나심 탈레브Nassim Taleb가 이끄는 연구팀은 임페리얼컬리지 모델이 접촉자 추적과 방문 모니터링을 포함하지 않았다는 점을 지적했다.[71] 그러나 이들은 코로나19가 방역 저지선을 지키려는 여러 정부의 의지를 무너뜨렸음을 간과하고 있다. 확산이 잦아들 때가 되어서야 많은 국가들이 실용적이고 정확한 테스트를 거쳐 이런 조치들을 검토하기 시작할 것이다. 한 트위터 사용자가 말했듯이 "코로나바이러스는 너무 급진적이다. 미국에는 우리가 점진적으로 대응할 수 있는 조금 더 온건한 바이러스가 필요하다."[72]

탈레브 팀은 임페리얼컬리지 연구팀이 어떤 조건에서 바이러스가 사라질 것인지를 조사하지 않았다는 점을 지적했다. 바이러스가 사라진다는 것은 감염자가 '0'이 된다는 뜻이 아니라 한 환자가 새 감염 사슬을 만들 가능성이 없게끔 충분히 격리된 상태를 말한다. 중국에서는 한 감염자가 접촉한 사람들 중 5퍼센트만이 전염됐다. 탈레브 팀은 중국의 억제 정책을 옹호한다. 질병 통제와 경제 걱정 사이를 왔다 갔다 하지 않고서 발병을 없애기 위해 전력 질주할 수 있기 때문이다. 임페리얼컬리지 팀이 추천한 방식을 따르면 몇 달에서 몇 년에 걸쳐 거리두기를 지속해야 하지만 중국이 택한 강력하고 집약적인 격리는 시간을 훨씬 단축시킨다.

수학 역학자 로드릭 월러스[32]는 이런 모델링을 완전히 뒤엎는다. 비상사태를 위한 모델링은 꼭 필요하지만 그 비상사태가 언제, 어디서 시작하는지 제대로 짚어 내지는 못한다. 구조적 원인도 비상사태의 일부다. 구조적 원인을 고려하면 경제적 피해를 어떻게 줄이고 경제 활동을 재개할지를 넘어 최선의 대응책을 논의하는 데도 도움이 된다. "만약 소방관에

---

32 Rodrick Wallace. 저자의 아버지.

게 충분한 자원이 있다면"이라는 전제를 깔고, 월러스는 이렇게 썼다.

> 보통 대부분의 화재는 인명 피해와 재산 피해를 최소한으로 줄이면서 진
> 압할 수 있다. 그렇게 하려면 꾸준히 정기적으로 소방 지침을 만들고 시
> 행해 건물의 위험을 낮추고 소방과 위생과 건물 관리에 필요한 자원을
> 효과적으로 공급하는, 낭만적이지는 않아도 영웅적인 기업들이 꼭 필요
> 하다. 감염병 대유행에서도 맥락이 중요하다. 다국적 농업 기업이 외부와
> 사회에 비용을 떠넘기면서 이윤을 사유화할 수 있게 해 주는 현재의 정
> 치 구조 자체를, 스스로 비용을 치르게 하는 지침의 대상으로 만들어야
> 한다. 가까운 미래에 대량 살상을 부를 수 있는 질병의 대유행을 피하려
> 면 말이다. [73]

세계 각국이 감염병 예방과 대응에 실패한 것은 우한에서 코로나19
가 발병된 뒤에 일어난 일이 아니다. 예를 들어 미국의 도널드 트럼프 대
통령은 국가안보팀 내 전염병 대응팀을 해체했고 CDC의 업무 중 공석
이 700개에 달했다.[74] 2017년 대유행 시뮬레이션을 통해 미국이 전염병
에 대응할 준비가 되어 있지 않다는 경고가 나왔지만[75] 연방정부는 아무
조치를 취하지 않았다. 로이터가 기사에서 헤드라인으로 썼듯이 미국은
"바이러스 발생 몇 달 전 중국에 있는 CDC 전문가를 해고했다." 발병 초
기 중국에 파견된 미국 전문가와의 직접적인 의사소통이 단절되면서 미
국의 대응력은 약화됐다. 세계보건기구가 즉시 사용할 수 있는 진단 키트
를 제공했지만 미국은 그것도 쓰지 않겠다는 불행한 결정을 내렸다. 수천
명이 목숨을 잃은 것은 의심할 여지없이 이 모든 것이 합쳐져 초기 정보
가 지연되고 진단을 하지 못해서다.[76]

실패는 이미 수십 년 전 공중보건을 공유하는 공동체가 무시되고 수익화될 때부터 예고됐다.[77] 병원을 정상적으로 운영할 병상과 장비가 모자라는데, 개별적이면서도 즉시 대응 가능한 역학(이 말 자체가 완전한 모순이다)이라는 방법에 사로잡힌 국가가 억압적인 중국의 조치를 따라 하기 위해 필요한 자원을 충분히 조달할 수 없는 것이 당연하다.

질병생태학자 루이스 페르난도 차베스는 조금 더 분명한 정치적 관점에서 탈레브 팀의 전략을 반추한다. 차베스는 변증법 생물학자 리처드 레빈스Richard Levins와 리처드 르원틴Richard Lewontin을 언급하며 "숫자가 말하게 하자"[33]라는 주장은 그 밑에 깔린 숨은 전제들을 가려 줄 뿐이라고 주장한다.[78] 임페리얼컬리지 연구팀의 모델은 지배적 사회 질서의 틀에 맞춘 질문들로 분석의 범위를 한정함으로써 발병을 추동하고 정치적 결정에 영향을 미치는 광범위한 시장 세력을 포착해 내는 데에 실패하는데, 이는 다분히 의도적이다.

의식적으로든 아니든 그들이 내놓은 예측은 국가가 모든 사람의 건강을 보장하는 과제를 2순위로 밀어놓는다. 그 사람들 중에는 질병 통제와 경제 활동 사이를 오가는 사이에 숨질지도 모를 취약한 수천 명도 들어 있다. 영국 보수당 정부와 네덜란드는 사람들 사이에 바이러스가 멋대로 돌게 만들면서 집단면역을 주장하고 있다. 국가의 이익을 위해 인구에 어떤 작용을 가하는 푸코식 계획은 업데이트된 맬서스주의[34]일 뿐이다.[79] 집단면역이 발병을 멈출 수 있다는 생각은 이데올로기적인 희망일 뿐, 근거는 희박하다. 바이러스는 이미 면역의 장막 아래에서 진화하고 있다.

---

33 Let the Numbers Speak. 미국 생물학자 리처드 르원틴과 리처드 레빈스가 2000년 발표한 논문 제목.

34 『인구론』으로 알려진 학자 토머스 맬서스Thomas Malthus의 인구가 증가하는 속도를 식량 등이 증가하는 속도가 따라잡을 수 없어 빈곤 등이 발생하게 되며, 균형을 위해선 인구 억제가 필요하다는 입장.

개입

그럼 뭘 해야 할까. 비상사태에 대처하는 동시에, 필요성과 위험성 모두를 다뤄야 하는 상황임을 먼저 확실히 인식해야 한다.

스페인이 했듯이 병원을 국립화해야 한다.[80] 세네갈처럼 진단 건수를 늘리고 검사에 걸리는 시간을 줄여야 한다.[81] 공공을 위해 의약품을 배분해야 한다.[82] 의료진을 최대한 보호해, 그들이 소진되는 속도를 늦춰야 한다. 산소호흡기 등 의료 장비를 보수해야 한다.[83] 렘데시버 같은 항바이러스제와 말라리아 치료제 클로로퀸[35] 및 가능성 있는 다른 약물들을 임상실험과 동시에 대량 생산할 필요가 있다.[84] 기업들이 의료 돌봄 노동자에게 필요한 산소호흡기와 개인 보호 장비를 생산하게 만들고, 가장 필요한 장소에 먼저 할당하는 시스템을 갖춰야 한다.

이번 바이러스, 그리고 앞으로 올 다른 병원균들에 단계적으로 대응할 수 있도록 연구부터 치료까지 아우르는 대규모 팬데믹 대응팀을 만들어야 한다. 의료진이 돌봐야 하는 환자 수와 병상, 인력, 장비 숫자 사이의 차이를 메워야 한다. 다시 말해, 접촉자를 추적하고 감염자를 격리하기만 하면 바이러스를 역치 아래로 억누를 수 있다는 생각을 버리자는 것이다. 지금 당장 가가호호 코로나19 감염 여부를 알아내고 마스크 같은 보호 장비를 지급하기 위해 충분한 인력을 확보하면서, 동시에 착취적

---

35 이 글은 말라리아와 류머티스성 관절염 등의 치료제로 쓰이는 클로로퀸, 하이드록시클로로퀸이 일부 코로나19 감염자에게 치료 효과를 보였다는 보고가 나오던 시점에 썼다. 그러나 2020년 3월 이런 보고는 미국 우익 저널리즘과 기업인 일론 머스크 등의 선전을 통해 과장 왜곡돼 정치적 논란을 빚었다. 특히 트럼프 정부와 브라질의 우파 자이르 보우소나루 정부는 '말라리아 약으로도 치료할 수 있는 코로나19는 특별히 위험한 질병이 아니다'라는 논리를 펴면서 방역 대응에 소홀히 한 채 말라리아 치료제를 코로나19 치료제로 밀어붙였고, 이로 인해 피해 규모가 더욱 커졌다는 비판이 많다.

인 사회 구조도 멈춰야 한다. 그래야 질병과 그 치료 방식 모두로부터 살아남을 수 있다.

그러나 이런 프로그램이 실제로 시행되기까지 많은 사람들이 방치될 수밖에 없다. 완강하게 버티는 정부에 계속 압력을 가하려면 가능한 사람들은 모두 서로 돕고, 이웃공동체에 참여해야 한다. 프롤레타리아 조직에서 150년 전으로 거슬러 올라가는, 이제는 잃어버린 전통이 돼 버린 정신을 가지고 말이다.[85] 공중보건 인력을 전문화해, 이들이 선의의 행동을 하다가 바이러스를 전파하는 일이 없도록 훈련시켜야 한다. 바이러스의 구조적 기원도 위기 대응 계획에 포함시켜야 한다는 것이, 수익보다 사람을 보호하는 방향으로 나아가기 위한 모든 단계에 적용할 수 있는 핵심 내용이다.

현재 번지고 있는 '박쥐 똥 광기'를 가라앉히는 것도 위험 관리의 하나가 될 것이다. 환자들이 겪는 증상을 '폐에 박쥐 똥이 들어갔다'고 말하는 것 따위를 가리킨다. 야생에서 밀려난 무언가에게서 신종 바이러스가 나왔으며 8주 만에 전 인류에 퍼져 나갔다는 것을 알았을 때 우리가 받은 충격을 기억하자.[86] 바이러스는 특이한 식품들을 공급하는 지역 공급망의 한 지점에서 출현했고, 성공적으로 중국 우한에 인간 대 인간 감염의 연쇄 고리를 유발했다.[87] 거기에서 시작해 지역으로 확산됐고, 비행기와 기차에 올라탔으며, 여행으로 구조화된 연결망을 통해 전 세계로 퍼져 나갔고, 대도시에서 작은 도시로 번져 내려갔다.[88]

전형적인 오리엔탈리즘의 관점에서 야생동물 먹거리 시장을 거론하는 것을 넘어서 명확한 질문으로 향해 가는 사람들은 없다. '이색 먹거리가 어떻게 전통적인 가축과 함께 우한에서 가장 큰 시장에서 팔릴 수 있게 되었는가'라는 질문 말이다. 동물은 트럭 뒤편이나 골목길에서 사고파는 물품이 아니다. 관련한 허가와 상거래의 규제 완화를 생각해 보라.[89) 산업적 먹거리 생산을 지원하는 바로 그 자본이, 야생식품 시장을 공식화하고 있다.[90) 아직 생산량 규모는 미미할지 모르지만 공식 먹거리 생산과 야생 먹거리 생산의 구분은 이제 확실하지 않다.

경제적 지리학이 겹치는 지역은 점점 줄고 있는 야생의 가장자리에서 이색 식품과 전통 식품이 생산되는 후미진 곳까지 이어진다.[91) 산업 생산이 숲의 마지막 남은 부분까지 침식하자 야생 먹거리를 채취하던 이들이 다른 것들을 생산하거나 땅 싸움을 해야 했다. 그 결과 가장 특이한 병원균들이, 이번 경우엔 박쥐를 숙주로 삼는 사스-2 바이러스가 식용 동물을 통해 혹은 노동자를 통해 트럭을 타고 이동하게 됐다. 더욱 길어진 도시 주변의 회로를 타고 이 끝에서 저 끝을 오가다 세계로 퍼졌다.[92)

침투

인류가 어떻게 그런 함정에 빠졌는지 이해하고 앞으로의 계획을 세우려면 정교한 연결망을 생각해 봐야 한다.

어떤 병원균은 생산 과정의 한가운데에서 출현한다. 살모넬라나 캄필로박터 같은 식품 매개 질환이 대표적이다. 그러나 코로나19 같은 많은 질병은 자본주의 생산의 맨 끝에 있는 변경지대에서 나온다. 동물에서 출현해 인간에게 번진 신종 병원균은 대개 야생에서 인간 사회로 흘러들었다.[93)

에코헬스ecohealth 분야의 유명 전문가들은 1940년대부터 감염병이 발생한 지역들을 바탕으로 앞으로 감염병이 발병할 곳을 예측한 세계 지도를 만들었다.[94) 지도에 나타난 색이 진할수록 신종 병원균이 나타날 가능성이 높다.

중국, 인도, 인도네시아, 라틴아메리카, 아프리카가 빨갛게 표시된 지도는 지리적인 위치에만 초점을 맞춰 중요한 핵심을 놓치고 있다. 발병 지역에 초점을 맞추는 것은 역학을 만들어 낸 세계의 경제적 요인들 사이의 관계를 무시한 것이다.[95] 자본은 빈국에서 토지가 개발되고 질병이 출현하게 만드는 변화를 후원하고 있으면서도 질병의 책임은 원주민과 이른바 '더러운' 문화적 관행 때문이라고 주장한다.[96] 이들이 신종 병원균을 불러낸 관행으로 꼽는 것은 야생동물을 가공하고 땅에 묻는 행위다. 하지만 절대적인 지리가 아닌 '관계적인 지리'를 고려하면 감염병의 핫스팟은 뉴욕, 런던, 홍콩 같은 세계 자본의 원천들로 바뀐다.

발병은 더 이상 전통적인 과정을 따라 생겨나지 않는다. 산업화된 농업으로 발생한 최악의 피해를 글로벌 사우스에 돌리는 불평등한 생태 교환은 국가가 주도해 제국주의적으로 지역의 자원을 약탈하는 방식으로부터 다양한 규모와 상품이 포함된 복합적인 형태로 변모했다.[97] 애그리비즈니스는 규모가 서로 다른 수많은 공간 영역들을 불연속적으로 연결함으로써 그 착취적 운영 방식을 재구성했다.[98] 예를 들어 다국적 기업의 '콩 공화국'은 볼리비아, 파라과이, 아르헨티나, 브라질에 걸쳐 있다. 이 새로운 지리는 회사의 경영 구조, 자본 조달, 하도급, 공급망, 임대와 투자를 위한 초국적 땅 사들이기의 양태에 따라 다르게 나타난다.[99] 생태학적, 정치학적 경계를 유연하게 넘나드는 이 '상품 공화국'들은 국경을 가로지르며 그 과정에서 새로운 전염병의 동학을 만들어 낸다.[100]

지방에서 도시 빈민가로 사람들이 옮겨 가는 것은 전 세계적인 현상임에도, 질병의 출현과 관련한 논의는 도시와 지방을 나누는 이분법에 매몰돼 있다. 그래서 지방이 데사코타[36], 혹은 즈비셴슈타트[37]가 되었다는 점을 간과한다. 마이크 데이비스Mike Davis를 비롯한 학자들은 이렇게 새롭게 도시화된 지형이 어떻게 세계적으로 유통되는 농산품이 통과하는 동네 시장과 지역 허브 역할을 하는지 규명했다.[101] 이 중 일부 지역은 이미 '후기 농업' 상태로 접어들었다.[102] 그 결과 병원균의 원천인 숲의 질병 역학이 더 이상 배후지에만 국한되지 않게 됐다. 그 역학들은 스스로 시공을 초월해 관계적인 것으로 변모했다. 사스 바이러스는 박쥐 동굴을 벗어나 짧은 시간에 갑자기 대도시의 인간에게 흘러들어왔다.

열대 우림의 복잡성에 의해 부분적으로 '야생의' 바이러스가 통제되던 생태계는 자본이 주도하는 산림 벌채로 급격히 줄고 있다. 도시 개발에서는 공중보건과 환경 위생이 결핍되면서 이런 일이 일어난다.[103] 결과적으로 많은 야생 조수에서 비롯된 병원균은 숙주와 함께 사라지고 있지만, 숲에서 비교적 빨리 퍼져 나간 일부 병원균이 감염에 취약해진 인간 집단에 전파되고 있다. 인간이 감염에 점점 더 취약해진 것은 도시에서 진행되고 있는 긴축 재정과 부패한 규제들 때문이다. 효과적인 백신이 나왔음에도 발병 범위는 더 넓어졌고, 오래 지속되며, 추진력도 갖췄다.[104] 한때 지역 발병에 그쳤던 감염병은 현재 여행과 교역망을 통해 세계를 샅샅이 훑고 있다.

환경이 변하자 에볼라, 지카, 말라리아, 황열병처럼 오래전 생겨난 병들도 지역을 위협하기 시작했다.[105] 오지 마을에 퍼지던 병들이 이제는

---

36 desakota. 인도네시아어로 '마을'을 뜻하는 'desa'와 '도시'를 뜻하는 'kota'가 합쳐진 말로, 대도시 외곽을 가리킨다.

37 Zwishenstadt. 독일 도시계획가 토마스 지베르츠Thomas Sieverts가 만든 개념이자 저서 제목으로, '도시 사이'를 가리킨다. 오래된 도시들은 공동화되고 새 도시가 생겨나는 유럽의 도시 구조를 설명하기 위해 만든 용어다.

도시에서 수천 명을 감염시킨다. 생태학적인 방향이 역전되기도 한다. 질병의 저장소이던 야생동물도 역풍을 맞고 있다. 야생 황열병에 취약한 신세계원숭이들은 100년 넘게 황열병에 노출돼 왔는데, 숲이 파괴되고 개체 집단이 분산되자 집단면역을 잃고 수십만 마리가 죽어 가고 있다.[106]

확장

세계로 퍼진 상품화된 농업은 다양한 곳에서 발생한 병원균을 멀리 떨어진 저장소로부터 인구가 많은 국제 중심지까지 이동하게 하는 추진력이자 연결점이다.[107] 이렇게 새로운 병원균이 농업 공동체로 번진다. 산업에 관련된 공급 사슬이 길수록, 그리고 그에 따르는 삼림 벌채의 범위가 클수록, 더 다양하고 특이한 동물원성 병원균이 먹이 사슬로 침투한다. 인간의 활동 영역 안에서 생겨났고, 최근 새로 출현했거나 다시 출현한 농장 또는 식품 매개 병원균으로는 아프리카돼지열병, 캄필로박터, 와포자충, 원포자충, 레스턴형 에볼라, O157:H7 대장균, 구제역, E형 간염, 리스테리아, 니파 바이러스, 살모넬라, 비브리오, 여니시아, H1N1(2009년), H1N2v, H3N2v, H5N2, H5N2, H5Nx, H6N1, H7N1, H7N3, H7N7, H7N9, H9N2를 포함한 신종 인플루엔자 등이 있다.[108]

의도한 것은 아니지만, 생산 라인 전체가 병원균 유독성의 진화와 그에 따른 전염을 가속화하는 관행들을 중심으로 짜여 있다.[109] 유전학적으로 식용 동물과 식물이 거의 동일한 게놈을 갖게 되는 단종 생산이 늘면서 전염 속도를 늦추는 면역 방화벽이 다양한 개체군에서 사라지고 있다.[110] 이제 병원균은 숙주 면역 유전자형을 중심으로 빠르게 진화할 수 있다. 반면 인구 밀집도가 높아지면서 면역 반응은 억제된다.[111] 농장의 동물 마릿수가 늘고 공업형 농장의 밀도가 높아져 전염과 감염 재발을 촉진한다.[112] 산업적 생산을 하면 처리량 자체가 늘어나는데, 이 과정에서 농장과 지역 수준에서 취약한 개체들이 지속적으로 공급돼 병원균의 치명성이 진화할 수 있는 상한선을 없앤다.[113] 한곳에 많은 동물을 기르는 것은 균주들에게 가장 유리한 조건이다. 동물이 도살되는 시점—닭의 경우엔 부화한 뒤 6주—이 빨라지면, 면역 체계 내에서도 살아남을 수 있는 병원균들이 선택될 가능성이 높다.[114] 살아 있는 동물을 거래하고 수출하는 지리적 범위가 늘어나면서 병원균을 교환하는 것과 관련된 게놈도 다양해지고, 질병 요인이 진화 가능성을 탐색하는 속도도 빨라진다.[115]

병원균은 모든 면에서 빠른 속도로 진화하는 반면, 산업에 필요한 경우에조차 개입은 거의 없거나 아예 없었다. 감염병 비상이 걸려 분기 재정 수익을 확보할 필요가 있을 때라면 모를까 말이다.[116] 농장과 가공공장에 대한 정부의 현장조사가 줄고, 정부 감독과 활동가들의 폭로를 막는 법이 만들어지고, 언론이 치명적인 감염병 발생의 구체적인 내용을 보도하는 것을 막는 입법도 이루어지는 것이 현재의 추세다. 농약과 식용 돼지가 오염된 것과 관련한 재판에서 패배한 뒤에도 민간 기업은 여전히 이윤에 초점을 두고 생산을 한다. 감염병 피해는 가축, 농작물, 야생, 노동자, 지역과 중앙 정부, 공중보건 시스템으로 돌아간다. 피해는 또 자국우선주의에 따라 해외의 농업 시스템으로 향한다.[117]

미국 CDC는 식품 매개 감염병의 영향을 받은 주와 감염자가 늘고 있다고 보고했다. 즉 자본이 발생시키는 소외는 병원균에게 유리하다. 농장과 식품 공장의 관문에서 공공의 이익이 걸러지는 동안 병원균은 산업이 기꺼이 돈을 쓰려는 생물보안의 한계를 뛰어넘어 공공의 영역으로 다시 침투한다. 매일매일의 생산 활동은 공동체의 건강을 갉아 먹으면서 이윤을 남기는 도덕적 해이를 의미한다.

해방

세계에서 가장 큰 도시 가운데 하나인 뉴욕은 바이러스의 기원에서 지구 반 바퀴 떨어진 곳에 있음에도 코로나19로 발이 묶였다. 아이러니다. 수백만 뉴욕 시민은 2018년까지 시 주택경제개발 담당 부시장이던 앨리샤 글렌Alicia Glen이 이끄는 분야인 '집'에 숨어 있어야 했다.[118] 글렌은 골드만삭스Goldman Sachs 경영자 시절 회사 내 도시개발 투자그룹을 감독하면서 지역사회 건설 프로젝트에 돈을 댔다.[119]

이번 사태로 글렌이 개인적으로 비판을 받아야 하는 것은 물론 아니지만, 그는 이미 가까이 접근해 온 연결고리의 상징이다. 뉴욕시가 그를 고용하기 3년 전, 주택 위기와 대공황 속에서 그가 속했던 골드만삭스를 비롯해 JP모건, 뱅크오브아메리카, 시티그룹, 웰스파고, 모건스탠리 등은 연방정부의 긴급대출 자금의 63퍼센트를 받아 챙겼다.[120] 골드만삭스는 간접비용을 해소하고 위기에서 벗어나자 보유 지분을 다양화하는 쪽으로 움직여 솽후이雙匯 투자개발의 주식 60퍼센트를 사들였다. 솽후이는 미국에 본사를 둔 스미스필드푸드Smithfield Foods를 사들인 중국의 거대 농업기업으로 양돈 생산량이 세계 최대인 업체다.[121] 골드만삭스는 또 바로 우한 근처에 위치해 우한의 야생 먹거리 공급 범위에 있는 푸젠성福建省과 후난성湖南省의 10개 가금류 농장도 3억 달러에 매입했다.[122] 그 지역 양돈 업계에도 도이체방크Deutsche Bank와 함께 3억 달러를 투자했다.[123]

식량 생산의 관계 지리학은 이렇게 계속 빙빙 돈다. 글렌이 책임졌던 뉴욕은 세계에서 가장 심각한 코로나19 발병지가 됐다. 중국 농업의 규모에 비해 골드만삭스의 투자액은 미미할지언정, 이번 사태를 야기한 원인의 고리 일부가 뉴욕에서부터 시작돼 퍼져 나갔음을 인정할 필요가 있다.

트럼프 대통령의 인종주의적인 '중국 바이러스'라는 표현과 자유 진영에서 넘실대는 민족주의적 비난은 국가와 자본이 지구적으로 맞물려 있는 상황을 모호하게 만든다.[124] 마르크스는 이를 "적인 형제들Enemy brothers"이라고 묘사했다.[125] 전쟁터에서, 경제 현장에서, 그리고 이제는 침대에 누워 간신히 숨을 쉬고 있는 노동자들의 죽음과 피해를 보라. 점점 줄어 가는 천연 자원을 어떻게든 이용하려는 엘리트들 사이의 경쟁, 그리고 기계에 따라잡힌 인류를 정복하고 갈라놓는 수단이 뭔지를, 그들을 보면 알 수 있다.

실제 자본주의 생산 방식에 따라 발생하고 국가가 관리하는 팬데믹은 한편으로는 시스템 관리자와 수혜자에게 번영의 기회가 될 수 있다. 2월 중순 미국 상원의원 5명, 하원의원 20명은 다가올 팬데믹의 피해를 입을지 모를 산업 분야의 주식 수백만 달러 어치를 헐값에 처분했다.[126] 심지어 일부 정치인은 공개적으로 "대유행은 그렇게 위협적이지 않다"는 말을 계속해서 되풀이하면서 대중에겐 알려지지 않은 미공개 정보를 이용해 내부자 거래를 했다.

이기적인 약탈 행위의 수준을 넘어선 국가 부패는 구조적이며, 자본이 빠져나가면 미국이 구축한 축적의 사이클도 종말을 맞을 것임을 보여준다.

생태학, 그리고 그와 연관된 전염병의 동학이 실제 어떤지보다는 금융을 우선시하는 태도를 가지고 자본주의를 지속하는 것은 시대착오적이다. 이런 상황에선 과거 위기에서도 그랬듯 팬데믹 자체가 골드만삭스 같은 기업들의 '성장 기회'가 된다.

모사바르-라흐마니Mossavar-Rahmani S 등이 골드만삭스 내부 자료에 적은 것을 보면 "지금까지 다양한 치료법과 백신을 통해 이뤄 온 좋은 성과를 바탕으로 여러 백신 전문가와 생명공학 기술 기업의 연구진이 낙관하고 있다는 것을 우리는 안다. 진전이 있다는 중요한 증거가 나오면 두려움이 줄어들 것이라고 믿는다." 이들은 또 이렇게 적었다.

> 연말까지의 목표가 상당히 높은 수준인 경우 당장 하락을 상정하고 거래하는 것은 단타 매매자나 일부 헤지펀드 매니저에게라면 몰라도 장기 투자자에게는 적절하지 않다. 시장이 오늘의 매도를 정당화할 수 있을 만큼 떨어질지는 알 수 없다. 미국 경제의 회복력과 우위로 봤을 때 시장은 결국 더 높은 목표에 도달할 것이라고 우리는 확신한다. 현재 상황이 포트폴리오의 위험 수준을 서서히 높여 갈 수 있게 해 줄 것이라고 본다. 잉여자금이 있거나 올바른 자산 분배 전략으로 버틸 수 있는 사람들에게는 지금이 스탠더드&푸어스 주식을 더 많이 사들일 시점이다.[127]

계속 사망자가 늘어 대학살 수준에 이른 상황에 놀란 세계인의 생각은 다르다.[128] 방사성물질의 원소 꼬리표처럼 병원균에 표시된 자본 회로와 생산 회로가 부당하다는 생각이 늘고 있다.

정황만으로 그때그때 판단하는 것을 넘어 구조 자체를 특징짓는 방법은 무엇일까. 에코헬스와 원헬스One Health는 치명적인 질병의 출현을 이끈 삼림 벌채를 놓고 원주민과 지역 소농을 비난하지만 우리는 근대 식민주의 의학을 넘어선 다른 모델을 도출하기 위해 연구 중이다.[129]

우리의 이론으로 보면 중국 등에서 출현한 신자유주의 질병은 다음과 같은 것들이 결합돼 나타났다.

- 세계적 자본 회로
- 병원균의 개체가 증가하지 않게 억제하는 지역 환경의 복잡성을 파괴하는 자본 배치
- 그 결과 감염병이 번지는 범위와 속도가 증가함
- 깊은 숲에서 지역 도시로 가축과 노동력을 타고 이동한 새로운 병원균을 운반하는 도시 주변 상품 회로의 확장
- 병원균을 기록적인 시간 내에 전 세계로 전달하는 여행과 가축 교역망의 확대
- 이런 연결망은 전염에 대한 저항을 줄이고 병원균이 가축과 사람 모두에서 치명성을 높이는 방향으로 진화하게 함
- 특히 그중에서도 가축을 그들이 자라는 현장에서 번식시키지 않는 것, 그래서 질병으로부터 가축을 보호해 주는 생태계의 공짜 서비스인 자연선택의 이점을 누릴 수 없게 하는 것

근본 전제는 코로나19와 다른 병원균의 근원이 한 감염원이나 그 임상 과정에서만이 아니라, 자본의 이익에 맞춰진 생태계 전반에서 발견된다는 것이다.[130] 다양한 분류군, 원천 숙주, 전염 방법, 임상 과정, 역학 결과 등을 포함하는 병원균은 한번 퍼질 때마다 우리에게 특징을 남기며, 동일한 종류의 토지 사용과 가치 축적 회로를 따라 가면서 서로 다른 흔적을 남긴다.

보편적인 개입은 특정 바이러스를 뛰어넘는 것이어야 한다.

최악의 결과를 피하기 위해 탈소외disalienation로 다음 세대의 대전환을

이루자. 원주민을 비난하는 이데올로기를 버리고, 지구가 재생의 순환으로 되돌아가게 하고, 자본과 국가의 차원을 초월한 개인의 개성을 재발견하게 하는 것이다.[131] 그러나, 모든 원인이 경제적인 것이라는 경제지상주의만으로는 충분한 해방을 이룰 수 없다. 글로벌 자본주의는 여러 층위의 사회관계를 전유하고, 내면화하고, 질서를 만드는 머리가 많은 히드라다.[132] 자본주의는 지역의 가치 체계를 여기저기서 현실화하는 과정에서 인종, 계급, 젠더 등이 복잡하게 연결된 영역에 걸쳐 작용한다.

역사학자 도나 해러웨이Donna Haraway는 "우리가 제때 폭탄을 해체할 수 있을까"라고 물었다. 하지만 위험을 감수하더라도 그가 거부한 구원의 역사를 받아들이고, 탈소외를 통해 억압의 다층적 위계와 그 위계가 지역마다 특수하게 축적되고 상호작용하는 방식을 해체해야만 한다.[133] 그럼으로써 우리는 생산적, 사회적, 상징적 물질주의에 걸쳐 자본의 팽창에서 벗어나야 한다.[134] 즉 전체주의라고 요약되는 모든 것으로부터 빠져나와야 한다. 자본주의는 화성 탐사에서부터 숙박, 리튬 매장지, 인공호흡기 수리, 심지어는 그 자체의 지속가능성까지 거의 모든 것을 상품화한다. 이는 공장과 농장을 훨씬 넘어서는 이야기다. 거의 모든 사람이 어디에서나, 어떤 방식으로든, 시장에 종속돼 있으며 정치인들은 상품을 의인화함으로써 이를 더욱 부추긴다는 사실이 이보다 더 명확할 수는 없다.[135]

농업 경제 회로를 가로질러 퍼져 있는 많은 병원균이 10억 명의 목숨을 앗아가지 못하도록 개입하는 데 성공하려면, 자본과 지역에서 자본을 대표하는 것과 지구적인 규모로 충돌하는 관문을 통과해야 한다. 그러나 부르주아 계급의 보병들은, 글렌 부시장도 마찬가지이지만, 당장의 피해만 줄이려 한다. 우리 연구팀이 최근 연구에서 보여 주듯 애그리비즈니스와 공중보건은 전쟁 중이며,[136] 공중보건은 그 전쟁에서 지고 있다.

그러나 이 싸움에서 승리한다면, 지역에 따라 상황은 다르겠지만 우리는 전 지구적 신진대사를 회복하고 생태와 경제를 다시 연결할 수 있다.[137] 이런 이상들은 유토피아적인 것을 넘어선 문제다.

이렇게 되면 당장의 해결책도 마련할 수 있다. 세계의 운송망에 퍼져 있는 숙주들에게서 치명적인 병원균이 밖으로 빠져나가지 못하도록 숲의 복잡성을 보호해야 한다.[138] 가축과 작물의 다양성을 복원하고, 병원균이 치명성을 높이고 지리적 범위를 확장하지 못하도록 동물과 작물 농업을 재편해야 한다.[139] 식용 동물이 현장에서 번식할 수 있도록 하고, 면역을 진화시켜 병원균을 실시간으로 추적할 수 있게 하는 자연선택으로 돌아가게 해야 한다. 자연과 공동체를 시장 논리에 따라 몰아내야 할 생존 경쟁의 상대로 취급해선 안 된다.

출구는 하나의 세계를 탄생시키는 것이며, 이는 지구로 돌아오는 길과 같다. 이것이 현재 당면한 문제 대부분을 해결하는 데에도 도움이 될 것이다. 뉴욕에서 베이징까지 거실에 틀어박혀 있는 우리, 세상을 떠난 이를 애도하는 우리 중 누구도 이런 상황을 다시 겪고 싶지는 않을 것이다. 그렇다. 감염병은 인류 역사의 대부분에 걸쳐 조기 사망의 근원이었고, 앞으로도 위협이 될 것이다. 근래에 전염병이 거의 매년 번지는 것을 감안하면, 1918년 이후 지금까지의 100년간보다 더 짧아진 주기로 또 다른 치명적인 감염병에 직면할 가능성이 높다. 우리가 자연을 전유하는 방식을 바꿔 이 감염병과 휴전할 방법을 찾아낼 수 있을까.

_《먼슬리 리뷰MONTHLY REVIEW》, 2020년 3월 27일

4

인터뷰: "국제주의로 세계화를 쓸어 내자"

　자바르다칼: 영국 정부는 당초에 자신들이 내린 예방 조치 결정을 정당화하기 위해 집단 면역에 의존한 반면, 독일의 친나치 정당인 '독일을 위한 대안AfD' 지지자들은 권위주의적인 조치와 강제 격리를 주장하고 있습니다.[38] 권위주의적 행태로 알려진 극우 정당이 이끄는 인도 정부는 코로나19와 관련해 식민지 시대인 1897년의 '감염병법'을 발동했죠. 이 법

- 인도 콜카타의 공산당 기관지《자바르다칼Jabardakhal》과의 인터뷰.[140]

38　이 부분은 오해의 소지가 많다. 독일 극우정당 AfD와 그 지지자들은 코로나19가 확산되던 초기에 이주민 통제 같은 민족주의적인 조치를 요구했으나, 독일 정부가 사회적 거리두기와 마스크 쓰기, 그리고 백신이 개발된 뒤에는 백신 접종을 추진하자 이 모두가 '전체주의적'이고 개인 자유에 위배된다며 거부했다. 베를린, 뮌헨 등에서 대규모 집회를 열고 '마스크 반대', '봉쇄 반대' 등을 주장해 독일 내 감염증 확산을 부추겼고 백신 음모론을 퍼뜨렸다. 이 책에서 언급된 AfD가 주장한 권위주의적인 조치와 강제 격리는 아마도 이민자 통제 등을 말하는 것으로 보이지만, 내용이 분명치 않다. 이 책의 저자 월러스는 여러 글을 통해 강력한 거리두기와 이동금지령 같은 봉쇄lockdown 조치에 대해 극우파와 일맥상통하는 개인 자유 관점에서 다소 부정적인 견해를 보이고 있으나 일관되지는 않다.

은 관료들에게 의심만으로 구금할 권리 등 엄청난 권력을 주고, 일시적이고 제한적으로 권위주의적 조치를 도입하며, 정부에 면책특권을 주는 조항을 포함하고 있습니다. 이렇게 대조적인 조치가 나오는 상황을 어떻게 보십니까?

월러스: 감염병은 국가를 비추는 거울입니다. 집권 여당은 자신들이 세운 전제와 그 이후의 행동이 상황을 악화시킨다고 하더라도 소속 정당의 강령과 주장을 통해 국가를 운영할 겁니다. 미국을 예로 들어 보면, 트럼프 대통령은 멕시코와의 국경을 봉쇄했어요. 실제 감염자의 10분의 1 정도로 추정되는 36만 명의 코로나19 확진자가 이미 미국 국내에서 발생해 바이러스가 돌고 있는데 말이죠.[141]

이 정당들의 1순위 과제는 감염병 통제가 아닙니다. 권력을 보호하는 것, 바로 그게 우선이죠. 미국의 인종주의, 영국의 맬서스주의, 나치식 게토화처럼 우리 모두 이런 거울을 하나씩 가지고 있지요. 파시스트와 비슷한 정책을 펴는 인도의 집권 인민당BJP은 파농[39]식의 반전으로 영국 식민주의 당시의 최악의 상황을 재현해 냈죠. 이 모든 사회정치적 징후가 팬데믹 통제를 더욱 어렵게 만들 수도 있습니다. 코로나19가 심해지고, 신뢰가 무너지고, 사람들을 더욱 움직이지 못하게 가두는 식이라면 상황은 더 심각해질 뿐이죠.

이런 결과를 전에도 본 적이 있어요. 역사학자 마이크 데이비스가 언급했듯이, 1918년 인플루엔자로 인한 사망자 60퍼센트가 인도 서부에서 나왔습니다. 영국에 가뭄이 들자 식량을 수출하라는 요구를 받았던 지역이에요.[142] 팬데믹의 밑바닥에서 벗어나는 유일한 길은 국가 안에서, 또

---

39 프랑스의 정신과 의사이자 작가인 프란츠 파농Frantz Fanon은 『검은 피부 하얀 가면』이라는 책에서 식민주의하에서 가해지는 정체성 억압과 이것이 육체적인 통제, 질병 등으로 이어지는 구조를 조명했다.

국가 간에 사람들이 연대를 하는 것입니다. 치명적인 바이러스 안에 소름 끼치는 트로이 목마처럼 인종 청소 계획을 심는 것은 상황을 더 악화시킬 뿐입니다. 희생양을 만드는 것은 팬데믹에 대비하지 못한 정부의 실수를 은폐하고, 빅토리아 시대에 벌어진 것처럼 대량학살을 하겠다는 것이나 다름없습니다.

자바르다칼: 미국과 중국 사이에 생물학적인 무역전쟁이 벌어지고 있다는 소문이 돌았습니다. 소셜미디어에 올라온 미국 특허와 관련된 논쟁, 《그란마》[40]에 실린 기사, 중국 외교부장과 미 중앙정보국CIA 요원 간의 상호 비방전 등이 이런 주장에 힘을 실어 줬죠. 이런 곡예들을 어떻게 보시나요?

윌러스: 저는 그런 근거 없는 주장들을 '팬데믹 극장'이라고 부릅니다. 우리가 방금 말한 것처럼 자국 안에서 인구 집단을 통제하기 위해 애쓰는 것은, 팬데믹 상황과 그것이 가져올 사회경제적인 영향에 대한 비판을 다른 나라로 돌리기 위해서입니다. 질병을 '국제적인 적'이라고 부르던 때 이후로 계속된 짓을 현대적으로 업데이트한 거죠. 사기꾼들마저 보다가 지칠 정도의 거대하고 근거 없는 음모론입니다. 과거에는 '스페인 독감'이나 '프랑스병'[41]과 같이 민감한 명칭을 활용했다면, 지금은 우한의 실험실이나 세균전 같은 이야기로 옮겨 간 거죠.[143]

비행접시나 외계인 등등 UFO에 대한 것처럼 가짜 정보를 거론하게 되면, 사기를 치는 사람이나 속은 사람 모두 자본주의 생산 방식이

---

40 Granma. 쿠바 공산당 중앙위원회에서 발행하는 기관지.

41 프랑스병은 영국, 독일, 이탈리아에서 매독을 일컫는 말이다. 반면 프랑스 사람들은 매독을 나폴리 병이라고 불렀다고 한다.

팬데믹 혹은 그에 준하는 수준의 병원균들이 등장해 우리를 더 취약하게 만드는 물질적인 근원을 파악하지 못하게 돼요. 삼림 벌채와 개발로 H5N1, 사스-1, H1N1, 메르스, H7N9, 마코나형 에볼라, 지카, 아프리카돼지열병, 그리고 사스-2 바이러스가 야생의 저장소를 벗어나 사람에게 이동하는 것을 우리는 계속해서 보아 왔습니다. 지도자들은 여러 치명적인 질병이 갑자기 늘어나자 자신을 탓하지 못하도록 적들에게 비난을 돌리고 있어요.

자바르다칼: 세계 질서가 불황을 극복하기 위해 코로나바이러스로 인한 감염병 위기를 활용해 국제 무역을 제한하고 국내 거래를 촉진하고 있다고 생각하시나요?

월러스: 자본주의 지배 계급과 국가 권력자들을 의미하는 거라면, 세계 질서에서 그들은 국제 거래를 제한할 수 있는 위치에 있지 않다고 봅니다. 예를 들어 트럼프 대통령이 미국에서 더 이상 세계를 상대로 행사할 수 없는 민족주의적 경제학을 내세우고 있는 것처럼요. 그보다는 바이러스 자체가 유효 수요를 줄이고, 노동자를 병들게 하고, 공급망을 차단함으로써 거래를 제한하고 있는 것으로 봅니다.

미국과 영국을 포함해 대응 준비가 덜 된 나라에서는 사재기가 번지고, 진단 키트와 개인 보호 장비를 구하기 위해 사람들이 분투하고 있습니다. 미국에서는 연방정부의 지원을 받지 못하는 뉴욕, 캘리포니아, 뉴저지 등 개별 주들이 실제 가격보다 몇 배나 비싼 산소호흡기가 거래되는 암시장을 단속하고 있습니다.[144]

말도 안 되는 이야기들이에요. 일리노이주의 재무 관리자가 중국 공장에서 일하는 노동자를 알고 있는 이삿짐 업체 관계자를 만나, 마약을 거래하듯 맥도날드 주차장에서 350만 달러 수표를 건네면 아마 N95 마스크와 산소호흡기를 살 수 있을지도 모르죠.[145] 연방정부가 계속 의료품과 의료 기기에 비싼 값을 부르자, 공화당 소속의 매사추세츠 주지사는 중국 영사와 미국 풋볼 팀 구단주 로버트 크래프트와 함께 전용기를 타고 중국 물품을 밀반입하려는 계획도 세웠다니까요.[146] 입이 떡 벌어지죠? 국가가 실패했다는 증거죠. 인류 역사에서 가장 부유한 나라인데 말예요.

자바르다칼: 코로나바이러스가 발생한 근원과 엄청난 인구에도 불구하고 중국은 감염병 확산을 막을 수 있었습니다. 이 부분은 어떻게 생각하시나요?

월러스: 중국은 발병 초기에 본능이 향하는 방향을 따라 내부 고발자들을 억압했습니다. 코로나19 환자를 치료하다가 사망해 영웅이 된 의사를 포함해서요. 보건 당국이 빨리 움직였더라면 감염이 세계 교통망을 강타하기 전에 억제할 수도 있었지만 운이 없었어요. 하지만 바이러스가 봉쇄령을 따르지 않는다는 걸 깨달은 중국 정부는 곧바로 질병을 억제하려고 열심히 움직였습니다. 확진자와 가족을 격리하고, 이웃을 차단하고, 방문 검사를 했죠. 바이러스가 낮에만 돌아다니는 양 야간통금령을 내리는 등 어떤 조치는 실질적인 성과를 내기보다는 보여 주기 식으로 보이기도 했지만, 중국 정부는 재난의 규모에 맞춰 국가의 전체 자원을 쏟아부었습니다. 반면 수십 년 전 이미 공중보건을 포기한 미국과 영국은 현실 정치에서 이 문제를 풀기 위한 노력은 거부한 채 공중보건을 점점 더 방치하거나 수익성 높은 가공 상품인 듯이 팔아넘겨 버렸죠.

왜 이런 차이가 날까요? 이는 단순히 중국의 국가 자본주의에 반대하는 신자유주의적 자본주의의 문제가 아닙니다. 저는 세계체제론 이론가들과 생각을 같이합니다만, 이전의 영국처럼 미국도 자본 축적 주기의 끝자락에 와 있으며 공공 자원에서 돈을 빼내고 부자들이 해외 계좌로 자본을 쓸어 가게 하고 있습니다. 반면 자본 축적 주기의 초기에 위치한 중국은 세계로 뻗어나가기 위해 물리적, 사회적 인프라를 구축하는 것을 포함해 새로운 제국을 건설하는 데 돈을 투자하고 있어요.[147] 국민 생활을 개선하기 위한 개발이 코로나19 같은 신종 병원균의 출현을 부추기기는 했으나, 중국은 미국과 영국에서는 구조적 붕괴로 인해 실현할 수 없는 방식으로 발병을 억제하는 데에도 투자를 한 셈이 된 겁니다.

자바르다칼: 쿠바 사람들은 항바이러스제인 인터페론알파-2b를 코로나19의 치료제로 써 보자고 제안했습니다. 그들은 베네수엘라 의사들을 훈련시키고, 이탈리아에서 중국 의료진을 돕고, 다른 카리브해 여러 국가들은 입항을 거부한 상황에서도 감염자가 탄 선박을 국제 연대 차원에서 받아들였습니다. 공중보건, 역학 조사, 지구적 연대에 대한 쿠바의 관점을 어떻게 보시나요. 어떤 점을 배울 수 있을까요.

월러스: 그런 상황이 정말 전복적이지 않나요? 쿠바, 그리고 중국이 북대서양조약기구(나토NATO) 회원국인 이탈리아에 의사를 보내고 있다고요.[148] 세네갈에서는 4시간 안에 코로나19 테스트가 가능하지만 미국에서는 일주일 안에 결과를 받는 경우가 거의 없어요.[149] 대만에서는 공항에서 코로나19 검사를 하고, 여행 가방을 소독해 주고, 정부가 지원하는 택시를 이용해 사람들을 목적지까지 이동하게 해 주고, 근처 어디에서 마스크를 살 수 있는지 알려주는 앱과 또 약간 오싹하기는 하지만 지역 감염과 감염자 정보를 알려주는 앱을 제공합니다.[150] 미국에서는 미국 여

권을 가진 사람들에게 국경 직원들이 손을 흔들어 줄 뿐이죠. 미국의 '피후견국'으로 불렸던 한국에서 첫 감염 사례가 보고된 날 미국에서도 첫 감염자가 나왔습니다. 그런데 한국의 인구 대비 감염자 수와 사망자 수는 미국 뉴욕시보다도 훨씬 적습니다. 중국에 대한 보수 진영과 진보 진영의 합의가 깨진 틈을 타 뉴욕주지사는 중국에서 산소호흡기 100대를 들여왔습니다.[151] 미국의 위상은 실시간으로 떨어지고 있어요. 아무도 미국에 도움을 청하거나 조언을 구하지 않고 있죠.

무슨 잘못을 했는지를 떠나 쿠바는 상대적으로 빈곤한데도 공중보건 혁신에서는 최첨단을 걸어왔습니다.[152] 대중을 중심으로 정치 철학을 재구성하는 것과 함께, 보건 서비스와 물류를 조정하고 적절한 규모의 국가 자원을 들여 대중 교육을 제공한 거죠. 쿠바는 이런 공학적인 면에서 뛰어납니다. 이것이 매번 작동하지는 않겠지만, 2,800만 명은 전혀 접근도 못하고 2,400만 명은 부분적으로만 가입해 있는 개인 보험을 가지고 질병을 수익화하는 미국의 사업 방식과는 전혀 다릅니다. 따라서 쿠바가 제안한 특정 약품의 문제가 아닙니다. 쿠바의 제안도 좋지만, 우리가 당면한 문제는 더 광범위한 정신세계에 대한 것이에요. 세계적 질병은 세계적 대응을 필요로 합니다. 연대가 오늘날의 질서입니다. 국제주의로 세계화를 쓸어 버려야 해요. 상호 원조에 참여하지 않는 국가는 도움이 필요할 때에 자구책에만 기대야 할 것입니다.

_《자바르다칼JABARDAKHAL》, 2020년 4월 8일

5
—
살육의 장

자본주의 체제에 대해 우리가 조사한 모든 곳에서, 거시경제 정책에서부터 문짝의 모양과 무게, 사무실의 의자 디자인, 일을 거부하는 것에 이르기까지 모든 일 속에 자본주의의 모태인 집착이 스며들어 있다는 걸 발견했다. 사실 자본의 논리는 이율배반을 요구한다. 그것이 현대 자본주의 연보가 피와 불의 '문자'로 쓰여 있는 이유이자, 그 축복이 끝날 때까지는 계속 그럴 수밖에 없는 이유다.

– 조지 카펜치스 (George Caffentzis, 2013)

코로나19는 이제 정말 세계적 대유행이다. 글로벌 사우스와 글로벌 노스 모두를 강타하고 있다. 남미와 아프리카에서는 이제 감염이 시작됐지만 그저 첫 번째 파도일 뿐일 것이다.[153] 미국과 유럽에서는 최근 하루에 10만 명씩 감염자가 나오고 있다.[154] 이미 아마존 강 유역 깊은 곳의 원주민에게서도 감염 사례가 보고되고 있다.[155]

미국의 몇몇 지방에서는 인구 10만 명당 감염률이 미국의 코로나19

• 미드웨스트 재생운동Regeneration Midwest은 미국 중서부 12개 주에 걸쳐 있는 농민, 식품 관련 활동가들의 조직이다. 코로나19와 미국의 농촌을 주제로 한 웨비나(온라인 세미나)에서는 슬라이드를 이용한 프레젠테이션으로 발병에 따른 최악의 상황을 완화하기 위해 재생 농업이 단기적, 장기적으로 무엇을 할 수 있는지 폭넓은 논의의 장을 마련하는 데 집중했다. 이 글은 그로부터 6주 뒤 '사람을 위한 펜데믹 연구Pandemic Research for the People, PReP'[42]에서 발표하기 위해 정리한 것으로, 육류 포장 부문에 대한 설명을 추가했다.

42 저자 롭 월러스를 비롯한 학자들이 코로나19 발병과 관련해 크라우드 펀딩을 통해 진행하는 연구 프로젝트다.

주요 진원지였던 뉴욕주와 필적할 정도다. 지방에서는 이런 국면이 이번 달부터 시작됐다. 지도를 보면 5월 3일 이후 보고된 심각한 사례들이 중서부에 집중돼 있다.[156)

"신형 코로나바이러스는 씨앗을 심는 시기에 인디애나의 농장을 찾아왔고 옥수수 씨앗보다 더 빨리 뿌리를 내려 수백 명을 감염시키고 수십 명을 사망에 이르게 했다." 리스 더볼트Reis Thebault와 애비게일 하우슬로너Abigail Hauslohner의 코로나19 보고서는 이렇게 시작된다.

> 감염병은 돼지 가공 공장을 강타했고 오클라호마 팬핸들Panhandle의 황량한 곳으로 퍼져 나갔다. 인구가 거의 없는 콜로라도 동부 평원으로 간 바이러스는 요양원과 공장 두 곳에서 인구밀도가 높은 이주노동자들과 감염에 취약한 노인들을 통해 번져 나갔다. 6,000만 명이 살고 있는 이 지역의 사람은 도시 주민보다 가난하고, 더 나이들었고, 당뇨나 비만과 같은 건강 문제에 더 취약하다. 여기에는 이민자와 미등록 이주민이 포함된다. 이들은 이 나라 식품 산업을 운영하는 데 '필수' 노동자이지만 병에 걸렸다고 휴가를 낼 사치는 누릴 수 없다.[157)

어떻게 미국의 시골에까지 바이러스가 침투할 수 있었을까? 우선, 국가 간에도 대응에 차이가 있듯이 주마다 발병 대응 방식에 큰 차이가 있다. 카운티 지도에 자택 체류 명령이 발표된 날짜를 기준으로 표시를 해봤다.[158) 중서부를 포함해 몇몇 주에서는 자택 체류 명령이 내려지지 않았다는 것을 알 수 있다. 사람들을 이동하지 못하게 한다고 해서 대규모 검사나 개인 보호 장구가 필요 없어지고 병원의 수용 능력 같은 문제가 사라지는 것은 아니다. 수만 명이 감염되지 않게 예방할 수 있다는 보장도 없다.[159] 몇몇 주는 다른 주들보다 훨씬 빨리 사람들의 이동을 다시 허가했다. 부분적으로 혹은 전면적으로 경제 활동이 재개된 가운데, 어떤 주에서는 그로 인해 코로나19가 재확산되고 있다.[160]

왜 이렇게 지역마다 상황이 다른 걸까?

규모가 큰 육류 포장 공장이 있는 지역을 지도에 빨간 점들로 표시해 봤다. 어느 주의 어느 회사 공장이든, 돼지고기이든 소고기이든 닭고기이든, 브라질 축산 회사 JBS이든 호멜Hormel 혹은 타이슨Tyson 아니면 스미스필드이든 상관없이 코로나19의 인큐베이터 역할을 하고 있다.[161] 비영리 기구인 중서부탐사보고센터The Midwest Center for Investigative Reporting에 따르면 6월 8일을 기준으로 33개 주의 최소 232개 공장에서 육류 포장과 직접 연관된 코로나19 감염자가 2만 3,500명에 이르렀고 이 가운데 37개 공장에서 86명이 사망한 것으로 보고됐다.[162]

환경단체 환경워킹그룹Environmental Working Group, EWG은 육류 처리 시설 부근에 있는 카운티는 코로나19 감염률이 전국 평균의 두 배에 달한다고 밝혔다.[163] 트럼프 대통령이 5월 육류 가공 공장의 재가동을 허가한 뒤 업무 프로토콜을 다소 바꿨지만 높은 감염률은 그대로다.[164] 이 공장들에서 시작된 감염은 지역사회와 카운티의 경계를 넘어, 공장 노동자의 출퇴근 범위로까지 확장된다.

왜 육류 공장에서 이런 일어날까?

해안가의 큰 도시들을 중심으로 먼저 감염이 시작됐고 주로 항공편에 의해 확산됐다. 하지만 지역에서 일어난 발병은 거대한 식료품 유통 경로를 따라 퍼져 나갔을 가능성이 있다.[165] 화물운송 분석 프레임워크Freight Analysis Framework로 추산한 2012년의 식량 운반 톤수와 개별 카운티별 톤수[166]를 표시한 지도를 놓고 메건 코나Megan Konar와 동료들이 분석했듯이 옥수

수는 일리노이의 농장에서 시작해 아이오와의 곡물 유통로를 거쳐서 사료가 돼 캔사스의 가축 사육장으로 가거나 시카고의 식료품점으로 향한다.[167] 상품의 가치사슬이 기계화됐다 해도 사람들은 그 과정에 계속 개입한다. 아주 외진 카운티에서조차 식품은 글로벌 전염병과 연결된다.

노동자가 힘겹게 돼지고기를 포장하는 공장 상황도 비슷하다. 에린 고시치의 연구팀은 2010년과 2011년 주간 동물검역증명서를 바탕으로 미국 양돈 생산량의 63퍼센트를 차지하는 8개 주에서 돼지고기가 운반된 내역을 지도로 만들었다.[168] 지도는 파란색으로 표시된 8개 주의 카운티에서 엄청난 양의 돼지고기가 유통되는 양상을 보여 준다. 그런데 카운티 수준에서 운송망은 상호성, 전이성, 결합성이 낮은 것으로 나타난다. 이는 카운티들이 돼지고기 운송망으로 상호 연결된 방식이 크게 비대칭적이라는 이야기다.

연구팀은 이를 통해 "중서부 아이오와, 네브래스카, 미네소타 등에서 식용 가축이 출하되고 도축되고 운반되는 양상은 수직적으로 통합된 국내 양돈 산업의 모습을 그대로 보여 준다"고 결론지었다.[169] 연구원들은 유통량이 많은 곳에서는 돼지유행성설사나 돼지생식기호흡기증후군 같은 가축 질병을 감시해야 한다고만 지적했다. 그런데 놀랍게도 갑자기 사람과 사람 사이에서 바이러스가 날뛰기 시작했다.

어떤 메커니즘에 의해 육류 포장 공장에서 바이러스가 퍼지는 걸까? 왜 그렇게 전염성이 있는 것일까? 사실상 노동자들은 전염병 속에서 자신들이 처리하는 고기들 수준으로 대접받고 있다. 아이오와주 블랙호크 카운티의 타이슨 공장에서 일하는 노동자들은,

여전히 공장과 구내식당, 라커룸에 빽빽이 모여야 했고 대부분은 마스크

를 쓰지 않았다. 타이슨은 요청하는 사람들에게만 천으로 된 스카프를 내줬고, 보호 장구를 구입하려 했을 땐 이미 공급 자체가 모자라는 상황이었다. 실직을 우려해 익명을 요구한 한 노동자와, 공장 노동자들을 면담한 지역 활동가들의 말을 종합하면 적어도 한 명은 작업 도중에 구토를 했고, 몇 명은 갑자기 열이 올라 공장을 떠났다. 4월 12일 밤 직원 24명가량이 머시원 병원 응급실로 실려 갔다. 이름을 밝히지 않은 한 노동자에 따르면 어떤 사람은 일자리를 잃고 보너스도 못 받을까 봐 공장에 들어가기 전 검사를 통과할 수 있을 정도로 체온을 낮추려고 타이레놀을 먹었다.[170]

업튼 싱클레어[43]부터 닉 코츠[44], 테드 제노웨이스[45] 등이 고발한 것처럼 육류 공장에는 모종의 정치공학이 있다. 공장에서 생겨나는 위험을 단지 사업의 부수적인 비용으로만 간주해 노동자에게 오랫동안 떠넘겨 온 것이다.[171] 질병을 막기보다 눈속임에만 치중할 때 노동자의 안전과 건강은 뒷전으로 밀린다.

펜실베이니아주 헤이즐턴에 있는 카길Cargill의 돼지고기·소고기 가공 공장에서 일한 64세의 라파엘 벤자민은 상사로부터 다른 직원에게 불필요한 불안감을 주니 일할 때 마스크를 벗으라는 지시를 받았다고 3월 27일

---

43 Upton Sinclair. 미국 작가로, 1906년 시카고 식육 공장의 비인간적 상황을 묘사한 소설 『정글』로 유명하다. 1930년대 대공황기에 캘리포니아에서 빈곤 추방 운동을 했고 선거에도 여러 차례 출마했다.

44 Nick Kotz. 언론인 겸 역사학자로, 위생 상태가 불량한 육류 가공 공장에 대한 보도로 1968년 퓰리처상을 수상했고 연방 육류 검사법이 통과하는 데 기여했다.

45 Ted Genoways. 언론인이자 작가로 『이 축복받은 땅과 사슬: 농장, 공장 그리고 미래 식품의 운명This Blessed Earth and The Chain: Farm, Factory, and the Fate of Our Food』을 썼다.

자녀들에게 말했다. 4월 4일 벤자민은 기침과 열이 나서 전화로 병가를 냈고 며칠 뒤 구급차에 실려 병원으로 갔다. 그는 집중치료실에서 산소호흡기를 단 채로 카길에서 일한 지 17주년을 맞았고, 4월 19일에 사망했다.[172]

트럼프 대통령이 국방물자생산법[46]을 발령해 방역 장비 생산을 지시한 것은 도리어 발병 지역으로 노동자들을 돌려보낸 조치가 됐다.[173] 마찬가지로 CDC와 직업안전건강관리청OSHA이 내놓은 코로나19 가이드라인 역시 감염된 공장 노동자는 증상이 있을 때에만 격리하도록 권고하고 있다.[174] 비상사태라는 가면을 쓰고서도 미국 정부는 코로나19의 위험성을 '가짜 뉴스'로 치부하는 발언을 계속해 왔다. 한 예로 농무부는 가금류 농장의 처리 속도를 높이기 위해 노동자를 떨어져 있게 하는 것이 아니라 가까이 모일 수 있게 했다.[175] 노동부는 노동자가 코로나19에 노출된 기업들을 면책해 주자고 했다.[176] 트럼프는 그나마 남아 있던 규제도 풀어 주자는 신자유주의의 약속을 지키기 위해 팬데믹을 재난 자본주의의 기회로 삼고 있다.

그러나 백악관의 잘못만은 아니다. 여러 주 정부가 육류 포장 노동자가 실업보험을 받는 것을 막고 공장으로 돌아가게 했다.[177] 어떤 카운티의 보건 관계자들은 기업 편에 서서, '사생활 보호'를 앞세워 공장 내 감염자 현황을 밝히기조차 거부했다.[178] 당국자들은 연방 농무부와 주 정부, 카운티의 어느 기관이 규제를 맡아야 하는지를 놓고서도 우왕좌왕했으며 기업은 이런 상황을 유리하게 활용해 왔다.[179]

---

46 Defense Production Act. 대통령에게 부여된 권한으로, 국가 안보 등을 이유로 주요 물품의 생산을 늘릴 수 있다.

감염 메커니즘의 나사를 돌리는 것은 애그리비즈니스 자체다. 타이슨은 코로나바이러스 이전의 정책으로 되돌아가, 노동자의 질환이 만성화된 뒤에야 단기적으로만 장애를 인정해 준다.[180] 마운테어The Mountaire Corporation는 가금류 생산라인 노동자에게 개인 보호 장구 비용을 불법으로 청구했고 위험부담금을 시간당 1달러 깎았다.[181] 스미스필드푸드Smithfield Foods의 경영자 케네스 설리번Kenneth Sullivan은 네브래스카 주지사 피트 리케츠Pete Ricketts에게 "사회적 거리두기는 랩톱 컴퓨터로 일하는 사람들에게만 통하는 방법"이라고 로비했다.[182]

산업 구조의 과거와 미래를 보면 역학을 무시하는 것은 문제, 그 이상을 의미한다.[183] 기업들 입장에서 생태근대주의자[47]들의 꿈인 공장 자동화 계획은 육류 가격을 오히려 높일 수 있다.

로봇이 엑스레이와 CT로 도축된 동물을 찍어 모양과 크기를 3D 모델로 만든다. 이 모델을 보고 또 다른 로봇은 회전 나이프를 이용해 척추가 고정된 채 매달려 있는 동물의 갈비뼈 사이를 잘라 낸다.[184]

'빅미트Big Meat', 거대 축산업체들은 가장 위험한 작업 중의 일부인 이 과정을 가장 값싼 노동력에 맡기며 이익 균형을 유지해 왔다고 스스로 인정한다. 앞으로는 그런 노동자도 필요 없어질 것이며, 그렇게 되면 지역사회는 어떤 단계로 갈지 유추할 수 있다.[185]

농업의 전면에 코로나19가 번지고 있다. 아직은 몇몇 농장에서 발병한 수준이지만 300만 명에 이르는 계절노동자가 여전히 밭에서 밭으로

---

47 에코모더니즘ecomodernism, 즉 생태근대주의는 자연 상태의 보전보다는 과학기술을 적극 활용해 환경 문제를 해결하자는 주장을 의미한다.

몰려 일하고 있어 감염에 취약하다.[186)

엘리자베스 로이트Elizabeth Royte는 캘리포니아주 몬터레이 카운티에서 발생한 코로나19 감염 사례의 3분의 1 이상이 농장 노동자에게서 나타났다고 밝혔다.[187) 테네시의 한 농장에서는 이주노동자 197명 모두가 양성 반응을 보였지만 이 가운데 증상이 있는 사람은 3명이었다. 워싱턴주 야키마 카운티에서는 농업 노동자 500명이 감염 신고를 했다.[188) 고용주가 손 씻는 곳을 마련하고 마스크를 쓰게 하고, 사회적 거리두기를 확대하고, 체온을 점검하는 동안에도 바이러스는 계속 번졌다. 개인이 아니라 비즈니스 모델 자체에 구조적인 문제가 내재돼 있음을 보여 주듯이.

대유행의 영향은 바이러스가 농장으로 들어오기 훨씬 전부터 식량 생산 과정의 말단에서 이미 감지됐다. 백악관은 가뜩이나 낮은 이주노동자 임금을 더 낮추자며 농업 기업의 부담을 줄여 주려 했다.[189)

노동 규율과 보상 면에서 노예제 시절과 다를 바 없는 육류 포장과 농장 노동은 흑인, 라틴계 주민이나 이주 노동자에 의존하고 있다는 이유로 형편없이 취급되기도 한다.[190) 이런 인구통계가 코로나19 감염 결과에도 그대로 반영된다.[191) 특히 지금은 식품 생산과 창고 노동이 감염의 핫스팟이 됐지만 그 전에도 라틴계 노동자는 더 많이 다쳤고, 예방 점검은 적었다.[192)

위스콘신주의 근엄한 대법원장이 왜 '일반인'을 위협하지 않는다며 발병 위험을 일축하고 경제 활동 재개에 찬성했는지도 인종차별의 표시가 되는 이런 인구통계가 설명해 준다.[193) 정부 최고위 인사인 앨릭스 에이자Alex Azar 보건복지부 장관은 육류 포장 공장에서 사망자가 나오자 더러운 이민자가 코로나19를 공장으로 들여왔다고 책임을 떠넘겼다. 미국 인종주의 과학이 수없이, 오랫동안 해 온 것처럼.《마더존스Mother Jones》에 실린 기사를 보자.

> 그는 감염이 시설 내부의 환경보다는 노동자들의 '가정적, 사회적' 측면
> 과 더 관련이 있다고 말했다. 이 발언을 노동자를 비난한 것이라고 해석
> 한 사람들은 두려워했다.
>
> 기사에 따르면 지난 4월 〈폭스뉴스〉 인터뷰에서 사우스다코타주의 크리
> 스티 노엠 주지사는 스미스필드 돼지고기 포장 시설에서 발생한 대규모
> 감염에 대해 이렇게 말했다. "현재 일어난 일의 99퍼센트는 시설 안에서
> 발생한 것이 아니라고 본다. 이 공장 노동자들은 같은 동네, 같은 단지,
> 심지어 같은 아파트에 살고 있기 때문에 이들이 집으로 돌아가 바이러
> 스를 퍼뜨리는 곳은 집에 더 가깝다고 볼 수 있다." 스미스필드 대변인은
> 《버즈피드Buzzfeed》 인터뷰에서 이 이론을 더 확장해 공장의 "대규모 이주
> 노동자"를 언급하면서 "특정 문화권의 생활 환경은 전통적인 미국 가정
> 의 그것과 다르다"고 말했다.[194]

가운과 정장을 빼입은 뻔뻔한 백인 우월주의가 공장과 이웃이 만들어
낸 피해로 비난이 돌아가는 것을 막고 있다. H-2A, H-2B 그리고 EB-3
비자[48]에 따른 임시 노동자 프로그램을 통해 노동자는 이런 조건에 노출
됐다.

지난 7월 포워드라티노[49] 등의 노동자 권익 단체들은 농무부에 인종
차별을 한 육류 포장 회사들의 민권법 위반 혐의에 대한 항의서를 제출

---

48 H-2A와 H-2B 비자는 미국이 특정 국가의 비이민 임시 노동자들을 상대로 발급하는 비자다. H-2A는
계절적인 농업 노동자, H-2B는 계절적인 비농업 노동자를 대상으로 한다. EB-3은 전문직, 숙련직, 비숙
련직 노동자를 대상으로 한 취업 비자다.
49 Forward Latino. 미국 내 중남미계 이민을 지원하는 비영리 단체.

했다.[195] 타이슨과 JBS는 연방정부의 코로나 지원금 수백만 달러를 챙겼기 때문에 연방 민권법의 적용 대상이 된다. CDC 보고서에 따르면 코로나19 감염의 87퍼센트가 육류 포장 노동자 가운데 소수 인종에게서 발생했다. 이들은 전체 노동력의 61퍼센트를 차지한다.[196] 산별 노조운동 측면에서 봤을 때 다양한 분야에서 반발이 이어지는 것도 의미가 있다. 이런 법적 접근은 조지 플로이드의 사망으로 인한 불만이 터져 나오는 데에 영향을 주기도 했다. 그러나 항의를 바탕으로 아래로부터 변화가 시작된 것이 아니라는 점에서 공장 노동자에 대한 드레드 스콧 판결[50]처럼 작용할까 봐 우려하는 이들도 있다. 지리학자 캐리 프레슈어Carrie Freshour와 브라이언 윌리엄스Brian Williams가 물었듯이, 우리는 인종주의적 자본주의의 전체성에 공공연히 반대해 온 급진적 전통으로부터 더 나은 저항 모델을 도출해 낼 수 있을까?[197]

지역 감염에 영향을 끼치는 다른 요소도 있다. 농업만이 유일한 감염원은 아니다. 지역 경제가 붕괴하면서 많은 지역 사회는 또 다른 직접 거래로 눈을 돌렸다. 주립, 사립 교도소는 주 수입원이 된다.[198] 미국 전체의 수감자 현황과 매주 수감되는 사람들을 집계한 《뉴욕타임스》의 지도를 보면[199] 도시에 수감자가 많다는 것을 알 수 있지만, 분명히 어떤 지역 카운티에는 도시와 비슷하게 수감자가 많다. 교도소는 코로나19가 발병한 상위 25개 지역 카운티 가운데 6곳과 관련이 있다. 주로 피부색이 검거나 갈색인 수감자가 카운티를 넘어 교도소에서 교도소로 이송됐고, 육류 포장 노동자와 같이 교도관들이 교도소로부터 지역사회, 혹은 그 너머

---

50 흑인 노예 드레드 스콧Dred Scott이 자유를 주장하며 제기한 소송을 말한다. 이 판결에서 스콧은 노예제가 금지된 일리노이와 위스콘신에 거주할 때 자유인이 되었다며 소송을 제기했지만, 연방대법원은 흑인은 헌법상 시민에 속하지 않으며, 따라서 소송 자격이 없다고 원고 패소 판결했다.

로 움직였다.

2개 이상의 질병 과정이 공존하는 건강상의 위협과 환경적 노출은 코로나19의 발병을 더 심각하게 만들 수 있다.[200] 공기 중 미립자 물질은 2.5미터 이하의 경우 1세제곱미터당 1그램 증가하는 것으로 나타났고, 코로나19 사망률은 8퍼센트 증가했다.[201] 크리스토퍼 테섬Christopher Tessum의 연구팀은 2.5미터 이하의 미세먼지와 코로나19 사망률의 관계를 지역, 경제 분야, 상품, 인구 통계에 따라 수치화한 지도를 그렸다.[202] 식품 분야에선 미세먼지 대부분이 아이오와, 일리노이 등의 중서부 지역과 캘리포니아 센트럴밸리의 농업 지대에서 나왔고 상업적인 요리나 산업 생산 분야에서도 발생했다. 물론 농업에서도 백인이 절대적으로 큰 타격을 받지만 1인당 부담은 흑인과 라틴계가 훨씬 많았다.

지역에서 코로나19에 감염돼 아플 경우 어디로 가야 할까? 응급실과 중환자실에 접근하지 못하면 코로나19와 다른 질병을 함께 갖게 된다는 사실이 입증됐다. 중환자 병상이 없는 병원만 있거나 아예 병원이 없는 카운티도 있다.[203] 노스다코타 지도는 산소호흡기가 한 대도 없거나 두 개 이하인 카운티들을 보여 준다.[204] 미국의 기대수명이 점점 떨어지고 있다는 사실을 많은 카운티에서 확인할 수 있다. 정치적 결과도 여기에 반영된다.[205] 그래프 아래쪽을 따라 비만, 당뇨, 과음, 운동 부족, 그리고 기대수명 하락을 포함해 '절망의 질병'이라 불리는 것을 보여 주는 지표들이 나타난다. 왼쪽으로 갈수록 지수는 나빠진다. Y축을 살펴보면 2012년 버락 오바마 대통령에게 투표했으나 2016년 트럼프 대통령으로 마음을 바꾼 수치가 드러난다.[206] 사회적으로 방치되면서 공중보건 지표상 최악의 상황을 겪고 있는 중서부 주들이 오바마에서 트럼프로 지지를 바꾸는 큰 흐름을 견인하고 있다는 것을 알 수 있다. 나는 어느 정당도 지지하지 않는다. 하지만 경제, 건강, 그리고 정치 지형은 분명히 근본적으로 묶여 있다.

코로나19 상황에서 이런 요인은 상호 작용한다. 아이오와주 시더래 피즈 남부의 루이자 카운티에서는 콜럼버스 정크션에 위치한 타이슨 공장에서 발병이 시작돼 노동자 2명이 사망했다. 그 후 카운티 전체로 퍼져 나가 10만 명당 감염률이 뉴욕주에 버금갈 수준으로 기록됐으나 공장은 다시 문을 열었다.[207] 이 카운티에는 병원도 없고 개업의도 없다. 주 정부는 타이슨 공장에서 최초 발생이 나타났을 때 심각하지 않다고 거짓말을 하는 식의 흔한 속임수를 썼다. 몇 주 사이 감염자가 522명에 달했으나 211명이라고 발표했다.[208] 근처 워털루 공장에 444건이 발생한 것으로 보고됐지만 보건 당국에 접수된 것은 1,000건이 넘었다.

미네소타주 워딩턴에는 JBS의 돼지 가공 공장이 있다. 공장이 있는 노블스 카운티 주변에 감염증이 퍼졌고 주민 2만 1,629만 명 가운데 거의 1,600명이 확진을 받았다.[209] 공장이 더 감염에 취약하다는 증거가 나왔음에도 JBS는 도축량을 최대 속도인 하루 2만 1,000마리로 유지했다. 그 사이 이미 노동자 사이에 감염이 퍼지고 있었다.

노동자들은 밴을 타고 사우스다코타의 수폴스에서 매일 통근하는데, 이들 중 몇몇은 아픈 것이 분명해 보였다. 노동자들은 병과 두려움으로 근무를 건너뛰었다. 수십 명은 점심식사 시간에 회사가 생산 라인 속도를 늦추라고 요구하며 시위를 했다. 공장의 인사 담당자가 갑자기 사임했다. 워싱턴에서 10여 명의 육류 포장 노동자와 배우자를 인터뷰해 보니 몇 가지 이슈가 드러났다. 그들은 회사가 바이러스의 위협을 가볍게 여겼다고 봤다. 그들은 JBS가 제공하는 차량으로 수폴스에서 출퇴근하는 동료들이 발병을 가속화했다고 말했다. 유급 병가와 직장 복귀 정책은 일관되지 않았고, 병에 걸린 사람들마저 일터에 나올 것이라는 우려가 있었다. 2교대로 근무하며 5년째 일하고 있는 마리아 에체베리아는 30명 이상이 코로나19로 아픈 것이 분명한데도 회사는 며칠 동안 단 1명만이 아프다고 주장했다고 말했다.[210]

감염자가 생겨난 직후 JBS는 미네소타주 노동부 조사관들이 공장에 접근하지 못하게 막았다. 이는 드문 일이었고, 뭔가 숨기고 있다는 것을 뜻했다.

제때 공급할 시장이 없거나 도축 처리할 여력이 없을 때 공장은 너무 커져 버린 돼지를 안락사시킨다. 이를 위해 공장을 재가동할 수도 있다. 락토파민 염산염[51]을 먹고 무서운 기세로 자라난 '비만 돼지'들이 JBS 공장 밖에서 가스에 중독되고, 익사하고, 총에 맞아 죽었고 톱밥으로 덮였다. 미네소타에서 흔히 쓰이는 방식이다.[211] 아이오와셀렉트팜스Iowa Select Farms는 돼지들을 산 채로 증기에 노출시켰다.

환기를 모두 중단시킨 그룬디 카운티의 이 회사 공장은 업계에서 쓰는 말로 '개체가 사라진depopulated' 상태가 됐다. 공기가 통하는 모든 길은 막혔고 그 안으로 증기가 투입됐다. 열과 습도가 높아져 하룻밤 사이에 돼지들은 죽었다. 모두는 아니지만 대부분은 몇 시간 뒤 구워진 상태로 죽거나 질식해 죽었다. 인터넷 미디어 《인터셉트The Intercept》가 입수한 오디오에는 돼지가 쓰러지면서 내는 찢어질 듯한 울음소리가 담겼다. 어떤 돼

---

51 ractopamine hydrochloride. 고기의 양을 늘리기 위해 돼지 사료에 첨가하는 물질.

지는 간신히 살아남았지만 아침이 되자 사측이 무장한 노동자들을 들여보내 사체 더미를 뒤져 볼트 총으로 모두 소멸시키게 했다.

살려고 발버둥치는 돼지를 죽이려 무장 노동자들을 배치한 것은 100퍼센트 살처분을 위해서다. 축사 내의 돼지 수가 너무 많기 때문에 맥박을 체크하는 등의 기본적인 사망 확인법은 쓰이지 않는다. 총에도 맞지 않은 돼지들은 생매장되거나 사체를 치우기 위해 동원된 불도저에 깔린다.[212]

축산업계의 수직적 통합, 가격 담합, 식품 서비스와 식료품으로 나뉜 공급 라인은 구조적으로 경직돼 있다. 그래서 돼지나 우유 따위가 다른 시장이나 자선단체로도 가지 못하고 사라진다. 경제가 무너지고 수백만 명의 미국인이 자선단체의 식품 창고 앞에 줄을 서야 하는 판인데도.[213]

도시와 지역이 사실상 통합된 시스템임을 놓쳐서는 안 되겠지만, 미국의 지방 카운티들을 보면 코로나19에 대응하는 더 좋은 방법이 무엇인지 알 수 있다.[214] 감염병의 확산에 먼저 뉴욕이 빨려 들어갔고 이어 디트로이트, 시카고, 뉴올리언스 등 다른 도시에서 점화했으며 미국 전역으로 퍼졌다. 교과서적인 양상이다. 그러나 식품의 상품 회로가 바이러스를 가치사슬의 위아래로 퍼뜨리기 시작했고, 이로 인해 최악으로 치달았다. 다양한 소고기 부위처럼 노동자가 켜켜이 쌓여 이뤄지는 작업에서 확산의 절정에 달한 것이다. 연방정부의 업무 복귀 명령 덕분에 육류 생산량이 25퍼센트나 줄어든 상황을 일시적으로 개선할 수는 있겠지만 그러려면 더 많은 노동자가 병에 걸리는 일을 감수해야 한다. 개인 보호 장구가 충분하고 노동자들 간 거리를 충분히 띄우고 작업 속도를 늦춘다 하더라도 노동자는 계속 아플 것이며 애그리비즈니스가 원하는 생산 능력에 맞추기는 어려울 것이다.

미국은 굶주리게 될까? 지역 카운티에서 수백만 명이 호경기일 때조차 밥을 굶고 있고 거대 농업이 푸드뱅크의 자선 활동을 휩쓸어 버려도 미국인이 다 굶주리는 일이 일어나지는 않을 것이다.[215) 그러나 2015년 H5N2 발병 때와 마찬가지로 병원균 하나가 이미 농촌에 오랫동안 피해를 입혀 온 이 비즈니스 모델의 근간을 흔들고 있다.[216)

더 심각한 문제는 그럼에도 이 모델은 전혀 타격을 받지 않고 있다는 점이다. 질병의 위험은 오히려 이 산업에 함정에서 벗어날 길을 알려주고 있는지도 모른다. 지난해 트럼프 대통령은 국방물자생산법을 활용해 아프리카돼지열병으로 양돈 생산량이 절반으로 줄어든 중국에 미국 거대 양돈 업체들이 접근하는 것을 도왔다. 《뉴욕타임스》에 따르면, 스미스필드푸드는 지난 4월 육류 회사들 가운데 맨 먼저 "코로나19 팬데믹이 미국의 육류 공급을 코너로 몰아붙이고 있다"고 경고했다. 이어 타이슨푸드도 감염병으로 공장이 문을 닫으면 전국의 공급망에서 "육류 수백만 파운드가 사라질 것"이라고 경고음을 울렸다. "같은 달 스미스필드는 중국에 9,170톤의 돼지고기를 수출했는데 이는 3년 사이 최대치였다. 타이슨은 1,289톤을 중국으로 수출했는데, 2017년 1월 이후 최대치다. 전체적으로는 미국에서 생산된 돼지고기 가운데 12만 9,000톤이 지난 4월 중국으로 수출됐다"고 《뉴욕타임스》는 적었다.[217)

1980년대 초반부터 미국의 돼지고기 소비량은 감소했지만 산업은 커졌다. 최근까지도 수백만 평방피트 규모의 농장을 짓고 교대 근무자를 늘렸다. 2017년부터 2019년 사이에만 생산이 12퍼센트 증가했다. 《뉴욕타임스》는 아처파이낸셜서비스Archer Financial Services의 축산업 분석가 데니스 스미스Dennis Smith의 말을 인용해 "생산자들에게는 수출이 필요하다"고 보

도했다.[218)]

물론 육류를 포장하는 흑인과 라틴계 이주노동자들을 코로나19의 불길 속으로 들여보내는 것에 반대하기 위해, 국내 복지를 위해서라고 주장하지만 사실은 복지를 희생하고 거대 육류 업체들의 엄청난 이익만 보장해 주는 업무 복귀 명령에 반대하기 위해 민족주의적 분노를 터뜨릴 필요는 없다.

다른 방법은 없을까? 대안적인 생산 방식인 재생 농업의 꿈과 희망이 피해 정도를 평시 수준으로 유지하는 것을 넘어 실질적인 전환을 이끌어 낼 수 있을까?

코로나19가 이 분야에서 주요한 걸음을 내딛게 만들었다. '아이오와의 실용적인 농부들The Practical Farmers of Iowa'이라는 농민단체는 코로나19 시기에 소농이 어떻게 농장을 운영하면 좋은지를 놓고 매주 화상회의를 열었다.[219)] 중서부 농민과 사업가, 지역사회 활동가 들이 모인 미드웨스트 재생운동에서 건강과 기후 연구를 담당하는 캐롤린 베츠는 그중 한 회의에 참석한 뒤 농부가 코로나19로부터 안전을 지킬 수 있는 생산, 판매 방법을 연구하기 위해 노력하고 있다고 전한다. 농민은 임금을 우편으로 지급하거나 지역사회의 지원을 받아 '농업박스'를 만들어 농민과 소비자 사이에 직배달을 하거나, 현금 대신 포인트 카드를 쓰게 한다거나, 배송 박스를 돌려받지 않는다거나, 드라이브 스루 방식을 도입하는 식으로 비즈니스 관행을 바꾸려 하고 있다.[220)]

하지만 시장 접근이 차단된 상황에서 어떻게 소비자의 관심에 맞춰 생산 규모를 늘릴 수 있을까? 산업 생산이 남긴 폐허에 묻히지 않으려면 어떻게 해야 할까? 목초지에서 자라는 일부 가축은 여전히 산업적 처리 과정을 거친다. 육류를 실어 나를 트럭 여러 대를 구매해야 할까, 아니면 포장 노동자를 다시 훈련시켜 지역에 처리장을 만들어야 할까?[221] 미국의 소농도 재생 농업을 최대한 활용하려고 호주 농민이 도입한 오픈푸드 네트워크[52]의 모바일 앱을 도입해야 할까?[222]

주와 도시에는 음식바우처와 함께 지역에서 키운 음식을 공급하고 농민에게는 가격을 지원해 줌으로써 공급과 수요 양쪽 모두에 보조금을 주는 것은 어떨까.[223] 병원균을 비롯한 충격이 애당초 발생하지 않도록 예방하고 식료품 공급 라인을 더 지역화할 수는 없을까.

_《미드웨스트 재생운동GENERATION MIDWEST》, 2020년 4월 29일

《PreP 농촌PREP RURAL》, 2020년 6월 9일

---

52 Open Food Network. 농산물 생산자들과 소비자들을 직거래로 연결시켜 주는 호주의 플랫폼. 2012년 설립돼 현재 20개국에서 시행 중이다.

6

제곱근

모순의 시민적 지위, 또는 시민 생활에서의 지위, 그것이 바로 철학적 문제이다.
－루트비히 비트겐슈타인 (1953)

전기 작가 레이 몽크Ray Monk의 글을 읽다 보면 뭔가가 분명해진다.[224] 철학자 게오르그 헤겔Georg Wilhelm Friedrich Hegel의 글들은 서로 다른 것들도 실제로는 유사할 수 있음을 보여 준다. 하지만 반대로 루트비히 비트겐슈타인Ludwig Josef Johann Wittgenstein은 비슷한 것들이 다를 수 있음을 드러내 보인다. 4와 −1이라는 숫자가 있다고 하자. 단순한 두 정수로 보이지만 그 제곱근은 아예 전혀 다른 종류가 된다.

그런 대조를 농업에 적용해 보면 어떨까. 올해 초 코로나19를 다룬 글에서 나는 토지 이용에서 공통의 궤적을 따르면서 산업형 농업과 야생 먹거리의 자본화가 더욱 늘고 있다는 점에 관심을 집중시켰다.[225] 막스 베버의 후예인 농부들은 한편으로는 경제 지표와 시장의 신호에 맞춰, 한편으로는 전염병리학적인 경고에 맞춰 대응하면서 이익을 따져 야생과 가축화 사이를 오간다.[226] 이는 족히 헤겔적이다.

비트겐슈타인적인 측면은 산업적 농업과 재생적 농업 모두에서 찾아볼 수 있다. 둘 다 식량을 생산하지만, 전자는 전적으로 사회적, 환경적 재생산을 소외시키고 그로 인한 잉여가치를 사유화하는 것을 중심으로 조직돼 있다. 희생된 농촌의 피해는 무시당한다.

이와 대조적으로 재생 농업은 지역의 사회생태학적 능력이 세대에서 세대로 이어지며 재생산될 수 있도록 해 주는 자연적인 경제를 중심으로 조직된다. 사용가치가 우선이다. 실용적인 이점도 있다. 이 접근 방식에서는 소농도 농장 간 공동기금 같은 것을 통해 위기가 닥쳤을 때 도움을 교환할 수 있다.[227] 빅애그Big Ag(거대 농축산 기업)가 시장 접근을 막지만 않는다면 소규모 농가는 산업 생산이 그 자체가 빚어 낸 코로나19 같은 위기에 대응하지 못하는 사이에 수요 증가에 맞춰서 협동조합으로 재조직될 수도 있다.[228]

비록 마찰은 있겠지만 어떤 시점에는 두 생산 방식이 양립할 수도 있을 것이라고 본다. 환경 자원이 무한하다면 재생 농업을 하는 자본가 농민도 나올 수 있을 것이다. 새로운 토지를 찾아내기가 어려울 때도 있을 것이니 그 과정에 장애가 좀 있겠지만. 자본가로서의 농민은 노예나 이주 노동자를 고용하거나 혹은 자기 가족 구성원을 스스로 착취하는 식으로 값싼 노동에 의존해 왔다. 어떤 사회들, 그러니까 부국과 그 신식민주의적 위성국은 지구 곳곳에서 새로운 토지, 대개는 도둑질한 땅들을 갉아먹으면서 그로 인한 피해를 모든 이에게 떠넘기며 이런 재생산 방식을 유지해 올 수 있었다.

하지만 거짓이 통하던 시기는 끝났다. 인류가 지구적인 환경의 벼랑 끝에 몰린 지금, 진정한 재생산 능력이 있는 농업은 자본주의와 공존할 수 없다. 제각각 양립하는 것조차 불가능하다. 모든 농업이 필요로 하는

땅과 물, 공기가 지구적인 규모의 자본과 기후 변화와 오염 그리고 이제
는 거의 연례적으로 찾아오는 팬데믹의 위협 때문에 망가지고 있다. 이
행성에 탈출구는 없다.[229] 도망칠 곳은 없다.

그런데도 산업형 농업과 재생 농업은 지나간 시대의 미몽에서 벗어
나지 못하고 있음을 보게 된다. 양측 모두, 마치 서로에게서 끄집어낼 장
점이 있다는 듯이 굴고 있다. 땅에 대한 수요를 소외시키는 예행연습처
럼 진행되는 농업 광고들은 모두 이런 관계를 가지고 장난을 치고 있다.
이를 '슈뢰딩거의 돼지'[53]라고 부르자. 그 광고들은 효율성, 현대성, 풍요
로움 등등 온갖 좋은 것을 가져다 붙이며 빅애그와 소규모 농업공동체의
차이를 부각시킨다. 그러면서 동시에 그 광고들은 햇빛과 계절의 흐름을
따르는 자연스러운 경제와 '가족농업'을 뒤섞으면서 감정에 호소한다. 자
신들이 그것들을 파괴하고 있으면서 말이다.

와이드스크린을 뒤덮는 광고들에서 우리 앞에 펼쳐지는 것은 규모의
경제와 파란 하늘, '완벽하게' 동질화된 생산물들과 정밀한 농약 살포와
귀여운 새끼 돼지를 안은 아이들과 함께 미소 짓는 백인 농민들이다. 농
민과 농업 기업의 상흔 가득한 결합, 정신분열적인 문화적 정체성을 향
한 본능적인 호소를 통해 두 농업 사이의 모순은 지워지고 하나로 합쳐
진다.

이런 스타일의 농업 광고가 넘쳐난다. 모든 광고가 이 똑같은 주제를
변주한 것들이다. 하지만 그중에서도 끝판왕은 백인이 아프리카의 아동
노예를 구하는 내용을 담은 미네소타의 광업 광고다.[230] 농구계의 전설
케빈 맥헤일Kevin McHale이 카누를 타고 열대림의 물길을 따라간다. 광고의

---

53 Schrdinger's pig. 상자 속에 죽어 있는지, 살아 있는지 알 수 없는 고양이에 빗대 양자역학의 모호함을
표현한 '슈뢰딩거의 고양이'를 패러디한 것.

주제인 광산은 한 번도 카메라에 잡히지 않는다. 죽음의 신 하데스의 이름을 언급할지언정, 이 부정신학의 광고들은 미네소타의 식수를 오염시키는 하데스의 지옥불은 보여 주지 않는다.

_페이스북, 2020년 2월 8일

7

한겨울 -19

시몬: 그러니까 곰은 무시하면 된다는 거지?

잉예마르 : 그건 곰이야.

— 아리 애스터 (2019)

애스터의 공포영화 〈한여름〉[54]에는 함정이 있다.[231] 영화의 대단원은 스크린이 꺼진 뒤에도 모호한 카타르시스로 관객을 사로잡는다. 터질 듯한 사운드트랙이 끝나면, 마지막 장면에서 산 채로 불태워지는 사람들의 헉헉거림과 비명이 자연의 잔혹함을 상징한다는 것이 더욱더 분명해진다.[232] 이제는 그나마도 문이 닫혀 버린 영화관을 비롯한 장치들을 가지고 문명은 그 잔혹함을 재연해 보려 애쓰지만 따라잡기는 불가능하다. 아무리 그럴싸하게 꾸민들, 치아를 덮은 에나멜처럼 인간 생물학의 중요한 부분이기도 한 우리의 문화 속에서 그 폭력성은 마음과 살 모두에 깊숙이 배어 있기 때문이다.

---

54 이 장의 원제는 'Midvinter-19'인데, 이 중 Midvinter는 스웨덴의 메탈 밴드 이름이자, 스웨덴어로 '한겨울'이라는 뜻이다. 제목에 이어서 나오는 인용구는 미국의 작가 겸 영화감독 아리 애스터Ari Aster의 공포영화 〈한여름Midsommar〉에서 따왔다. 스웨덴을 배경으로 한 이 영화에는 북유럽 문화권에서 공포의 상징인 곰이 우리에 갇혀 있는 장면이 등장한다.

지금 인류 전체가 팬데믹이라는 연극의 무대에 올라 있는 것 같다. 여러 배우들이 면죄부를 받아 보겠다며 서로를 손가락질한다. 먼저 남 탓을 해야만 내 책임을 면할 수 있다고 믿는 사람들의 파블로프의 손가락들. 과학계의 영웅들만 봐도 그렇다. 코로나19를 일으킨 신종 바이러스가 급변하는 농업 환경의 산물임을 도외시한 채 우한의 연구소들에서 튀어나온 것이라고 비난하기 바쁘다.[233)] 여기엔 좌우도 없다. 넌 누구 편이야? 〈한여름〉의 등장인물처럼, 에토스보다는 클릭 한 번의 순간적 본능으로 집단 내부의 누군가를 지목하는 것이다.

과학계와 정부 사이의 불신뿐 아니라 다른 축들, 중국과 미국, 민주당과 공화당, 야생동물과 가축 등을 둘러싼 의례적인 전투가 벌어지고 우리는 제각각 조종 가능한 집단들로 쪼개진다. 어느 한쪽의 악당 집단에 속하기로 작정하고는 이 쪼그라드는 행성을 두고 싸울 권한을 그들에게 내맡긴다.

사스-2[55]의 기원을 둘러싸고 두 진영이 각기 자기네 가설을 지지할 증거를 끌어 모으고 있다. 파동의 진동이 멈추고 한쪽으로 귀결되듯이, 바이러스는 분명 단 한 가지 경로를 거쳐 출현했을 것이다. 그러나 갑자기 장막이 떨어져 무대 위의 배우들을 덮치듯 실험실과 현장의 서류들이 쌓이고 쌓여 모두를 쓸어 버릴 것이다. 실험실과 현장을 들먹이며 역병의 증거를 주장한 드라마 퀸도 있었다.[56] 권력은 지식에 달려 있다지만, 실제로는 위태로운 두 줄기 증거의 탑들이 맞서고 있다. 그러나 진실은 짜고

---

55 코로나19를 가리킴.

56 미국에 망명한 뒤 도널드 트럼프 당시 대통령 진영의 우익 선동가들과 결합해 '우한연구소 바이러스 유출설'을 주장한 중국 여성 학자 옌리멍閻麗夢을 가리키는 것으로 보인다. 옌리멍이 올린 글들은 근거가 없다는 평가가 지배적이었으며 트위터와 페이스북은 팩트 체크를 거쳐 '가짜 뉴스'로 표시하거나 계정을 정지시켰다.

치는 이 싸움판 밖에 있다.

'필드 기원설'?

사스-2를 비롯한 신종 병원균은 임상적으로 드러나는 바이러스만의
문제가 아니다. 자본과 국가권력이 자신들의 이익에 고정시킨 생태계의
연결망이 이런 새로운 변종의 출현과 진화에 근본적인 영향을 미쳤다.[234]
조류 및 돼지 인플루엔자, 사스-1, 에볼라, 지카, Q열, 메르스, 아프리카
돼지열병 같은 병원균은 생물종과 숙주와 전달 경로와 임상 과정과 전염
병학적 결과 등에서 천차만별이지만 토지 사용과 가치 축적이라는 동일
한 과정의 각기 다른 지점과 경로를 반영한 것일 뿐이다.[235]
중국의 농업 지리를 연구한 민디 슈나이더Mindi Schneider는 이렇게 적
었다.

> 공식적인 당과 국가의 담론에 따르면 '농촌'은 잉여가치가 생산되는 배후
> 지이자 환경적 통합성을 보전하는 지대다. 하지만 내 분석은 농촌의 비공
> 식적인 부활을 보여 준다. 농업이 산업화하는 과정에서 농촌은 자본이 위
> 기를 떠넘기는 배출구가 되고 있다. 곡물 사료를 고기로 전환시키는 비효
> 율적인 전환이 되면서 토양과 식량 모두의 영양소가 낭비되고, 산업적 축
> 산에서 흘러나온 분뇨의 강들이 농촌의 수로를 오염시킨다. 농민이 쫓겨
> 나고 농업 지식과 관행이 무너진다. 돼지에서 돈육으로 그리고 배설물로
> 이어지는 가치의 전환, 자본이 농촌을 쓰레기로 만드는 시스템.[236]

세계 곳곳이 이렇게 돌아간다.[237] 특징들은 제각기 달라도 생산의 지

역적인 회로는 글로벌한 토지 약탈과 환경적인 징벌이라는 똑같은 거미줄 안에서 작동한다. 그 생산 회로의 한쪽 끝에는 숲속 '야생' 병원균의 복잡한 세계가 있다. 벌목과 광업과 집약적 농업은 자연의 복잡성을 순식간에 씻어 보낸다. 병원균은 대개 '신자유주의의 변경'에서 숙주 동물과 함께 멸종하지만 뜻밖에 적당한 숙주종을 만난 몇몇은 감염되기 쉬운 광범위한 인구집단을 만나 드넓은 지역으로 퍼진다.

에볼라는 이런 변경에서 출현한 균주의 대표적인 예다.[238] 반면 조류·돼지 인플루엔자는 생산 회로의 다른 쪽 끝, 도시들 사이에 점점이 퍼져 있는 공장식 농장에서 출현했다.[239]

어떤 병원균들은 생산 회로의 좀 더 복잡한 경로를 거쳐 등장했다. 사스-1과 지금의 사스-2는 지역적 생산 회로 사이사이의 틈새에서 나왔다. 인간을 감염시키기 이전에 사스는 후베이성 우한의 어느 지역에 고립돼 있었다. 케네디 프랜시스 쇼트리지Kennedy Francis Shortridge의 연구에 따르면 그 기원은 2004년으로까지 거슬러 올라간다.[240] 관박쥐와 흰코사향고양이의 몸 안에 머물던 동물 코로나바이러스는 중국의 여러 야생동물에 퍼졌고 우한의 야생식품 공급원인 안후이성安徽省과 장시성江西省 인접 지역까지 밀려왔다.[241] 우한대학 연구자 3명은 야생식품의 안전성에 대한 공동 논문을 썼다. 정확한 지명을 밝히지는 않았으나 식품 공급망의 감염병 위험을 키우는 6가지 요인을 분석해 눈길을 끈다.[242]

현재 야생 식재료의 주된 공급원은 농민이나 사냥꾼에게서 직접 물건을 받아오는 도매상들이다. 이런 식으로 중국의 야생 식재료가 유통된다. 최근 몇 년 사이 식재료 콜드체인이 빠르게 발달하고 야생 식재료 유통 속도도 빨라지면서 식품 관리 체계의 취약점이 되고 있다. 기업의 수요에 맞춰서 식재료 유통이 빨라지는 동시에, 그것이 업계의 취약한 고리가 되고 있는 것이다. 공급망을 장악하려면 대규모 투자를 해야 한다. 그러려면 전문적인 제3의 회사에 유통을 아웃소싱해 비용을 절감하고 관리 효율성을 높이고 경쟁력을 갖춰야 한다. 하지만 물류의 아웃소싱에 따른 위험 또한 크다.

논문에서 지적했듯이 우한 시장에서 팔리던 야생 식재료들은 중국 어디서나 그렇듯 도시로 들어오려면 교외를 통과해야 한다.

그런데 사스-2는 이런 과정에서 번진 것이 아니라면? 계통발생학적 분석에 따르면 사스-2의 근원지는 남쪽의 광둥廣東이다. 사스-1과 여러 조류인플루엔자, 특히 몹시 심각한 H5N1이 처음 확인된 지역이다. 유전학자 피터 포스터Peter Forster와 동료들은 인체에서 검출한 사스-2 게놈 160여 개를 분석해 101가지 유전자형과 229종의 돌연변이를 확인했다.[243] 이들은 바이러스들 사이의 수평적인 유전자 전달과 수렴적 진화, 여러 세대에 걸친 게놈들이 공존하는 상황을 모두 포함해 모델링을 했다. 이 연구는 사스-2를 A, B, C형으로 분류했는데 A와 B형은 초기부터 퍼진 그룹이고 C는 B에서 진화한 그룹이다. 광둥성 주민 4명에게서 채취한 바이러스는 A그룹 계열이었고 박쥐에서 검출된 바이러스와 유전자 서열이 비슷했다.[244]

결론적으로 이는 외집단인 박쥐의 사스 바이러스와 인간에게서 검출한 바이러스의 연관성을 보여 준다. 보충 자료들을 보면 특히 광둥 샘플들은 우한에서 처음 바이러스가 발견된 뒤 몇 주 뒤에 채취한 B그룹 바이러스들이다.[245] 바이러스의 특징을 설명하기 위해 박쥐에서 나온 샘플을 활용할 수는 있지만 이것이 양쪽 바이러스가 공통 조상에게서 최근에 갈라져 나왔다는 뜻은 아니라는 점에 유의하자. 박쥐 바이러스 집단의 유전자 서열이 누락되고 이후 유전자 재결합 과정을 거쳐 사스-2가 형성됐을 수도 있기 때문이다. 포스터의 연구팀은 그 뒤 새 연구에서는 2013년 윈난성 박쥐 샘플을 2019년 윈난성에서 채취한 말레이관박쥐의 것으로 대체했다.[246]

사스-2의 지리적 기원이 어디든 간에, 박쥐와 말레이천산갑에서 나온 이 바이러스의 유전자 재조합을 분석해 보면 코로나19 발생에 야생 식재료 유통이 급증한 것이 근본적인 영향을 미쳤을 가능성이 있음을 알 수 있다.[247] 이는 중국 중심부 내륙을 에워싼 경제적 지형, 그리고 산업적 농업을 추동하는 자본의 흐름과 겹친다.[248]

박쥐와 천산갑의 바이러스는 어쩌다가 합쳐졌을까.

야생보호운동가인 과학자 대니얼 챌린더Daniel Challender와 그 동료들은 중국의 천산갑 사육을 조사했다.[249] 천산갑은 축사에서 번식시키기가 워낙 어렵고 사육 비용이 많이 들어 현재의 주된 공급원인 밀렵과 불법 매매를 대체하기는 쉽지 않다. 그럼에도 조사팀에 따르면 이미 천산갑 사육에 자본이 흘러가고 있다. 중국인은 천산갑을 주로 약재로 쓴다고 하지만 근래에는 고급 식재료로 많이 쓰이면서 사육이 늘었다.

영국《가디언》에는 광둥성 북부 샤오관韶關의 한 농장 방문기가 실렸다. 천산갑 번식을 시도한 곳이다. "지금은 천산갑이 한 마리도 없지만 주변 주민들은 예전에 농장에 천산갑과 원숭이와 다른 야생동물이 함께 갇혀 있었다고 확인해 줬다."[250] 다른 기사들을 보면 사육 농장들은 밀렵한 동물을 '세탁'하기 위한 용도로도 썼다. 중국의 보호운동가들은 천산갑 사육이 이전에도 많이 퍼져 있었다고 지적한다.[251] 이런 식으로 천산갑을 가둬 두면 사스 바이러스가 재조합을 일으킬 기회가 늘어난다.

실제로 코로나19가 발생하고 불과 몇 달 지나 보호운동가 겸 유전학자 핑리우Ping Liu와 동료들은 2019년 3월 광둥성에서 밀매되려다 구출된 말레이천산갑으로부터 박쥐 사스 바이러스 균주들을 여럿 확인했다고 보고했다.[252] 부검한 천산갑 사체의 폐는 사스에 걸린 것처럼 부풀었고 섬유화가 진행돼 있었다.

균주 가운데 3개는 2004년 후베이성 이창宜昌에서 확보한 관박쥐의 사스 균주와 멀리 연관성이 있었고 또 다른 균주는 2011년 산시성 관박쥐에게서 채취한 것과 관련이 있었다. 2011년 윈난의 주름입술자유꼬리박쥐에서 검출한 것과 유사한 것도 확인됐다.

다양한 박쥐 바이러스 균주가 한 집단의 천산갑에서 채취돼, 지역을 넘나드는 확산을 보여 줬다. 아마도 이것들은 엄청난 활동 범위를 가진 박쥐의 날개를 타고 야생동물과 가축을 모두 감염시켰을 것이다. 야생 물새 떼를 고향으로 삼던 조류 인플루엔자 바이러스가 가금류로 갈아탔듯이, 메르스 코로나바이러스가 가축화된 낙타들 사이로 옮겨 갔듯이, 사스 코로나바이러스도 가축에게 금세 퍼질 수 있다.[253]

윈난성의 박쥐는 마치 연구자들이 짜기라도 한 듯이 코로나19의 조상격인 사스-1을 비롯해 사스 바이러스의 역사에 반복해서 등장한다. 그럴 만한 이유가 있다. 사스-2 바이러스의 진화가 일어나는 데에 기여한 말레이천산갑이 빈번히 밀거래되는 곳이 중국 남서부다.

2010년부터 3년 동안 윈난성에서 붙잡힌 천산갑 259마리를 조사한 저우의 연구팀은 2014년 "윈난은 미얀마, 라오스, 베트남과 경계를 맞대고 있으며 이 천산갑들은 미얀마에서 혹은 미얀마를 거쳐 유입됐을 수 있다"고 밝혔다.[254]

중국의 2016년 동물밀거래 보고서를 보면 이 일대에서는 천산갑 거래가 일상적이다.

> 중국 내에서 거래된 천산갑 비늘의 55퍼센트가 광시와 윈난에서 거래됐으며 이어 산시, 광둥, 구이저우, 허베이성 순이었다.
> 비늘 외에도 천산갑 고기를 판다는 광고와 번식 목적으로 포획한 천산갑을 판다는 광고들이 확인됐다.[255]

이것으로 다가 아니다. 《내셔널지오그래픽》의 2015년 10월 기사에는 "광둥성 남부의 세관원들이 무려 11.5톤의 냉동 천산갑 사체가 담긴 상자 414개를 적발했다"고 적혔다.[256] 멸종 위기에 처한 천산갑이 이렇게 대규모로 밀매되고 있다.

그럼에도 우리가 놓친 부분이 더 있을 수 있다. 하지만 저 높이 하늘을 통해서도 교통망으로 밀접히 상호 연결된 이 시대에 사스-2의 역사를 이해하려면 이 바이러스가 악명 높은 우한 시장에서 시작됐는지, 더 멀리 떨어진 우한의 야생동물들에서 비롯됐는지, 아니면 윈난과 광둥을 넘나드는 교역로를 비롯한 더 넓은 지역적인 회로를 타고 퍼졌는지만 아는 것으로는 충분치 않다. 오히려 그것들은 요점에서 벗어난 것일 수 있다. 야생 박쥐 똥을 모아 팔거나 돼지를 키우거나 천산갑을 거래하는 것을 비난할 일이 아니라는 이야기다.[257] 그보다는 살아 있는 유기체를 상품으로 만드는 자본화된 농업, 동물과 축산농과 가공업자와 소매업자로 이어지는 생산 체계 전체가 어떻게 질병의 역학을 만들어 내는지에 관심을 돌릴 필요가 있다.

'실험실 기원설'?

크리스티안 앤더슨Kristian Andersen을 비롯한 저명한 바이러스 계통 유전학자들은 사스-2의 염기서열을 분석해 이 바이러스가 '자연적'이라는 결론을 내렸다. 우리의 토지 사용이 동물에 미친 영향을 그렇게 부를 수 있을지는 모르겠지만,[258] 아무튼 연구팀의 결론은 실험실에서 만들어진 것은 아니라는 것이었다.

그 근거로 그들은 사스-2가 사스-1과는 다르기 때문에 공학적으로 만들어진 것은 아니라는 점을 들었다. 연구팀은 사스-1에서 사스-2를 인위적으로 만들어 내는 공학적 과정을 설정했으나, 사스-2가 인체 세포로 진입하는 것을 돕는 스파이크(돌기) 단백질 부분의 안지오텐신전환효소 2ACE2 수용체는 사스-1의 RBD 수용체와는 달랐다고 밝혔다.

하지만 3월 중순 발표된 이 논문을 읽고 내가 곧바로 생각한 것은 사스-1을 가지고 모델링하지 않고서도 실험실 안에서 치명적인 표현형으로의 변이를 만들어 내는 다른 방법이 있다는 것이었다.

과학계와 기업 실험실은 수천 가지 조합으로 여러 약물과 병원균을 함께 테스트하는 엄청난 처리량의 연구를 지향하고 있다.[259] 사실상 과학은 자연에 대한 산업형 서비스가 돼 간다. 그 속에서 생화학의 폭포는 인공 효소와 자동 시험용기의 도움 속에 물레방아를 회전시키는 강물처럼 자체적인 역학을 갖고 공장 설계도처럼 돌아간다.

그런 산업형 연구 모델의 또 다른 형태는 다양한 병원균 균주를 숙주에 집어넣고 바이러스가 면역 체계와 항생제 등에 저항하는 법을 찾아가는 과정을 보는 기능획득gain-of-function 연구다.[260]

실험실 안에서 병원균의 자연선택을 거치게 한다는 점에서 이런 연구는 미처 대비하지 못한 결과를 부를 수 있기 때문에 그 속성상 엄청난 위험을 안고 있다. 바이러스가 숙주의 면역 체계를 깨뜨릴 수 있다면 실험실의 연구 안전 기준을 뛰어넘을 수 있다는 이야기이기도 하다. 게다가 모든 실험이 최선의 상태로 수행되는 것도 아니다.

그래서 나타나는 또 다른 문제는 뭘까. 실험실에서 만들어진 신종 아미노산 대체물질들은 자연 상태에서 생성된 것과는 완전성 면에서 차이가 난다. 이 물질들은 자연이 해 주는 폭넓은 계통발생적 시험을 거치지도 않는다. 유전적 위치를 조정한 수많은 인공 대체물의 아미노산 찌꺼기들이 어떤 특징을 가지는지는 아직 모른다. 실험실의 과학자들은 어떤 변이를 거쳐 어떤 성질을 선택하고 무엇에 노출됐는지에 신경 쓰지만 그런 것들과 상관없는 상위성[57]이야말로 바이러스의 특성이다.[261]

실험실의 사고 따위는 일어날 수 없다는 앤더슨 팀의 선언을 보며 방법론적인 문제를 제기한 사람은 나만이 아니다. 기능획득 연구의 사고 가능성을 지적한 이도 많으며, 최근에는 주류 언론에 음모론적인 보도들이 판치고 있다.[262]

내가 미처 몰랐던 것은 사스-2 실험실 기원설의 무대로 거론되는 우한의 두 연구소에서 그런 연구를 했다는 점이다. 일주일 전에야 에코헬스얼라이언스EcoHealth Alliance가 그 두 곳과 관련이 있다는 것을 알게 됐다.

에코헬스얼라이언스는 뉴욕에 있는 비정부기구로, 동물과 인간과 환경의 보건을 통합적으로 관리함으로써 감염병의 출현을 막을 수 있음을 알리는 데에 주력해 왔다. 나는 몇 차례 이 단체의 주장을 비판한 바 있고,[263] 지난 5년 동안 그들과 빚었던 갈등이 이번 위기를 거치며 재연되

---

57 epistasis. 한 유전자가 발현될 때 다른 유전자와 영향을 주고받는 현상.

는 것은 원치 않았다.

에코헬스나 원헬스라는 상대적으로 새로운 영역은 생물계를 소외시키기 위해 안달 난 자들에게는 낯선 것이겠지만 이미 오래전부터 있던 사고방식을 현대적으로 업데이트한 것이다.[264] 하지만 이 또한 신종 감염병이 생겨난 글로벌 사우스의 전염병 '핫존'에 대해 GPS 좌표 찍듯이 좁은 개념을 적용해 온 글로벌 노스의 관행을 따르며 토착민이나 소농의 농업 방식을 문제시해 왔다. 야생 고기 좀 그만 먹어! 나무 베지 마, 멍청이들아! 그러나 이런 지리적 관점은 진짜 중요한 문제를 놓치고 있다.

우리 몇 명은 이런 누락에 반대하며 원헬스 진영에서 떨어져 나왔다. 훨씬 구조적인 원헬스를 요구하는 우리의 주장은 훨씬 구조적인 인과관계를 분석하면서 질병을 부르는 세계의 서로 다른 지점들을 연결한다.[265] 글로벌한 차원에서 보자면 뉴욕, 런던, 홍콩 같은 금융자본의 중심지들이 신종 전염병이 출현하는 지역의 벌채와 개발에 자금을 대고 있다.

그런 시각에서 보면 에코헬스든 원헬스든 질병의 스필오버가 일어난 곳들을 비난하는 것은 자본의 땅뺏기를 녹색으로 세탁해 주는 신종 수단일 따름이다. 실제로 에코헬스얼라이언스는 야자유 플랜테이션을 활용하는 다국적 기업인 콜게이트-파몰리브Colgate-Palmolive와 존슨앤드존슨 Johnson & Johnson의 기부금을 받고 있다. 2020년 코로나 사태가 벌어진 뒤에도 이들은 토착민만 비난하는 짓을 계속하고 있다.[266]

이런 행위가 인식론적으로는 어디로 연결되는가 하면, 지역이라는 나무에서 사회정치라는 숲을 보지 못하게 만든다는 것이다. 그런 식으로 법의학적인 특수성에 초점을 맞춰 부검을 하면 질병의 스필오버를 증폭시키는 생산 관계를 읽기가 어려워진다. 사스의 분자적 특성을 알아내겠다며 기능획득 연구를 하는 생태학자들도 이런 오류에 빠져 있다.

그러나 사스-2라는 불장난은 중국에서 시작된 것이 아니다. 이 이야기는 전염병학자 비니트 미너체리Vineet Menachery와 동료들이 일련의 시험관 생체실험에 대해 보고한 2015년의 노스캐롤라이나로 우리를 이끌어 간다.[267] 당시 노스캐롤라이나의 채플힐과 중국 우한바이러스연구소의 공동 연구팀은 박쥐 코로나바이러스의 스파이크 유전자와 쥐의 코로나 바이러스 유전자를 뒤섞었다.

중국 관박쥐 떼에 퍼진 사스와 비슷한 코로나바이러스의 잠재적 위험을 조사하기 위해 우리는 유전자 복제를 활용해, 쥐에 적응한 바이러스의 백본[58](MA15)에 박쥐 SHC014의 스파이크 특성을 주입한 키메라 바이러스[59]를 만들었다.

이들도 인정했다시피 이 인공 바이러스는 위험한 것으로 판명 났다.

연구 결과 자연 상태의 백본에 SHC014 스파이크를 집어넣은 2b 그룹 바이러스들은 여러 ACE2 수용체에서 갈라져 나온 수용체들을 효과적으로 활용했으며 인간의 기도 세포에서 효율적으로 복제됐고, 시험관에서 사스 유행을 부를 수 있는 정도로 증폭했다. 덧붙이자면 동물실험 결과는 키메라 바이러스가 병증이 발현한 쥐의 폐에서 복제된다는 것을 보여 줬다. 사스에 기반을 둔 면역 치료와 예방 방법은 효과가 없는 것으로 나타났다. 단일클론 항체와 백신은 모두 이 신종 스파이크 단백질의 활성화를 무력화하는 데에 실패했다.

---

58   backbone. 변형시키기 전의 유전자가 가지고 있던 기본 구조.
59   chimeric virus. 여러 생물종에서 추출한 바이러스의 유전자가 섞인 바이러스.

결과는 자명한데 거기에 맞서 취한 조치는 위험에 상응하지 않는다. 그렇다, 사스는 인간을 비롯한 동물에게 위험하다. 그런데 연구팀은 백본과 스파이크의 콤보를 활용해 완전한 바이러스 균주를 합성함으로서 위험성을 더욱더 높였다고 말한다. "이 연구 결과를 기반으로 우리는 감염성 있는 완전한 SHC014 재조합 바이러스를 합성했으며 이 바이러스는 실험관과 동물실험 모두에서 확실한 복제 능력을 보여 줬다."

연구팀은 자신들이 하는 짓이 어떤 위험을 안고 있는지 잘 알고 있었고, 미국에서는 이런 실험이 더 이상 불가능할 수 있으리라는 것도 알았다.

미래의 바이러스 출현에 대비하기 위한 이런 종류의 접근법은 미국 정부의 기능획득 연구 지침을 고려해 이뤄져야 한다. 이전의 발병 모델을 바탕으로 봤을 때 SHC014-MA15 같은 키메라 바이러스의 합성이 병원성을 높이지는 않는다. 그러나 이 바이러스가 모체인 쥐의 바이러스보다 상대적으로 약해졌다고는 해도, 다른 실험은 MA15 백본에 원래 들어 있던 어바니Urbani 스파이크 단백질의 복제 능력이 줄어들지는 않았음을 보여 준다. 그런 의미에서, 원래의 어바니 스파이크를 가진 코로나바이러스에 비해 SHC014-MA15는 발병의 이점을 더 갖게 된다.

그들은 자신들의 위험한 실험이 실제 위험하다는 것을 알았기 때문에 살짝 포장을 했다.

이 논문을 검토하는 패널들은 포유류 모델에서 병원성이 높아질 가능성을 배제할 수 없으니 이와 유사한 연구를 추진하는 것은 너무 위험하다고 생각할 수 있다. 변종이 탈출할 경우 쥐에 적용된 균주와 단일클론 항체의 효과는 여러 모로 제한적이기 때문에 코로나 발병과 임상적 효과에 관한 향후의 연구는 매우 제한적으로 이뤄져야 한다.

그래서? 연구팀은 위험이라는 짐을 감내하겠다는 듯한 말투로 슬그머니 돌아간다.

이 연구 자료 및 그에 관련된 제한들은 기능획득 연구의 우려점을 보여준다. 미래의 전염병에 대비하고 완화하기 위한 연구가 더욱 위험한 병원균을 만들어 낼 가능성을 염두에 둬야 한다. 만일 이렇게 위험을 내재한 심층 연구들을 허용할 계획이라면, 이와 관련된 정책을 개선하는 데에 이번 연구에서 드러난 것들을 고려하는 것이 중요하다.[60]

연구팀은 뒤에 연구 자금 내역을 추가했다. 우한바이러스연구소의 스정리石正麗가 에코헬스얼라이언스와 미국국제개발처USAID의 '팬데믹긴급연구EPT-프리딕트' 기금을 지원받았는데 온라인에 공개한 논문 버전에서는 이를 빼먹었다는 것이었다.[61]

---

60 2015년 우한바이러스연구소 연구원 2명이 포함된 국제 공동연구팀은 박쥐에서 생성된 변종 코로나바이러스를 사스바이러스와 결합시켜 하이브리드(잡종) 바이러스를 만드는 실험을 하고 그 연구 결과를 학술지에 공개했다. 쥐를 대상으로 실험했지만 인체 세포도 감염시킬 수 있는 것으로 확인됐다. 저자가 설명한 것은 이 연구다. 5년 뒤 코로나19가 번지면서 '우한바이러스연구소의 이 연구 과정에서 코로나19라는 변종이 만들어졌고 외부로 유출됐다'는 주장이 나왔다. 도널드 트럼프 당시 미 행정부가 주장한 '우한바이러스 중국 책임론'도 이를 얼개로 삼았다. 하지만 하이브리드 바이러스 연구의 위험성과 별개로 이런 음모론은 근거가 없다는 것이 과학계의 일반적인 견해다.
61 우한바이러스연구소 감염병센터 책임자인 스정리 박사는 박쥐 코로나바이러스 연구로 유명하며, 코로나19 바이러스의 유전자 염기서열 분석 결과를 2020년 2월 《네이처》에 공개한 것도 그의 연구팀이었다. 2020년 4월 미국의 우익 저널리스트 조슈 로긴 등은 미 국무부가 우한바이러스연구소의 연구들을 몇 년 전부터 위험하게 여겨 왔으며 생물학 무기로 쓰일까 걱정했다고 주장했다. 이는 다시 트럼프 정부의 중국 책임론과 '우한연구소 인공바이러스 유출설'에 힘을 실어 주는 순환 논거가 됐다.

그러니 미 국립보건원NIH의 승인하에 에코헬스가 자금을 지원하는 식으로 미국이 묵인을 해 준 덕에 우한을 비롯한 중국 곳곳의 연구소가 이런 연구들을 할 수 있었다고 보는 것이 타당하지 않겠는가. 확실히 하자면 우한바이러스연구소는 최소한 2008년부터는 사스 관련 실험을 해 왔고, 에코헬스 측은 2005년 이전부터 중국 과학자들과 협력을 하고 있었다.[268] 이 단체는 중국 과학계와 오랫동안 관계를 구축해 왔다. 이런 국제 협력은 대규모 전염병을 일으킬지 모를 병원균 연구에는 반드시 필요하다. 하지만 그 노력이 자신들이 상대해야 할 추악한 글로벌 음모와 맞물려 있는 것이다. 에코헬스의 피터 다자크Peter Daszak 대표가 2017년 썼던 글을 보자.

> 최근 우리는 중국 관박쥐에서 4종의 신종 사스 코로나바이러스를 발견했다고 보고했다. 이 바이러스들은 전염병을 일으키는 균주들과 유전적으로 매우 유사하며 특히 WIV1과 WIV16형 균주들의 S 유전자와….
>
> 그가 최근 《데모크라시 나우!Democracy Now!》에서 "(우한 연구소에서) 바이러스가 검출된 적 없다"고 주장한 것이 거짓말이었음을 보여 준다.[62][269]

이 일련의 연구는 스파이크 단백질이 감염성에 미치는 영향을 테스트하는 것을 목표로 설계됐다.

---

62 다자크는 미국에서 코로나19 중국 음모론이 퍼지자 2020년 5월 진보 성향 매체 《데모크라시 나우!》와의 인터뷰에서 "과학적 근거가 없다"고 반박했다. 이 책의 저자 월러스는 2017년 다자크가 공저자로 이름을 올린 논문을 근거로 2020년의 인터뷰가 거짓말이라고 주장하고 있으나, 그렇게 보기는 힘들다. 다자크는 《데모크라시 나우!》와의 인터뷰에서 "우한 연구소와 15년간 협력해 왔으며 이 연구소의 몇몇 샘플은 나 또한 수집에 관여했다"고 직접 밝히면서 "사스-코로나바이러스2(코로나19)와 관련된 인공 바이러스는 없다"고 말했을 뿐, 인공으로 합성된 바이러스 자체가 없다고 주장하지는 않았다.

역유전학reverse genetics 기술을 이용해 우리는 먼저 WIV1을 합성했고, 이 바이러스의 백본과 8종의 박쥐 사스 코로나바이러스에게서 뽑아낸 S 유전자 변이들을 가지고 감염성 있는 인공 박테리아 염색체BAC를 만들었다. 그중 Rs4231과 Rs7327의 감염성 클론만이 이식 후 VeroE6 세포에 변성 효과를 가져왔다.

사실 이 팀은 원난 박쥐의 사스 백본을 복제한 뒤 그 스파이크 유전자들을 여러 박쥐 병원균주에 집어넣어 인간의 ACE2 수용체를 이용할 수 있는 사스 바이러스들을 찾아내는 작업을 했다.

2016년 광둥성의 돼지들에게서 박쥐 코로나바이러스와 연관된 돼지 급성설사병SADS-CoV이 나타났는데 그 지역은 사스-1의 발병 지역과 멀지 않았다. 당시 다자크와 우한 연구팀은 돼지들을 바이러스에 노출시키는 실험을 했는데 실험 지역이 광둥이었을 가능성도 있다. 그들이 이렇게 적고 있기 때문이다.

바이러스를 분리하기 전에 실시한 첫 실험은 특정 병원균에 감염되지 않은 생후 사흘 된 새끼 돼지들을 상대로 한 것이었다. 이 돼지들은 같은 어미에게서 태어났고 한 마리 말고는 모두 초유를 먹인 상태였다. 건강한 돼지와 감염된 돼지의 장 조직 추출물(안락사시킨 돼지에서 추출한 장 샘플, 병원균을 배양하고 유전자 분석을 하기 위해 갈아 놓은 것…. 뒤에 어떤 돼지 병원균도 발견되지 않음)을 5마리의 비교군과 7마리의 감염균에 각각 주입했다. 두 번째 실험에서는 SADS-CoV를 이용해 광둥성의 농장에서 데려온 건강한 새끼 돼지들을 감염시켰다. 몇 주 동안 이들에게선 설사병이 나타나지 않았다. 숙주의 잠재적인 차이들을 없애고 해당 지역에서 발생한 감염증의 조건을 더욱 정확하게 재현하기 위해, SADS가 번진 농장에서 같은 어미로부터 태어난 새끼들을 데려다 실험을 했다.[270]

네덜란드 바이러스 학자 론 푸시어Ron Fouchier는 치명적인 조류인플루엔자 바이러스를 우리 안의 페럿(애완용 족제비) 사이에 퍼뜨려 병독성을 스스로 진화시키는 양상을 연구했는데, 다자크 팀이 한 기능획득 연구는 그보다 더 위험한 것이었다. 크리스티안 앤더슨이 논문에서 평가한 것과는 정반대다.[271]

우한바이러스연구소와 우한질병예방통제센터WCDCP를 비롯한 우한의 연구소들이 다자크와 에코헬스 팀이 한 것처럼 통제되지 않은 실험들을 했는지 현재로는 알 수 없다. 푸시어는 그런 후속 연구들을 격려한 바 있다.[272]

사스-2의 유전학만을 가지고 어느 실험실에서인가 사고가 일어났다고 확신한다는 뜻은 아니다. 도널드 트럼프 정부가 에코헬스와 우한의 관계를 부각시키면서 중국 혐오론을 부추기고 전염병 발생의 인과관계와 잘못된 대응을 은폐하는 무기로 삼는 것은 마땅히 거부해야 한다.[273] 그러나 길고 시끄러운 논란이 뒤따른다 할지라도 만일의 가능성을 따지는 것은 과학적 정당성을 위해 반드시 필요하다. 비록 자신들의 이론에 따르면 만일의 사태가 불거질 가능성이 매우 낮다 하더라도 말이다.[274] 과학계에서는 이미 개념적으로나 실제 관행에서나 생물보안 문제에 대한 경종이 울린 지 오래다.

2011년 과학 저널리스트 로리 개럿Laurie Garrett은 생물안전 기준을 적용받는 세계 곳곳의 실험실에서 "주기적으로 경보가 울리고 있다"고 적었다.[275] 사고는 너무 많아서 어느 한 형편없는 실험실의 문제라고 할 수가 없었다. 2013년 프린스턴대학의 연구는 세계에서 가장 위험한 질병을 연구하는 실험실들이 사고 위험에 점점 더 많이 노출되고 있음을 보여 줬다.[276)]

보건지리학자 토마스 반 뵈켈Thomas Van Boeckel 팀이 수행한 이 연구에 따르면 1990년부터 2012년 사이에 생물안전 4등급BSL-4[63] 시설들의 통근 범위에 거주하는 주민이 4배로 늘었다. 세계 인구의 2퍼센트가 거기에 속한다는 뜻이다. 그런 곳들에서 병원균이 유출된다면 순식간에 글로벌 교통망을 타고 전 세계의 나머지 인구를 감염시킬 수 있다. 2001년 9.11 테러 이후 병원균을 연구하는 생물안전 3등급과 4등급 연구 시설 수천 개가 생겨났다. 반 뵈켈 팀은 특히 아시아에서 이런 시설이 급증했다면서 부록에 적은 시설 중심지 목록에 대만, 싱가포르, 인도의 푸네[64]와 보팔과 함께 우한을 적었다.

신종 감염병을 우려할 만한 상황, 생물학 무기 연구가 가져다주는 보상, '테러와의 전쟁'이 불러온 이데올로기적인 수요, 군사 경제의 케인스주의적 재연 등이 복합적으로 작용하면서 실험실 거품이 일었다.[277)] 그 결과 연구소들이 막으려 애쓰는 바로 그 발병 위협을 연구소들이 불러일으키는 상황이 됐다. 바이러스의 탈출은 드문 일이지만 실험실의 숫자가 늘고 지리적 범위가 넓어지면 필연적으로 발생할 수밖에 없다. 정치적인 논리들 속에서 계산된 위험을 떠안은 이런 연구소들은 과학의 선전선동

---

63 의료 연구 시설 등의 안전 수준을 정한 지침인 '생물안전도'의 최고 등급인 4등급(BSL-4)을 적용받는 시설. 에볼라나 라사바이러스 등 사람이나 동물에 심각한 감염증을 부를 수 있고 특히 사람 간 감염을 일으킬 수 있는 미생물을 연구 보관하는 시설들은 이런 수준의 안전 기준을 충족시켜야 한다. 우한바이러스연구소의 경우 중국 본토에서는 최초로 2015년 BSL-4 시설이 됐다.

64 Pune. 인도 중서부 마하라슈트라주의 도시로 인도 제약 산업의 중심지이다. 코로나19 아스트라제네카 백신을 생산하는 세계 최대 백신 회사인 세럼인스티튜트SII 등이 여기에 있다.

이 숱한 음모론으로 이어지는 무대가 되기도 한다.

2004년 한 해에만 베이징의 중국국립바이러스연구소에서 사스 병원균 4개가 유출된 것으로 보고됐다.[278] 2018년 우한바이러스연구소는 소독제를 실험하기 위해 '덜 위험한' 사스 균주들을 사용하기도 했다.[279] 이런 일들이 일어났는데도 마치 없었던 일인 척할 것인가.

실험실 사고로 코로나19가 생겼다고 주장하는 연구자들이 충분히 있을 수 있다.[280] 짚어 보면 그들의 어떤 주장은 방향을 제대로 짚은 것이고, 어떤 것들은 설득력이 떨어진다.

그럼 어떤 선택지가?

주목할 점은 에코헬스 측이 우한의 사스 바이러스 샘플 수집에만 자금을 지원한 것이 아니라는 점이다.[281] 개념적 토대에 대한 비판으로 돌아가 보면, 이 단체는 기능획득 연구에도 돈을 댔다. 바이러스나 숙주 자체, 혹은 특정한 지역이나 야생 고기를 먹고 나무를 베어 내는 지역 주민에게만 연구의 초점을 맞추면 인과관계가 꼬인다. 환원주의는 현상이 전체로 이어지지 못하게 만들고, 여러 종에 걸친 생태와 보건의 과학적 상관관계를 무너뜨린다.

한편, 편집증적이고 나태한 미국 정부는 결국 에코헬스의 중국 사스 연구 지원을 중단시켰다. 하지만 미국은 적어도 세 가지 이유에서 현재의 대유행에 대해 중국을 비난할 입장이 못 된다.[282]

첫째 미국 기업들은 중국 내륙 지대에 직접 산업형 농장을 짓거나 개발 자금을 대면서 박쥐의 사스바이러스가 다른 종으로 번지게 만들고 있다.[283] 두 번째, 트럼프 정부가 병원균을 퍼뜨리고 있다고 비난한 그 실험들은 미국 국립보건원 기금의 지원을 받았다. 세 번째로 트럼프 정부가 지금 비난하는 중국의 기능획득 연구들은 2017년 자신들이 재개시킨 것들이었다. 관계의 지리학은 이렇게 자본의 회로를 넘어 확장되며, 국가들 역시 거기에 복무하고 있다.[284]

그렇다면 여기서 솔로몬의 선택은 어떤 것일까. 미국과 중국 정부, 에코헬스와 과학자들, 음모론자들 모두 이 사태에서 빠져나갈 수 있다. 모두가 모두에게 그런 연구를 하라고 권했고, 모두가 서로에게 책임을 떠넘기며 다 같이 도망치려 하고 있기 때문이다. 그런 자만을 계속 허용한다면 코로나 팬데믹 이후에도 자기파괴적인 행위가 이어질 것이다. 더군다나 기후변화가 이미 우리 앞에 파괴적인 위험을 예비해 두고 있는 상황에서 말이다.

이 위험들은 우리가 생각하는 재난이 일어나는 바로 그 경로를 따라 번진다. 뉴욕에서 베이징까지 이어지는 글로벌 자본 시스템이 지금은 잘 돌아가는 것처럼 보이지만 이를 입증할 경험적인 증거나 데이터는 없다. 코로나 이후 중국의 과학계 탄압을 보여 주는 기록들이 많지만, 글로벌 자본의 통제 시스템은 다른 형태를 띤다.[285]

철학자 알랭 바디우Alain Badiou는 진실과 의견에 대한 자유주의적 의회주의의 신칸트적 견해를 펼쳐 보인다.[286] 거창한 논쟁을 벌이고 정치의 중심인 의견을 놓고 싸우지만 진실은 결코 손에 넣을 수 없다.[287] 국가와 박애주의 자본가들이 소유한 언론과 싱크탱크들이 막고 있기 때문이다. 제례의 불 대신 바이러스에 붙들려 소파에서 기침을 해 대고 있는 서민의 고통과 슬픔은 기록되지 않는다. 저들이 공식적인 서사에 접근하지 못하게 하라, 그것이 제1 원칙이다.

돈과 정치적 계급과 식민주의 의학의 최신판을 대변하는 다양한 권력

분파들이 주기적으로 치명적인 질병을 불러오는 신종 토지 약탈과 제국 건설을 지지하는 모양을 보게 된다. 의식적이든 아니든, 기만적인 의도에서든 혹은 좋은 뜻에서든, 얼핏 보기엔 정반대인 것 같아도 실제로는 모두 자본과 그 하수인인 제국주의 국가가 내려보낸 지침들을 수용한 탓이다.

팬데믹의 기원을 둘러싼 '한겨울 2019'의 한판 승부는 끝났다. 필드와 실험실 모두 문제였다. 균주 하나가 밖으로 나왔다. 장담컨대 이 팬데믹을 일으킨 바이러스는 중국 내륙과 변경 지대에서 윈난 등지로 이어지며 점점 더 산업화하는 야생 동물 공급망을 따라서 출현했다. 중국 내 여행을 거친 뒤에 바이러스는 우한에서 트럭이나 비행기를 타고 세계로 나갔을 것이다.

_ 패트리언PATREON, 2020년 5월 2일

8

피를 뽑는 기계

그곳 사람들은 그것을 종기벌레라고 불렀지만 이유는 아무도 몰랐다. 벌레들은 개울가에서 번식하고 몸 안에 물을 넣고 다녔다. 가뭄이 들자 동물들이 그것들을 먹었다. 보통은 썩은 것들을 먹었다. 별다른 해는 없다. 하지만 어떤 계절이 도래하자 상황이 바뀌었다.
— N. K. 제미신 (2016)

생물의학 산업계에선 연간 투구게 50만 마리를 포획한다.[288] 갑각류보다는 거미류에 가까운 이 살아 있는 화석들을 묶어 놓고, 꼬리를 뒤로 젖히고, 창고 길이만한 쇠로 된 테이블에 늘어놓고 피를 흘리게 만든다.

게의 파란색 피에는 철 대신 구리가 풍부해 면역 방어에 다른 것과는 비교할 수 없을 정도로 효과가 좋다. 게의 방어 시스템에서 나오는 세린 단백질 분해효소serine protease는 대장균 등 고약한 그람음성균[65]이 생성하는 리포다당류[66]를 줄이는 수익성 높은 상품으로 재포장된다. 인슐린을 비

---

65 Gram-negative bacteria. 덴마크 의사 한스 그람Hans Christian Joachim Gram은 1884년 박테리아를 염색해 구분하는 방법을 고안했다. 그람염색법에 따라 시약을 투입했을 때 감청색 혹은 보라색을 띠는 박테리아를 그람양성균, 그렇지 않은 그룹을 그람음성균이라 부른다. 살모넬라균, 이질균, 티푸스균, 대장균, 콜레라균, 페스트균, 임균, 수막염균, 스피로헤타 등이 그람음성균에 포함된다.

66 lipopolysaccharide, LPS. 세균이 분비하는 독성 단백질로 지질다당류, 또는 내독소內毒素, endotoxin이라고도 불린다. 염증, 발열, 쇼크, 혈전 등을 유발하고 심하면 장기 손상을 일으키며 사망을 부르기도 한다.

롯한 주사제, 무릎 인공관절, 메스, 링거 수액 등에 들어가는 성분이다. 일련의 의료 기기를 거쳐 이 성분을 투입하지 않으면 리포다당류의 독성이 염증과 다발성 장기 부전과 사망을 부를 수도 있다.[289]

혁신을 이해하려면 놀라울 정도로 기나긴 시간을 뚫고 들어가야 한다. 투구게의 기원은 4억 5000만 년 전까지 거슬러 올라간다. 우리의 연료는 압축된 화석이다.[290] 우리의 우주선은 세라믹 타일로 둘러싸여 있다. 철학자 알랭 바디우는 우리의 농경학을 신석기 시대 그대로로 상정한다.[291] 우리는 기술적인 면에서나, 제국으로나 기껏해야 아즈텍의 도망자들이다. 생태학적으로 스스로의 꼬리를 물고 있지만 쿨하게 실성한 듯 그 사실을 받아들인다.

투구게를 이용한 산업에는 규제가 거의 없다.[292] 논쟁 지점은 투구게들이 어떤 식으로든 잡혀갈 수 있다는 공포를 느끼고서 살던 물가로 되돌아간다는 것이다. 그러나 매년 10분의 1에서 5분의 1은 다시 풀어주는 과정에서 죽는다. 생존한 게들은 혈액의 3분의 1을 빼앗겼다. 쿼트당 1만 4,000달러의 매출을 낳음에도 게들은 생리적, 행동적, 생태적 손실에 대한 어떠한 보상도 받지 못한 채 그리고 그들이 다른 개체의 건강에 어떤 영향을 미치는지 알지 못한 채 풀려난다.[293] 더 넓게는 투구게의 알을 먹는 붉은매듭새와 다른 새들에게 끼칠 영향을 모른 채로.

스위스 생명공학회사 론자Lonza와 독일의 하이글로스GmbH는 재조합 C인자rFC를 개발했는데, 이는 과학자들이 쉬쉬하는 음습한 혈액 채굴의 인공적 대안이라고도 할 수 있다.[294] 기업들이 투구게를 잡아들인 것은 이 생물의 피 속에 있는 LALLimulus Amebocyte Lysate이라는 단백질을 사용해 그람음성균의 리포다당류를 진단하기 위해서였다. 하지만 이제는 rFC라는 바이오센서를 여러 종류의 미생물에 삽입해 저장하고 복제할 수 있게 됐다. rFC는 고처리량 형광 측정 방법에서 고친화성 프로엔자임으로도 사용될 수 있다. 한 단계에서 테스트 할 수 있는 샘플 수가 많고 정확하다.

그러나 투구게의 생태계가 의료 산업으로 인해 이른 시일 안에 붕괴될 수 있음에도, 의료 표준을 만드는 미국 약전U.S. Pharmacopeia은 rFC의 독창성과 투구게의 피를 이용하는 기존 작업의 신뢰성을 비교한 뒤 rFC에 기존의 방법과 동일한 지위를 부여하지 않았다. 반면 유럽에서 rFC가 기존 방식과 동일한 기능을 인정받았다.

코로나19의 백신과 항체 후보군을 찾는 과정에서도 충돌이 일어난다. 게다가 의료 기기 분야는 매년 폭발적인 성장세를 기록하고 있다.[295]

게를 포획해 상품화한 회사들인 론자, 찰스리버Charles River, 어소시에이츠오브케이프코드Associates of Cape Cod는 투구게 혈액을 충분히 공급할 수 있다고 자신한다. 그들의 주장을 빌리면 이 3개사로부터의 50억 회분의 백신을 감당할 수 있다. 그러나 연간 7,000만 번의 테스트가 가능할 것으로 추산되는 10억 달러어치의 리포다당균 진단 시장을 보면 혈액 공급량은 늘지 않고 있다.[296] 비영리 자연보호 단체 리바이브앤드리스토어Revive and Restore의 라이언 펠란Ryan Phelan은 또 다른 이유로 50억 회분이라는 수치에 의문을 제기한다.

펠란은 이 계산법을 "믿을 수 없다"고 말한다. 왜냐하면 "각 제조사는 백신 공정에 따른 검사에만도 평소의 10배에 이르는 LAL을 쓰게 될 것"이기 때문이다. 백신이 담긴 용기와 내용물이 흘러내리지 않게 하는 장치 등이 모두 검사를 통과해야 한다. 또한 이들 외에 다른 수많은 회사도 LAL 시험과 생산 과정을 밟고 있다고 펠란은 지적했다.

"세계적 팬데믹 속에서 야생동물의 추출물에 의존해야 한다는 것은 정말 짜증나는 일이다."[297]

진보적인 NGO들과 생태근대주의자들, 농업생태학자와 코로나19 항체 검사를 rFC로 전환한 제약사 일라이릴리Eli Lilly의 의견이 일치한 것은 이례적이다. 투구게 채굴을 반드시 끝내야 한다는 것이다.

물론 이들의 논리는 서로 다르다. 생태근대주의자들은 인공적으로 생산된 가짜 고기인 '실험실 고기'[67]의 연장선상에서 논리를 편다. 반면 농업생태학자들은 산업 생산품보다는 훨씬 밀도가 낮은 곳에서 경관과 조화를 이루며 자란 실제 고기를 옹호한다.[298] 이들은 '가짜 고기'에 산업적 필요에 따라 위험 물질이 투입되며 그 순환 과정에서 환경 파괴가 일어난다며 반대한다.

인체에 이로운 미생물의 성장을 촉진하는 생태계는 복잡한 농업 생물다양성을 지니고 잠재적인 병원균을 에워싸 질병의 유출과 독성을 더 잘 제한할 것이다. 그보다 더 높은 수준의 에코헬스를 추구함으로써 우리는 의료 서비스의 수요 자체를 크게 줄일 수 있다. 그렇게 되면 의료 서비스의 도달 범위가 넓어져 질병의 부담을 더 줄일 수 있게 될 것이다.[299]

지금까지의 이야기가 제미신의 소설 『부서진 대지』[68]를 해양학자 실비아 얼[69]이 사진으로 찍어 놓은 것같이 보인다면, 제3막은 지리학자 루

---

67 lab meat. 가축에게서 얻은 것이 아니라 생명공학 기술을 이용해 실험실에서 세포를 배양해 만들어 낸 고기. 생명공학계와 일부 환경론자들은 가축을 키워서 잡아먹는 것보다 실험실 고기나 식물성단백질을 활용한 대체 고기를 먹는 것이 환경 파괴를 줄이는 방법이라고 주장한다.

68 The Broken Earth. 백인 남성이 주류이던 SF 문학계에 지각변동을 일으킨 흑인 여성 작가 제미신의 소설이다. 지질학적 개념에 기반해 종말과 혁명을 녹여 낸 휴고상, 네뷸러상, 로커스상을 석권했고 20여 개국에서 출판됐다.

69 Sylvia Earle. 세계해양보호재단 '미션블루'를 창립한 미국의 해양생물학자 겸 환경운동가.

스 윌슨 길모어[70]가 볼티모어 외곽에서 발견한 인종 자본주의의 광경이라고 할 수 있다.

공장 사진에는 흑인 노동자들이 줄지어 투구게의 피를 뽑아내는 모습이 담겨 있다.[300] 남북전쟁 당시의 노동 관행이 현대 산업계에도 이어지고 있는 가운데, 독소를 감지하고 팬데믹을 억제하는 데에 필요한 응고제를 생산하는 과정에서 우리는 생물의학적 거품의 폭발 직전에 이르렀다. 그 피해는 생산 라인의 노동자, 실험 대상인 동물, 그리고 지역 생태계에 전가된다.

자본주의는 이윤을 얻기 위해 경제와 생태를 순환시키고 문명의 사회적 재생산 능력을 파괴하는 것만을 의미하지 않는다. 그것은 생명의 거미줄과는 동떨어진 자본 재생산의 생태계를 만드는 것이기도 하다.[301] 노동자에서부터, 공룡만큼이나 오래되고 특이한 생명체에 이르기까지.

_ 2020년 6월 14일

---

70 Ruth Wilson Gilmore. 교도소 폐지 운동, 인종 자본주의 반대 운동 등에 적극 참여해 온 미국의 지리학자.

9
—
거대 농업 병원균의 기원

현대 농업이 다음 대멸종을 이끄는 선두 주자임이 증명되고 있다.[302] 농업이 발달하면서 자연의 주요 서식지와 인간이 아닌 개체는 기록적인 속도로 줄어들고, 그 자리에 농업이 새로운 생태계를 만든다.[303] 농업 생산과 무역은 토착종을 대체한 외래종과 침입종의 관계를 정하고 새로운 병원균과 해충, 과거엔 별것 아니었던 개체들이 장기적인 생태계 기능을 방해하게 했다.[304] 농작물과 가축 자체가 이런 유전자 침투의 위대함을 보여 준다.[305]

- 인문지리학자 앨릭스 리브먼Alex Liebman, 농작물 및 토양 과학자 데이비드 와이스버거David Weisberger, 목초에서 돼지를 기르는 타미 조나스Tammi Jonas, 경제지리학자 루크 버그먼Luke Bergmann, 야생 생물학자 리처드 코크Richard Kock, 수학 역학자 로드릭 월러스와 함께 나는 곧 출간될 책을 준비하면서 생물보안과 침입종 연구에 관한 짧은 글을 썼다. 이 글은 산업적 농업과 전염병의 관계를 언급한 그 글을 확장한 것이다. 농업의 역사적 기원과 자본화, 가축과 농작물 질병(그리고 인간 사회로의 유출)이 끼친 영향에 대한 두 개의 섹션을 추가했다.

하나의 종이 다른 종을 대체하는 것은 생태계 전반에 걸친 과정이다.[306) 지구의 모든 생물군은 생명이 생겨난 이래로 지구 전역에서 섞이고 어울리면서, 부분적으로는 우연에 의해, 생겨났다. 그러나 자본이 주도하는 생산 방법이 환경과 공동체를 변화시키는 규모와 속도에는 근본적으로 다른 무언가가 있다. 상품이 주는 이윤의 우선순위를 정하는 것은 근본적인 현실 세계에 영향을 주는 추상적인 작업이기도 한데, 산업적 농업은 가장 인간적인 활동인 식량 생산에 필요한 재생 능력을 갖춘 생물체의 총량을 줄일 위험이 있다.[307)

그래서 우리는 그런 생산 방식의 독특한 특성을 파헤치는 것으로 시작하려 한다. 지금의 농업을 간단히 요약하고, 경작이 시작된 때로부터 어떻게 지금의 상태가 됐는지 간단히 훑을 것이다. 그다음으로 가축과 가금류가 어떻게 살코기 상품으로 변했는지 그 과정을 탐구한다. 가축이 초기의 축산 생태계에서 산업 생산으로 옮겨 가면서 지금 우리가 맞닥뜨린 위험한 신종 질병들을 생성하는 데 어떤 역할을 했는지 설명한다. 농작물과 그 침입에서 이런 경제가 어떻게 나타나는지, 특히 잡초로 규정되는 팔머 아마란스Palmer amaranth(아마란투스 팔메리Amaranthus Palmeri)의 출현을 예로 들어 설명한다.

그 과정에서 우리는 어떻게 자본이 질병을 통제하고 수익을 창출하는지를 다룰 것이다. 조금은 낯설게 들리겠지만, 식용 동식물을 보호하기 위해 만든 질병 통제 전략이 명목상으로는 이들을 보호한다면서 대안적인 식품 체제에 맞서 스스로의 결백을 주장하기 위한 '과학주의'의 기능을 하고 있다고 우리는 주장한다. 이런 식의 '생물보안'은 생물지배biogovernance에 바탕을 두고 있고, 공적 자본과 그 동맹들이 인간 집단에 개입해 사회를 지배하는 방법이기도 하다. 생물보안은 침략 농업invasive agriculture이 가장 수익성이 높은 시장을 보호하기 위해 최우선적으로 선택한 도구다.

침략 농업의 기원과 자본화

많은 연구가 농업 자체에 침략적 특성이 있다는 것을 놓치고 있다. 그런 개념의 차이는 특정한 문화적 맥락에서 비롯됐다고 본다. 고대부터 현대까지의 다양한 사상은 환경을 파괴하면서라도 살아남을 권리가 있다는 인간의 감각과 연결돼 있다.[308] 거대 동물들이 먹잇감이 사라질 때 과감한 혁신을 선택했듯이, 초창기의 농업은 인간의 확장을 이끈 중요한 요인이었다.[309] 목표를 정하고 그에 맞춰 생태계를 재설정하는 과정에서 인간은 인구 증가와 지리적 확산이라는 성과를 거뒀다.

그러나 생존을 늘 환경 파괴와 연관 지을 필요는 없다. 누군가는 인간의 생존을 자축하지만 누군가는 식량을 더 많이 재배해야 한다는 생산주의의 사고방식에 반대한다.[310] 흙과 물, 자연적인 해충 없애기, 농경의 지식 등 우리가 농업에 필요하다고 여겼던 것들이 이제는 농업의 경쟁자로 여겨지면서 사라지고 있다. 이런 요소들이 화학 비료와 살충제, 실험실 고기, 정밀 농업을 비롯한 기술적 대체제 등 수익을 더 많이 내주는 것들로 대체되면 우리는 어떤 방식으로 식재료를 키워 낼까?[311] 공중 보건과 복지를 늘리자는 데에 반대하는 목소리가 높은 상황에서, 세계의 농민을 지탱해 주는 농업은 지속적인 자원 유입 및 그와 연관된 주변 경관의 변화라는 농업생태학과 떼어 놓을 수 없다.[312] 음식은 유통기한이 제한된 영양의 원천으로서, 생물권 재생이나 지역 사회와 밀접히 이어져야 한다.[313] 다시 말하면 지금과 다른 식량의 세계를 만들 수 있다는 뜻이다. 실제로 지배적인 정치·경제에서도 이런 움직임이 이어져 왔다.[314]

대안을 탐색한다는 것은 이익을 추구하는 산업적 농업이 현재의 생산 과정을 압도한다는 냉혹한 현실을 무시한다는 의미가 아니다. 얼음이 없는 지구 표면의 40퍼센트가 현재 농업에 사용된다. 농축산물이 지구에서 가장 큰 생물군인 것이다. 2050년까지 농경지는 수백만 헥타르가 더 늘어날 것으로 보인다.[315] 방목지와 경작지가 육지의 24.9퍼센트와 12.2퍼센트를 차지한다.[316] 가금류와 가축은 전 세계 동물 총량의 72퍼센트를 차지한다. 수적으로도 야생 생물보다 훨씬 많은 데다, 넓은 영역에서 고도로 집중 사육된다.[317] 닭(2016년 기준 세계 총 227억 마리), 소(14억 7,000만 마리), 양(11억 7,000만 마리), 염소(10억 마리), 돼지(9억 8,100만 마리), 오리(120만 마리)의 64퍼센트가 지구 육지 표면의 2퍼센트에 살고 있다.[318] 이들의 10퍼센트 정도는 지표면의 69퍼센트에 걸친 넓은 범위에서 키워진다.

　　인류의 생산은 지질학적 규모로 영향을 끼친다. 세계의 담수 가운데 70퍼센트가 농업에 들어간다. 가축이 식수의 3분의 1을 먹고 있다. 경작지와 방목지의 50~60퍼센트는 사료를 키우고 먹이는 데에 쓰인다.[319] 사료 생산, 동물의 트림과 분뇨, 육류 가공과 운송에서 해마다 7.1기가 톤의 이산화탄소가 나온다. 2010년에 발생한 온실가스 증가분의 71퍼센트가 이 과정에서 배출됐다.[320] 2019년 유엔 식량농업기구FAO 자료에 따르면 그 가운데 닭이 내뿜는 온실가스의 96퍼센트는 산업형 생산과 어린 닭들에게서 나왔다.[321] 세계의 돼지들이 뿜어내는 온실가스의 54퍼센트는 산업형 양돈에서 배출됐다.

　　어쩌다 이렇게 됐을까? 신석기 시대의 농업과는 지구에 미치는 충격이 비교할 수 없는 수준이다. 우리의 선조들은 농업이 생겨난 뒤 정신적으로나 물질적으로나 새로운 개념 체계를 정립했으며 하나의 시스템이 다음 시스템으로 대체됐다. 새로운 생산 방법이 지금도 많이 고안되지만 다수가 이용하기는 어려우며 지역적으로 한정된 천연 자원에 의존할 때가 많다.[322] 생산 관계는 소수의 손에 의해 사유화됐지만, 농업 생산은 마침내 '해방'됐다.[323] 현대의 농업은 자본주의, 세계 노예무역, 완전히 다른 원칙을 따르는 과학, 성장이기도 하고 죽음이기도 한 이중적인 상황과 상호 작용하면서 탄생했다.[324]

포르투갈이 신대륙 탐험에 처음 나섰을 때부터 식민 지배 세력은 상품 생산을 위해 빼앗은 땅과 사람들을 분석하기 위해 자본 주도형 과학을 동원했다.[325] 유라시아와 아프리카, 아메리카 대륙, 캅카스와 열대 지역에서 자본 축적의 초기 회로가 돌기 시작했고 경작지는 1700년 이후 다섯 배로 늘어나 2007년 2,700만 제곱킬로미터에 이르렀다. 농지가 숲과 사바나, 초원과 덤불 지대를 대체했다.[326] 세계 시스템이 지역에서 구현되는 양상을 결정짓는 것도 자본주의적 생산 방식이다.[327] 자원을 추출해 세계에 내다 파는 추출경제[71]는 무력의 원시적 축적과 경제적 충동과 함께 다양한 동식물을 아우르는 광범위한 생물지리학과 맞물려 있다. 지역 사람들은 이를 통해 자본과 만나는 지점에 도달하기까지 각자의 조건을 만들어 간다.[328]

상품과 지리학을 가로지르는 식품 패권의 이동은 뒤이어 올 자본주의 시대를 의미했다.[329] 지금 이 순간 자본과 소비의 세계 회로를 가로질러 네트워크로 연결되며 농업 생산의 중심이 변하고 있고, 살아 있는 동물과 농산물, 생식세포 및 가공식품의 거래 범위와 양이 늘어나고 있다.[330] 이런 확장은 동물과 농작물 품종의 다양성이 줄어드는 단일 재배와 관련돼 있다.[331] 주로 돼지와 가금류처럼 위가 하나인 단위單胃 종의 산업 생산은

---

71 extractivism. 천연자원을 추출해 세계를 상대로 판매하는 모델에 기초한 경제를 말한다. 경제 개발 모델로 주목받기도 하지만 기후 변화, 인권 침해, 불리한 노동 조건 등의 문제가 지적된다.

산업화되지 않은 국가와 1차 산림 모두에서 지역에 적응해 온 토착 품종을 대체하고 있다.[332] 질병생태학자 마리우스 길버트Marius Gilbert의 연구팀은 방글라데시, 브라질, 중국, 인도네시아, 베트남 등 글로벌 사우스에서 돼지고기와 닭고기가 광범위하게 생산되다가 거의 또는 완전히 집약적인 생산으로 변한 것을 지도로 만들었다. 이들 지역에선 농장 통합, 농민 배제, 토양 고갈, 분뇨에 의한 오염 등이 나타나고 있다.[333] 토지 사용을 연구한 과학자 키스 클라인 골데비크Kees Klein Goldewijk와 동료들은 농업용지의 6퍼센트가 가축에 쓰였다면서 개조된 방목장은 2.4퍼센트, 개조되지 않은 자연 방목장은 16.5퍼센트가 사용됐다고 밝혔다.[334]

비슷한 경향이 사람과 가축이 먹는 농작물에서도 발견된다. 식품 시스템을 추적해 온 루이스 라살레타Luis Lassaletta의 연구팀은 지난 50년 동안 돼지고기 소비량이 4배 늘었다면서 돼지 사료는 2050년까지 두 배로 증가할 것으로 예상했다.[335] 농업엔지니어 울리히 크라이덴바이스Ulrich Kreidenweis 등은 2050년까지 세계의 경작지가 4억 헥타르 늘어날 것이고, 대부분이 아프리카와 라틴아메리카일 거라고 예측했다.[336] 시스템 분석가 스테펜 프리츠Steffen Fritz의 팀은 국제응용시스템분석연구소-국제식량정책연구소IIASA-IFPRI의 농작물 비율과 평야 크기를 지도에 표시해 봤다. 아르헨티나, 호주, 브라질, 캐나다, 남아프리카공화국, 미국, 동유럽과 옛소련권이 밭의 비중이 높았다.[337] 지리학자 엠마 화이트Emma White와 데이비드 로이David Roy는 25년 간격으로 설정된 랜드샛Landsat 위성[72] 데이터를 사용해 7개 농작물의 조합을 살펴보니 정부 정책이나 기술 발전에 따라 중간 규모의 경작지가 늘어났다고 분석했다. 하지만 그 뒤에 자리 잡은

---

72 1972년 처음 발사된 이래 약 3년 주기로 발사되는 미국 항공우주국의 지구 관측 위성. 지구의 자원, 농작물, 암석, 물, 해양 오염도 등을 조사한다.

자본에 대해선 분석을 하지 않았다.[338]

지역에 따라 경작 규모가 다르기 때문에 상황은 더 복잡하다. 자본이 많이 투입되면 토지이용률이 높아져도 경작지 크기는 줄어들 수 있다.[339] 공간 분석가 왕지에王洁와 동료들은 중국 장쑤성江蘇省에서 인구 증가에 따른 압력과 빠른 경제 성장, 도시화와 경작지 간의 경쟁 등으로 인해 논 면적이 급격히 줄었다고 분석했다.[340] 경작지 크기와 소유권, 작물의 다양성은 상호 의존적이다. 가축의 경우와 마찬가지로 부국들에서 농지를 통합하자 농장 숫자는 줄었지만 규모와 자본 투입, 부채 비율은 늘었다. 종간, 종내 작물 다양성은 감소했다.[341] 쌀, 밀, 옥수수 같은 곡물 수확량은 늘었으며 가능한 곳에서는 이모작과 삼모작이 대세가 됐다.[342] 기름야자와 유채, 대두 같은 유지 작물은 수확량과 재배 면적이 모두 늘었다. 이런 산업적 농업이 마지막 남은 적도의 숲까지 파고들고 있다.

신자유주의, 최근 세계화된 식량 체제에서는 자본이 지역의 생물지형과 씨름하는 수단이 다시 바뀌고 있다. 상품 더미가 국경을 넘어 여러 규모에서, 토착성의 변화를 부르는 불연속적인 네트워크로 재구성되고 있다.[343] 기업과 자본화, 하도급, 공급망 대체, 임대와 초국가적 토지 관리 같은 변화에 새로운 다차원성이 반영된다.[344] 이러한 최첨단 네트워크는 생물학적, 정치적 영역에 내장돼 있다. 이 유연한 체제는 지역의 요구와 기대에 기회주의적으로 반응한다. 때로 애그리비즈니스는 지역의 인프라나 전문성을 이용하기 위해 브랜드 충성도가 높은 소규모 계약농들의 인력풀에 의존해야 한다. 그 대표적인 예인 '대두 공화국'은 마르크스의 일반 가치 이론을 공간화한 지리학자 데이비드 하비David Harvey의 모델보다 한 단계 더 나아간 것이다.[345] 자본의 생산과 순환은 새로운 사회 공간 기하학 안에서 스스로를 재생산하고 외향적 가치를 형성한다. 그 결과 국내외의 중심-주변 지리학은 개인과 인구 전체가 느끼는 구조적 부담에서부터 노골적인 무력 탄압에 이르기까지 계속되는 폭력에 노출된다.[346)

이 논문의 나머지 부분에서는 가축과 가금류를 중시하는 새로운 농업의 가치 생산 방식과 증가하는 농장 및 식품 매개 병원균 사이의 관계를 추적한다. 거대한 상품 체인에 퍼져 있는 원가 절감과 생산성 향상을 목표로 한 단종 재배가 농업을 숙주 삼은 병원균과 해충의 진화와 확산을 증폭시킨다는 것을 보여 주는 연구가 점점 늘고 있다.[347) 우리는 이런 발병이 산업 농업 자체에 편승해 자본 주도 패러다임과 살짝 접하기만 한 지역 농업생태학에도 흘러 들어가는 2차 침입종을 상징한다고 본다.[348)

가축과 가금류의 교환가치 지키기

사회학자 라이언 건더슨Ryan Gunderson은 '산업형 축산'이 현대의 단백질을 대변한다고 본다.[349) 지구 온난화, 탄소와 질소의 불균형, 오염된 하천, 영양 부실, 신종 전염병, 질병을 가져오는 비만과 당뇨, 농장의 통합과 토지 거래, 방치된 농촌, 농민 자살과 마약 중독. 생산의 병리학이 생태사회적 영역을 가로지르는 신진대사의 균열을 부른다.[350) 건더슨은 자본주의가 이를 설명해 준다고 주장한다.

환경사회학자 존 벨라미 포스터John Bellamy Foster는 농업 부문의 중요한 연구 주제로 부상한 이런 요인들의 연관성을 탐구한 초창기 학자들 중 하나다.[351) 식량 체제의 변화를 가지고 자본이 주도하는 농업 생산의 균열을 설명하는 작업의 기원은 마르크스에 있다. 그는 직업별 영양 예산을 조사해 상품화와 계급 구조가 식품의 독성에 미치는 영향을 추적하고, 농민을 무산계급화해 농촌에서 쫓아내고 동물 복지를 악화시키며 농촌의 음식을 도시 하층민의 식량으로 만드는 데에 집약 농업이 끼친 영향을 기록했다.[352]

가축을 단종으로 키우면 수천 헥타르의 분뇨 웅덩이가 생기고, 수로의 물은 마실 수 없게 된다. 전염병 위험 때문에 검역이 필요해지고 지역은 상업화된다. 세계 곳곳의 풍경이 마르크스의 지도와 놀랄 만큼 겹쳐지고 있다.[353] 더 극적인 예도 있다. 중국 민간 기업인 광시양상西揚翔은 7층짜리 사육장에 13층짜리 '양돈 호텔'을 증축해 한 층에 1,000마리씩 사육한다.[354] 다른 나라도 이런 생산에 투자하는 역사적, 환경적 궤적을 따라왔다. 메릴랜드주의 크기에 인구는 3배 가까이 되는 네덜란드는 제국주의의 논리를 효과적으로 내재화했고 현재 매년 93억 유로 어치의 가축을 생산한다. 몇몇 종은 유럽 전체의 시장 규모보다도 사육 규모가 크고 역학적 피해도 심각하다.[355]

미국의 전체 카운티들은 오랫동안 지역 경관을 잘 관리해 온 곳을 빼면 모두가 축산에 전념하고 있다.[356] 축산 중심지인 아이오와는 질소와 인과 쓰레기의 진원지다.[357] 35만 명이 사는 노스라쿤, 플로이드, 리틀수 지역에서 도쿄와 뉴욕과 멕시코시티를 합친 것만큼의 폐기물이 나온다.[358] 아이오와의 깨끗한 강은 절반으로 줄었고, 우물은 질산염과 가축 배설물에서 나온 대장균으로 오염됐다. 질산암모늄 미세입자와 황산암모늄 등도 미국에서 가장 많이 배출되는 등의 부작용이 나타났다.[359] 이런 간접비용이 커지자 아이오와의 애그리비즈니스 기업들은 아직 소농이 많은 인근 미네소타와 위스콘신으로 사업을 확장하려 하고 있다.[360]

산업형 농업의 영향은 생산 공간을 넘어선다. 신석기 시대에 인류의 살림에 영향을 미친 사육화된 가축은 몇몇 종에 불과했다. 그러나 교환과 잉여가치를 지향하는 자본주의 생산 방식으로 접어든 뒤 다양성이 줄었다.[361] 식민지들에도 같은 시스템이 도입되면서 동물은 싼값에 빠르고 균질하게 키울 수 있는 물건이자 온실가스를 내뿜는 비인간 노동력이 됐다.[362] 유전적으로 유연한 특질을 지닌 것은 몇몇 품종에 불과하다. 시장의 수요에 즉시 맞출 수 있으면서도 균질화돼 있기 때문에 환경이 달라져도 그들의 유전적 표현형이 어떻게 변화할지 충분히 예측할 수 있을 정도다.[363]

식용 동물의 사육법, 그리고 가축 자체가 엄청나게 달라졌다. 산업형 축산은 자본주의 경제의 구체화된 화신이다. 유전학, 번식과 출산, 도축, 사료, 사육장, 폐기물 관리, 운송과 출하, 가공과 포장, 선적 모두 무엇보다 수익률에 맞춰 조직화됐다.[364] 19세기에 시작된 현대의 선물시장에서 가축과 가금류는 이제 '산 채로' 금융화됐다.[365] 동물은 태어나기 전부터 대체될 상품으로 취급된다. 거래는 상품으로서의 단순한 정체성을 넘어 확장된다. 종은 가격 변동성에 기반한 자산 등급에 따라 취급되며, 시장은 가축의 생태학적, 역학적인 특성보다 이 객관적인 등급을 우선시한다. 번식과 출산과 개량이 금융 계획에 따라 이뤄진다.

세계의 가금류 사육은 몇몇 다국적 기업에 집중돼 있고, 이들은 시장이 둔화되거나 수익률이 떨어지지 않도록 효율성을 높이기 위해 통합에 박차를 가하고 있다.[366] 식용으로 시장에서 팔리는 종계의 첫 3대를 설계한 가금육종 기업은 1989년 11개에서 2006년에는 EW그룹, 그리모Grimaud그룹, 헨드릭스지네틱스Hendrix Genetics, 코브-반트레스Cobb-Vantress 4개로 줄었다.[367] 1989년에는 10개 회사가 여러 라인을 돌렸지만 2006년에는 2개로 통합됐다. 양돈 부문은 가금류보다는 뒤처졌지만 1990년대에 축산업 혁명이 본격화했다. 마리당 생산량을 극대화하는 종말 잡종

교배를 중심으로 하는 다국적 종돈 기업을 통해 돼지 시장이 급성장했다.[368] 농민조합과 전국육종협회가 여전히 중요한 세력이긴 했지만 몇몇 대기업의 주도하에 통합이 시작됐다. PIC, 스미스필드 프리미엄 지네틱스Smithfield Premium Genetics, 헨드릭스의 자회사 하이포Hypor, 그리모의 뉴샴Newsham, 댄브레드DanBred, 토피그Topigs 등이다.[369] 이런 1차 육종 기업은 수컷 계통 중에서 수컷만, 암컷 계통 중에서 암컷만 제공하는 방식으로 제품의 가치를 생물학적으로 '봉인'했다.[370] 가축과 가금류의 잡종교배 방식은 영업 비밀이어서 축산농은 계속 돈을 내고 사야 한다. 이 산업에서는 소규모 수컷 종계를 가지고 수백만 마리의 병아리를 만들어 낸다.

시장 통합이 되풀이되면서 실제 번식에 쓰이는 개체 수와 크기는 줄었다.[371] 유전자풀이 좁아져 식량의 가용성과 역학적 통제, 시스템의 회복력이 떨어지고 있다는 사실이 알려졌으나[372] 기업 돈으로 연구하는 사람들은 계약 사육농들 탓으로 돌리면서 육종 업체에는 유전자 자원을 공공재로 둘 책임이 없다고 주장한다.[373] 동물의 생식 물질을 보존하는 비용은 정부가 내야 한다는 것이다.[374]

산업용 축산의 목표는 가축과 가금류를 빠르게 키우는 것이다. 이를 위해 포만감을 느끼지 못하도록 가금류의 갑상선을 제거한다.[375] 사육되는 닭은 6주 만에 1957년에 비해 4배에 이르는 무게로 자란다.[376] 근육이 빨리 늘고 수천 마리가 함께 사육되기 때문에 뼈 질환과 무성형증, 스트레스로 인한 쪼기 같은 병리학적 이상 행위를 보인다.[377]

애그리비즈니스는 축산 경제가 의도를 벗어나는 것을 막기 위해 사료를 활용한다. 풀을 먹으며 진화한 반추동물의 식단은 곡물 함량이 높고 섬유질이 낮은 값싼 사료로 돼 있다. 이런 것들만 먹으면 산이 과다 분비돼 위 속의 미생물이 파괴되고, 대사 장애로 동물 자체가 죽을 수 있다.[378] 여기서 다시 토지 이용 문제로 돌아가면, 축사의 사료는 미국의 목초지가 사라지고 곡물이 단종 재배되는 것과 이어져 있다.[379] 또한 인간의 식탁과도 연결된다. 1980년대부터 가축이 다른 가축의 먹이가 되면서 반추동물의 신경퇴행성 소해면상뇌증BSE과 인간 변종인 크로이츠펠트-야곱병Creutzfeldt-Jakob이 생겨났다.[380] 이 질병은 여러 동물종에게서 발견됐다. 그런데도 유럽에서는 다른 종, 혹은 같은 종의 고기와 뼈를 사료로 주지 못하게 한 규제를 풀라는 압박이 커지고 있다.[381] 빨리 낳아 빨리 키우게 하기 위해 환경 자극을 주는 방식은 사료 차원을 넘어선다. 계절과 상관없이 조명으로 빛을 쪼여 닭의 산란을 유도해, 이제 태어난 지 72주 지난 암탉은 32개 이상의 알을 연속해서 낳을 수 있게 됐다.[382]

유전적, 환경적 통제가 놓친 부분은 약으로 채운다. 예를 들어 160개 국에서 금지된 락토파민 염산염은 미국에선 최대 80퍼센트에 이르는 돼지, 소, 칠면조에게 투여되는 베타 항진제다.[383] 제약회사 일라이릴리가 원래 천식 치료제로 개발한 이 약은 스트레스 호르몬을 모방해 근육을 이완시키고 가축이 덜 먹어도 근육을 더 만들게 만든다. 과잉행동과 떨림, 팔다리 골절과 경직, 걷기 능력 상실, 열 스트레스, 민감성, 사망 등 락토파민의 부작용은 셀 수도 없다.[384]

가축과 가금류: 병원체 진화의 산업화

수익화된 축산업은 우리 시대의 독특한 서사다. 산업계는 '생물보안'을 떠맡고 있다고 착각하지만 거대 농장들이야말로 다양한 치명적인 질병이 진화하는 곳이다.[385] 아프리카돼지열병, 캄필로박터, 코로나19, 크립토스포리디움증, 사이클로스포리아증, 에볼라바이러스의 레스턴 변종,

E. 콜리 O157, 구제역, E형 간염, 리스테리아, 니파, Q열, 살모넬라, 비브리오, 여시니아증, H1N1(2009), H1N2v, H3N2v, H5N1, H5N2, H5Nx, H6N1, H7N1, H7N3, H7N7, H7N9, and H9N2 등등 여러 새로운 인플루엔자 A형 변종들….[386]

프레드릭 테일러Frederick Taylor의 산업공학은 찰스 다윈과 마르크스에 맞서 방대한 규모의 획일적 문화를 발전시켰고, 다양한 집단에서 전염병의 폭발을 막아 주던 면역유전학의 방화벽이 제거됐다.[387] 병균은 이제는 흔해진 숙주의 면역유전자형을 중심으로 진화한다. 산업의 밀도가 높아진 것도 면역 반응을 낮춘다.[388] 무리의 크기가 커지고 밀도가 높아지면 병원균 변종들의 전염률과 재발 감염률이 높아진다.[389] 도축량이 늘면 축사, 농장, 지역 수준에서 지속적으로 감염에 취약한 새로운 개체가 공급된다.[390] 병원균이 진화하고 사멸되기까지의 인구통계학적 한계치가 없어지는 것이다. 집중도가 높아지면 숙주에게는 가장 위험한 변종 병원균이 이득을 본다. 급성 병원균이 계속해서 생겨나 가축 산업을 넘어 인간에게로 질병이 유출되게 만든다.[391]

수학적 모델링으로 역학의 변화를 살펴보자.[392] 닭은 이제 6주 만에, 돼지는 22주 만에 도축된다. 처리 시간이 짧아지니 병원균의 독성과 바이러스혈증이 더 심하게 나타나곤 한다.[393] 기업은 같은 시기에 태어난 가축을 한번에 키우는 '올인-올아웃 생산'으로 전염병 피해를 줄이려 하지만 이는 축사 혹은 농장 수준에서 감염을 확산시킬 최적의 환경을 만드는 것이다. 병원균은 계속 생존하기 위해 전염시켜야 하는 숙주의 숫자인 축사의 개체 감염 임계치와 업계의 도축 기한이 맞아떨어지는 순간을 선택하는 식으로 진화한다.[394] 즉, 성공적인 변종은 가축의 가치가 가장 높아 농부들이 도축을 하는 그 순간에 맞춰 동물들이 질병으로 죽게 한다. 가축들은 대개 나고 자란 곳이 아닌 다른 곳에서 번식되기 때문에 감염 내성을 진화시키지 못한다.[395] 농민을 위해 생태계가 공짜로 서비스해 주던 자연선택이라는 옵션은 사라졌다. 대규모 가금류 사육장에서는 조류 인플루엔자의 독성이 커진다는 사실이 입증돼 왔음에도 이 시대는 이런 생산 방식을 지지하고 있다.[396] 농장 분을 넘어 동물이 광범위한 지역에서 거래되면서 병원균은 더 다양한 게놈을 만나고, 질병 인자의 진화 속도와 변이 정도가 커졌다.[397] 유전자 변이가 클수록 병원균은 더 빨리 진화한다.

성공적인 도박처럼 보이는 생물보안 자체에도 비용은 따른다. 일상적인 위생 관리와 긴급 살처분을 통해 질병에 대한 저항력은 줄어든다. 가축 중에서 면역력이 강한 개체가 선택의 이점을 누리지 못하게 되면서 그들의 혈청형이 유전자풀에서 제거되고, 자연적으로 면역을 키워 주는 병원균 노출이 사라지기 때문이다.[398] 백신은 가축의 건강을 확실하게 지켜 줄 수 있지만, 산업적 생산 체제에서는 병원균의 독성을 줄일 수 있는 동시에 오히려 높이는 쪽으로 진화하게 만들 수도 있다.[399] 규모의 경제를 위해 가축을 밀집 사육하는 농장에서는 인간으로의 전파나 통제 능력을 뛰어넘는 초역학 감염병이 나타난다.[400] 그 역학을 예측할 수 없기 때문에, 아무리 질병을 통제하려고 노력한들 병원균을 완전히 박멸할 수는 없다.[401]

과학적 사고와는 동떨어져 보이는 다른 연구 결과도 있다. 가금류에 다양한 암을 일으키는 알파 헤르페스바이러스인 마렉병[73] 바이러스의 모델링에 따르면 암탉이 알을 낳는 시점에 자연에 방사돼 있었는지, 밀집

---

73 Marek's disease. 중추이상의 닭에서 말초신경 및 각종 장기에 림프구의 침윤 및 증식이 나타나는 종양성 질병.

사육장 안에 있었는지에 따라 이 감염병의 사망률이 달라질 수 있는 것으로 추정됐다.[402] 역학 모델을 연구해 온 칼리 로진스Carly Rozins 등은 암탉의 복지를 높이는 것이 산업 경제와 배치되지 않는다는 사실을 주장한다. 또 이 모델에 따르면 켜켜이 닭장을 쌓아 놓고 연중 내내 인공 조명을 비춰 계절에 역행해서 닭이 알을 낳게 하는 일을 중단하는 편이 오히려 달걀의 손실을 줄이는 것으로 나온다. 동물 전염병이 번지면 소농을 비난하고, 농부가 감당할 수 없는 방역을 요구하는 것이 산업형 축산의 위기관리 표준이 된 상황에서 이런 논의는 중요하다.[403] 개발사회학자 폴 포스터Paul Foster와 올리비에 샤르노즈Olivier Charnoz, 진화전염병학자 롭 월러스는 소농에 이런 부담을 지우는 것은 자본이 일시적으로 이익을 얻기 위해 동원하는 '쇼크 독트린'을 넘어서는 행위라고 주장한다.[404] 지리학자 앨런 잉그램Alan Ingram과 환경사회학자 마리온 딕슨Marion Dixon이 설명했듯이, 생물보안은 소농을 희생해 글로벌 자본을 축적하는 기제다.[405]

산업계가 주장하는 생물보안의 기반인 집약 생산과 느슨한 축산업의 이분법 자체가 문제다.[406] 생물보안을 행해야 하는 산업형 농장과, 가축이 병원균에 그대로 노출되는 소농을 본질적으로 다르게 보면, 복잡한 소유 구조와 계약 형태를 보지 못하게 된다.[407] 여러 부국에서 농축산 기업은 계약 농가에 태어난 지 하루 된 병아리들을 실어다 주고, 철새와 질병의 환경적 원인들에 노출돼 자라던 병아리들은 가공할 무렵에 다시 공장으로 옮겨진다. 생물보안의 빈틈은 이런 산업 모델에 애당초 포함돼 있는 것이다.

면역다양성이 줄고 병에 걸릴 가능성이 높아지는 것, 병원균의 독성과 지속성이 높아지게 만드는 것은 모두 산업에 내재된 특성이다. 더군다나 기업은 소농에 책임을 전가할 뿐 아니라, 동물 사육 방식을 변화시켜 전염병의 덫을 자초했다. 가축의 생산-수송 경로는 길고, 선혈이 낭자하다. 이 경로 역시 가축생물학의 특징을 보여 주는 좋은 사례다.[408]

예를 들어 돼지는 태어나자마자 어미에게서 '낚아채여snatch farrowing' '멸균된' 농장에서 자란다.[409] 이 새끼 돼지들은 HYPARHysterectomy Produced Artificially Reared 또는 고농도세포배양HCDC이라 불리는 방식으로 변형된 번식 기법을 통해 분만을 앞둔 어미 돼지의 자궁을 적출해서 끄집어낸 것이어서 초유를 먹지 못한 채 사람에 의해 사육된다.[410] 체온 유지 장치나 소독제를 집어넣은 자궁에서 새끼를 '확보'하고 나면 어미 돼지는 안락사 시킨다.[411] 새끼가 초유를 먹을 수 있게 해 줄 때도 있지만 빨리 젖을 떼도록 하거나 처음부터 분유만 먹게 하는 곳이 많다. 어미와 새끼의 유대를 끊는 이유는 산업계에서 부르는 '최소 질병', '최상의 건강 상태'로 '특정 병원균이 없는' 가축을 생산하기 위해서다. 이 때문에 병원균과 함께 어미 몸속에 있던 유익한 미생물이 새끼에게 전달되는 길이 막힌다.[412] '최소 질병'으로 브랜드화한 돼지는 브루셀라, 유행성 폐렴, 흉막폐렴, 돼지 이질에 걸리지 않으며 개선충, 회충, 결절벌레, 채찍벌레, 위장기생충 같은 기생충이 없는 상품으로 특화된다.

돼지는 태어난 이후에도 외과적, 환경적 개입을 겪는다.[413] 꼬리는 지지거나 잘라 제거하고, 새끼끼리 엉덩이를 깨물며 놀지 못하도록 송곳니를 뽑고, 성체가 될 무렵 화학적 거세를 하는 것이다.[414] 농장의 공간과 노동력을 줄여 비용을 감축하는 것이 우선적 목표이기 때문에 돼지들은 돌아서기도 힘든 좁은 우리에서 살아야 한다.[415] 지루하면 빗장을 씹는 것 말고는 할 일이 없다. 일어서고 누울 때마다 상처를 입는다. 동물복지는 동물의 삶이 아니라 임신한 돼지와 새끼 돼지의 사망률로만 기록될 뿐이다.[416] 산업적 축산에서 가축들은 동물이 아닌 고기로 키워진다.[417]

동물 질병을 치료할 때에도 마찬가지다. 돼지와 가금류 등 가축들에게 저용량 처방되는 항생제는 연간 1만 5,400톤에 이른다. 미국 전체에서 인체를 포함해 모든 생명체에 투여되는 항생제의 80퍼센트에 해당되는 양이, 가축의 성장을 촉진하고 질병을 예방하기 위해 쓰이는 것이다. 생산 모델을 바꾸면 필요 없어질 약들을.[418] 이런 농업의 결과가, 미국에서만 해마다 2만 3,000명에서 10만 명을 숨지게 만들고 세계에서 70만 명에게 영향을 미치는 박테리아 감염에 대한 항생제 내성인 셈이다.[419]

줄곧 지적했듯이 이렇게 자라는 동물은 기본 면역력이 떨어진다. 산업 생산은 농장을 무균실로 만들어 질병 위협을 막는 것을 전제로 하고 있기 때문이다. 덴마크의 농장에는 복잡한 출입 규정이 있다. 장화와 작업복이 있는 '오염 구역'과 작업 구역을 지나면 '외부용 의복'으로 갈아입고 드나드는 '청정 구역'이 나온다.[420] 방문자가 들어오기 전에 일정한 대기 시간을 두며, 현장에는 샤워 시설과 발 씻는 곳도 있다. 올인-올아웃 생산을 하기 때문에 가축 전체를 도축장으로 보낸 뒤에 새 무리를 한번에 들여온다. 농장의 이중문에는 공기 차단 시스템과 순환 필터가 장착돼있다. 주변의 울타리와 조류·설치류 차단 장치는 더러운 자연과 섞이는 것을 막기 위해서다. 트럭, 지게차, 귀마개조차 농장 내에서만 쓸 수 있는 전용 장비를 사용한다. 죽은 가축은 현장에서 태우거나 묻거나 거름으로 만든다. 구내식당에서는 동물 가공식품을 접할 수 없다. 이 농장 저 농장을 다니는 저임금 노동자들을 고용하기는 하지만 이들은 가축이든 야생이든 농장에서 키우는 종류의 동물과 접촉해서는 안 된다.[421] '개입'은 농장 밖으로도 확장된다. 마치 노동자가 문제라는 듯이, 기업이 노동자의 집을 점검하는 것이다.[422]

그러나 아무리 열심히, 아무리 엄격한 기준을 적용한다고 해도 생물보안 프로그램은 치명적인 병원균의 진화를 막을 수 없는 자체적인 문제를 안고 있다. 몇 달 전부터 언론이 경고성 보도를 하고 주 정부들이 방역 캠페인을 했어도 고병원성 조류 인플루엔자A H5N2는 미국 중서부의 칠면조 밀집 사육장에서 번져 나갔고 조류 5,000만 마리가 감염돼 죽거나 살처분됐다.[423] 덴마크 모델은 이 균주로부터 가금류를 지켜 주지 못했다. 밀집된 공간을 선호하는 병원균은 생명체가 아닌 매개물을 통해 퍼져 나간 것으로 보인다. 오염과 노동자 착취를 비롯해 우리가 설명한 모든 균열은, 잘 드러나지는 않지만 본질적인 '규모의 비경제'를 보여 준다. 농장과 지역 수준에서 작업 규모가 커질수록 문제가 더 심각해지는 것이다.

감염증은 축산 부문이 감내할 수 있는 물류량을 넘어서고 있다.[424] 2016년 프랑스에서는 오리와 거위에 H5N1, H5N2, H5N3, H5N9가 동시에 발생해 남서부 18개 지역이 타격을 받았다.[425] 농민은 결국 그간의 방역 관행으로는 충분하지 않다고 보고 생산을 중단했다.[426] 미국과 달리, 프랑스는 생산 생태계에서 최하위로 떨어지기에 충분한 기간인 넉 달 간의 휴지기를 두는 부문별 규제를 시행해 새 가축 무리를 들이기 전에 농장을 청소하고 소독하게 했다.

통상적인 개입으로는 새 병원균을 막기가 어렵기도 하지만, 더 힘든 상황이 닥칠 수도 있다. 애그리비즈니스의 병원균은 생산 모델의 핵심에서 진화함으로써 산업 패러다임에 맞서고 있다. 생물보안은 경제적 필요성에 따른 것인 동시에, 더 많은 인구를 위한 식품 생산이라는 담론의 중요한 기표이기도 하다. 그러나 H5Nx들과 아프리카돼지열병 같은 신종 병원균은 생물보안의 그런 문화적 의미를 교묘하게 비틀어 버린다.[427] '멸균' 식품은 멸균을 증명하지 못하며, 그로 인한 피해는 가축의 손실을 넘어서 산업형 농업에 실존적 불안을 가져왔다.[428] 깨끗하다고 믿었던 식품에서 더러운 질병이 탈출했다. 너무나도 합법적인 관행과 대중의 신뢰 속에서조차 위기가 터져 나와 산업계의 주장을 '오염'시켰다.[429] 농업 자본은 이미 경쟁이 치열한 시장에 공급을 지속할 것인지, 아니면 계획된 희소성으로 가치를 보호할 것인지를 두고 의견이 갈렸다. 점점 커지는 난관을 유리한 쪽으로 끌고 가기 위해 필요한 자본 계급의 규율이 무너지기 시작했다.

업계 일각에서는 자궁 적출 이상의 모험적인 대응을 추구하려는 모양이다. 당장 몇 가지 해결책을 찾아내 적용하려 할 것이며, 새로운 아이디어들이 계속 나올 것이다. 그러나 안면 인식 소프트웨어로 가축 수천 마리를 모니터링하거나 레이저로 야생 물새를 쫓아내는 따위로는 소용없을 것이다. 이런 예방책은 병원균이 독성과 지속성을 강화하게끔 만드는 생산 모델에는 거의 변화를 가져오지 않기 때문이다.[430] 가축의 저항성을 '사전 프로그래밍'하기 위해 유전자를 변형할 수도 있겠지만,[431] 그 분야에서라면 미생물이 훨씬 뛰어나다. 그들은 약품이 투입되기도 전에 매일 수백만 숙주 안에서 방어책을 찾아나간다.[432]

그렇다고 애그리비즈니스의 적응력을 얕잡아 봐서는 안 된다. 질병을 통제하는 데에는 근본적으로 실패해 왔지만,[433] 그들의 물질주의는 육체와 기계를 넘어 사회와 기호학으로까지 확장되면서 독창성을 과시해 왔기 때문이다.[434] 수십 년 전부터 미국을 비롯한 부국의 농업 기업은 집약적 축산 모델을 재고하는 대신에 자신들과 동물을 분리시킴으로써 감염병의 손실을 농부에게 전가해 왔다. 일거리에 맞춰 임시 고용된 계약농은 땅과 농장, 장비와 동물 들을 모두 기업 기준에 맞추기 위해 수백만 달러를 대출받는다. 회사는 자신들의 손실을 줄이기 위해 계약농이 빚을 늘리게 만든다.

이런 안전장치는 의도대로 작동했다. 미국 중서부에서 H5N2가 번졌을 때 백신은 효과가 없었지만 가금류 피해의 비용은 보험에 들어 있지 않은 계약농이 부담했다.[435) 아직 감염되지 않았지만 위험에 놓인 가금류를 살처분하는 비용은 납세자들이 냈다. 자본주의는 시장이 모든 것을 해결해 주는 시스템이라고들 하지만, 치명적인 병원균이 축사와 농장과 국경을 가로지르는 네트워크를 타고 계속 순환하게 만들었음에도 시장의 실패는 아무 데서도 처벌받지 않았다. 기업의 대차대조표에 적혀야 할 피해는 가축과 야생동물, 농부와 소비자, 지역과 다른 나라들의 피해로 넘겨졌다. 생물보안의 근본적인 실패에 따른 짐은 돼지나 닭이 트럭에서 내려지기 전에 먼저 농부들과 연방정부의 몫으로 돌아간다.

팔머 아마란스와 생물정치적 통치

산업화된 농업에서도 동물원성 감염병과 유사한 양상이 나타나고 있다. 농업에서 잡초로 분류되는 팔머 아마란스를 통제하려는 시도를 들여다보면 현대 농업이 야생종의 '침입'과 그 관리를 어떻게 인식하는지를 알 수 있다.

아마란투스 팔메리는 멕시코 북부와 미국 남서부에 자생하는 일년초다.[436) 자생지를 벗어나 남동부의 주요 곡물섬유 생산 지역으로 퍼져 나가더니 북쪽으로도 번졌다.[437) 이유는 많지만 이 식물종의 유연성과 생태진화적 선택압[74] 즉 농업 관행과 날씨 패턴의 변화에 대한 적응력을 주로 꼽을 수 있다. 아마란투스 팔메리는 암수 그루가 다르기 때문에 번식

---

74 다양한 형질 중 특정한 형질을 선택하게 만드는 자연의 압력.

을 하려면 수개체에서 암개체로 꽃가루가 옮겨져야 한다. 자웅이주雌雄異株 식물은 광범위한 유전적 배경을 이용할 수 있고, 1차 천이[75] 단계인 다른 잡초와 비교할 때 양질의 꽃가루를 활용한 높은 생식력 같은 생물학적 이점을 갖는다.[438] 그 덕에 개체군 내의 유전적 다양성이 높게 유지된다. 잡초의 적응적 형질은 인간의 법과 인식론의 경계를 넘어 전달되는 것이다.

산업형 농업 시스템은 아마란투스 팔메리의 진화와 확산을 직접적으로 촉진했다. 남동부의 면화 벨트보다 이를 더 잘 보여 주는 곳은 없었다. 1990년대 중반, 쟁기질과 흙뒤집기를 줄인 보존 농법이 도입되고 제초제를 비롯한 잡초 관리 프로그램들이 사라지면서 더 강하고 경쟁력 있는 아마란투스 팔메리 생물형이 선택됐다.[439] 넓은 범위에 작용하는 제초제 글리포세이트를 쓰도록 설계된 면화 품종을 채택하면서, 그 이후 10년 동안 여러 제초제를 섞어 쓰는 지역은 눈에 띄게 줄었다.[440] 보존 농법과 글리포세이트 내성 면화가 서로를 촉진하며 늘어난 것이다. 토양 침식과 탄소 산화, 에너지 사용을 줄이겠다는 뜻은 좋았지만 글리포세이트 내성 면화를 대량 재배하면서 농작 시스템이 하나로 수렴되고 잡초 관리법이 줄어들면서 이 잡초는 강한 선택압을 받게 됐다. 흙이 뒤집히지 않으니 직사광선을 좋아하는 이 식물이 싹트고 자라기에 유리해졌다.[441] 씨앗이 흙속에 묻히지 않는 것만으로도 개체수가 늘고 제초제 내성이 높아졌다.[442]

글리포세이트에 계속 노출되면서 이런 특성이 주로 선택됐고, 지역 농민의 글리포세이트 의존이 심해지면서 농사철 내내 이 잡초가 더욱 흔해졌다.[443] 하나 이상의 제초제에 내성을 지닌 잡초 씨앗이 이동성을 지

---

75 식물에서 만들어진 유기물이 전혀 존재하지 않는 환경에 식물이 옮겨와 군집을 형성하는 것.

니게 되면서 문제는 더 복잡해졌다. 아마란투스 팔메리를 비롯한 잡초는 대개 한 곳에서 자라는데, 내성을 지닌 개체가 상품 작물들과 함께 수확되게 된 것이다. 경작지 안에서 트랙터와 수확기로 거둬들여진 씨앗들은 많든 적든 여러 지역으로 퍼지고, 트레일러와 철도를 이용한 초국가적 상품 유통을 통해 흩어져 원근 모두에 저항성 있는 개체가 자라나게 함으로써 경작지의 식민화를 촉진한다.

가축 감염병과 마찬가지로 잡초의 침입은 생산의 부수적인 특징이 아니라 산업 농업의 논리에 따른 직접적인 결과다. 아마란투스 팔메리는 남동부에서 골칫거리가 되더니 멀리 북쪽의 캐나다 국경 부근까지 모습을 드러냈다. 확인된 거의 모든 지역에서 하나 혹은 그 이상의 제초제에 내성을 지닌 개체가 발견됐다. 단일 제초제도, 혼합 제초제도 효과가 없다는 뜻이다.[444] 내성을 지닌 제초제 목록이 길어진다는 것은 이 잡초에는 밝은 미래를 의미한다. 인간이 이토록 잘못된 관리로 생태 과정을 무시한 결과는 재앙이었다. 아마란투스 팔메리의 침입은 옥수수, 면화, 땅콩, 대두 같은 주요 상품 작물의 생산과 수익에 파괴적인 영향을 끼쳤다.[445]

이 식물의 생장 특성과 농업에 미치는 영향을 알아보고 화학적, 비화학적 관리 방식을 도입하는 데 많은 노력이 투입됐다.[446] 잡초 관리 과학, 문헌 연구, 농업 관련 언론 등에서 이를 집중적으로 볼 수 있는데, 특히 문헌이나 언론은 농민이 정보를 얻는 중요한 통로다. 기본적으로 권장되는 관리법은 더 비싸고 더 여러 종류를 섞은 제초제를 지속적으로 뿌리는 것이다. 그렇게 하면 농민이 잠깐 한숨을 돌릴 수는 있겠지만 진화론적인 군비 경쟁을 부채질해 결국 더 강한 제초제 내성을 갖는 잡초를 낳을 수밖에 없다. 그로 인해 장기적으로 가장 큰 이익을 얻는 기업은 화학 생명공학 농업 기업들이다. 글리포세이트처럼 인기 있는 제초제도 10년 넘게 아마란투스 팔메리를 통제하는 데에 실패하자 기업들은 더 오래되고 휘발성이 강한 제초제 화학 물질(4군 제초제, 특히 2, 4-D 그리고 디캄바)을 다시 선전하고 팔기 시작했고, 글리포세이트에 더해 이런 화학 물질에 대해서도 내성을 갖게 한 유전자변형GM 작물을 기르고 있다. 목화 벨트와 그 외 지역에서 농민은 제초제 내성 작물을 늘리는 쪽으로 가고 있다. 이런 '해결책'은 애초에 아마란투스 팔메리의 예외적인 적응을 부른 과정을 반복할 뿐이다. 실제로 이런 화학 물질에 내성을 가진 아마란투스 팔메리가 캔사스에서 발견됐다. 이런 기술을 도입한다고 해도 효과를 보는 기간은 제한적임을 보여 준다.[447]

더욱이 제초제의 활성 성분은 화학적 휘발성을 가지고 있어서 생산 문제를 일으키고 사회적 긴장도 불렀다. 신종 GM 작물을 기르지 않는 농민이 농장을 넘나드는 제초제의 피해를 입을 수 있기 때문이다. '더 새로운' 기술이 도입되면서 이웃 간 폭력이 늘고 사회 규범이 깨졌으며, 농작물 피해 때문에 기업과 농민 사이에서만이 아니라 지역 주민 사이에서도 소송이 늘게 됐다.[448] 딸기나 닭을 키우는 농민이 운송업자나 무역업자에 비해 생산 의무 면에서나 규제에 적응하는 과정에서 위험을 더 많이 짊어져야 하는 것처럼, 잡초 관리 역시 기업에는 막대한 이익을 안기면서 개별 농부와 사회적 관계를 황폐하게 만든다.[449]

아마란투스 팔메리는 흔히 에코사이드[76]와 산업의 모든 현대적 수단을 동원해야 하는 상대이자 미국 농업 생산의 물질적 기반에 대한 외부로부터의 위협으로 여겨진다. 그러나 이 잡초를 개념화하고 연구, 관리하는 방식은 푸코의 생명정치 관리, 감염병의 개체 수준에서의 관리, 그리

---

76 ecocide. 제초제, 살충제 등을 이용한 동식물의 대량 제거를 가리킴.

고 '전염의 혐오'를 보여 주는 모범 사례다.[450] 침입종의 생태학과 보존 생물학에 맞선 도전이 최근 일어났다는 점, 9.11 테러 뒤 생물보안이 확산된 것을 분석하는 푸코식 연구 관점이 재구성되고 있다는 점 등을 보면 알 수 있다.[451] 생명정치에 따른 통치는 명시적으로 "유통을 조직하고, 위험 요소를 제거하고, 선순환과 악순환을 구분 짓고, 악순환을 줄여 선순환을 극대화하는 문제"로 정의된다.[452] 캘리포니아가 농화학 규제를 완화하면서 농업 노동자의 건강이 나빠진 것에서 보이듯, 최근에는 생명 정치적 틀이 농업 환경에도 적용되고 있다.[453] 우리는 아마란투스 팔메리를 농업 과학과 산업에 의해 이데올로기적, 물질적으로 뒷받침되는 현대 산업형 곡물 섬유 생산과 '침입종' 통제 같은 생명정치적 통제 메커니즘의 산물로 본다.

고도로 자본화된 산업적 농업 환경에서 잡초와 해충의 통제는 분리와 보안을 의미한다. 아마란투스 팔메리의 관리 방식은 제초제 군비 경쟁의 종료, 유전자 흐름의 선택적 규제, 규율화된 단종 재배 등으로 이뤄진다. 글로벌 작물 생산, 농업 화학물 판매, 자본을 괴롭히는 병원균과 잡초의 완화를 실용적으로 뒤섞은 이 관리 체제는 산업 농업이 침입종을 부르는 조건을 스스로 키워 나가고 있다는 사실에는 철저히 눈을 감는다.[454]

현재의 산업 농업 패러다임에서, 인간이 키우지 않은 '침략자'의 근본적인 원인과 결과는 경험적으로 봤을 때 비교적 명확하다. 농업과학자들은 제초제 산업이 농장은 물론이고 잡초에 대한 과학자들의 연구 결과에까지 영향을 미쳐 왔으며 그 결과 제초제 내성을 지닌 잡초가 우세해졌다고 지적한다.[455] 아마란투스 팔메리와 상품 생산 농업의 논리, 그리고 생명정치 관리 사이의 협력적 상호 작용을 재구성해 보면 산업자본주의가 서로 다른 형태의 생명과 진화 과정에 가치를 부여하는 방식, 그리고 그로 인해 종종 벌어지는 참담한 사회적·생태적 결과에 대한 통찰력도 얻을 수 있다. 정치학자 리처드 힌드마쉬Richard Hindmarsh는 GM 작물과 일반 작물 사이에 통제를 넘어선 변증법적 유전자 흐름이 일어나는 것을 가리켜서 기계적이고 체계적인 천연자원 관리를 '탈출한 것'이라고 푸코 식으로 해석했다. 아마란투스 팔메리의 탈출은 그것의 출현을 이끈 산업 질서에 대한 저항을 상징한다.[456]

해충 관리와 농업과학을 심도 깊은 생명정치적 형태의 질서로 이해하면 규제와 관리의 모순된 방향을 명확히 하는 데에 도움이 된다. 작물 생산은 농업자본의 '공간 수정'을 촉진하는 데 도움이 된다.[457] 기술, 토지 가격, 위치 경쟁 등이 변동하는 과정에서 농촌은 당장은 싼값에 작물을 생산하고 교환하기 좋은 곳이 될 수 있다.[458] 그러나 다른 한편으로는 농장의 경계에서 보안과 감시가 더 강화되고 있다. "연결과 전염을 통해서 가 아니라 분리와 부정을 통해 주체성을 만들어 내고" 어떤 침입자는 무시하면서도 특정 침입자는 만들어 내고 촉진하는 인식론적 단절이 이런 생명정치를 가능하게 만들고 있다.[459]

산업 농업은 "변동성 있는 실천 영역과 산만하게 구성된 이해관계에까지 확장된, 다소 안정적이거나 변하기 쉬운 동맹 네트워크"를 통해 생명정치의 권력을 행사한다.[460] 고도로 자본화된 곡물 농업에서 농작물 개체의 확대와 최적화, 즉 '생명을 빼앗으면서 살게 하는'[461] 수출지향적 지형에만 초점을 맞추면서 아마란투스 팔메리 같은 '침략자'의 망령들을 만들어 내는 것이다. 그러므로 아마란투스 팔메리의 침입은 야누스의 얼굴을 한 거울을 가지고 가장 명확하게 볼 수 있다. 한쪽은 진화와 생태의 '문화적' 버전을, 다른 한쪽은 '야생적' 버전을 보여 주면서 한쪽의 피해로 다른 한쪽의 피해를 상쇄할 수 있을 때까지 서로를 비추는 거울.

글로벌 침략에서 '외부'는 어디인가

산업 농업과 생물보안의 맥락에서 침략에 대한 연구를 비판적으로 해독하는 것은 물질적, 경제적, 담론적, 관계적 영역에 걸친 침략이라는 현상을 이해하는 데 어떤 도움이 될까? 겉보기에는 너무 다른 프랑스의 H5Nx와 아이오와의 아마란투스 팔메리는 어떻게 수렴될 수 있을까?

우리는 침략이 자본주의 농업 논리와 단종 재배, 추출 이데올로기, 글로벌 교역과 연결된 다양한 지역 농업의 형태 등으로 구체화된다고 주장했다. 표면적으로 거기에 '외부'는 없다.[462] 침략의 위협은 우리 농업 시스템의 안팎에 동시에 존재한다. 그것은 선물 시장과 외국인 직접 투자, 이종 교배가 불가능했던 개체군들까지 교배시키는 프로그램 등을 통해 '멀리에서' 생산되고, 집약적 단종 재배와 경작 방식, 항생제, 화학 비료와 제초제 사용 증가 등을 통해 '내부에서' 생산된다. 이 구성 요소들은 광범위한 지구 표면을 지질학적으로 변형시켜 태양광 공장, 탄소 광산, 분뇨의 호수로 바꿔 놓는다.[463] 자본의 이익과는 상관없는 대부분의 생명체에게는 낯설고 적대적인 이 새로운 지형은 기회주의적인 병원균과 해충이 몰래 탈출하는 배경이 된다.[464]

지역 차원에서 변화의 내용이 걸러진다. 거대 농장은 가축, 농작물, 농부, 노동, 건축, 정치 경제가 상호 작용하는 현장이다.[465] 거대 농장은 생물다양성과 물 사용, 폐기물, 노동 규칙, 경제적 추출과 관련된 새로운 프로그램에 맞춰 운영되면서 지역 경관의 오랜 생태적, 사회적 통합을 무너뜨린다. 이들 농장은 자본이 원하면 어떤 생물지리학과도 연결될 수 있는, 시장의 실패 속에서도 발진할 수 있는 우주선이다. 지구의 생태계와 지역의 문화는 가치 축적에 맞선 저항이 벌어지지 않도록 막아야 할 외계 공간이다. 자본은 공중보건과 의료 개입이 이뤄지기 전에 지역의 질병 시스템을 통제하기 위해 필요한 농업생태학적, 사회적 회복력을 아무 제약 없이 파괴해 왔다.[466] 앞서 말했듯, 자연을 비롯해 시장 바깥에 있는 모든 주체들은 자본에게는 물리쳐야 할 경쟁자들이다. 이런 체제에서는 자본주의의 종말을 상상하는 것보다 세상의 종말을 상상하는 것이 차라리 더 쉽다.[467]

이런 프로그램은 단기적 측면에서 봐도 손실을 부르는 패다. H5Nx나 아마란투스 팔메리, 그리고 산업 농업의 '침략'에 '침입'하는 수백 종의 병원균은 지역의 생물지리학과 보건생태학의 다양하고도 중심적인 얽힘 속에서 생겨난 부산물이다.[468] 예를 들어 가금류 생산에 걸리는 시간이 급격히 짧아지면서 조류 인플루엔자 바이러스가 스스로의 '적시 생산 체제'를 선택하게 됐다거나, 제초제 살포가 늘자 아마란투스 팔메리가 독성과 내성을 진화시킨 것처럼 세계 자본의 주변부에서 농장과 공장 간의 상호 작용이 이뤄진다.[469] 풍토성 병원균이 다른 곳으로 이동하지 않고서도, 최선의 생물 통제 속에서도 스스로 진화해 농업에 침입하기도 한다.[470] '침입자들'은 자본이 공간적 구조조정 끝에 방치해 버린 궁핍한 공간으로 다시 흘러들어가 유령 같던 풍경을 새롭게 변모시키기도 한다.[471]

침입은 또 인식론과 규범, 우리가 생각하는 방식과 우리가 믿는 것을 공격한다.[472] 과학적 접근법은 기계화, 단순화, 지리적 재배치, 끊임없는 시공간적 이동 등과 같은 자본주의적 생산이 외래종이 만들어지는 인과적 요인으로서 어떤 역할을 했는지를 선택적으로 간과해 왔다. 이 모형 전체에서 제1원칙은 수학적 형식주의에 따른 생략의 정치다.[473] 예를 들어 환경 연구와 공중보건의 비용 효율성 분석은 편익을 위한 비용을 줄이기에 급급하며, 극단적으로 불평등한 사회 시스템이 전제되어야 한다는 것을 암묵적으로 인정한다.[474] 사회 경제적 빈곤이 만연한 상황에서 지금 이 모델은 우리에게 묻고 있다. 무엇을 해야 하는가? 모델들은 표면적으로는 인위적인 희소성을 생산하기 위한 구조를 만드는 방법을 연구한다면서도 실제로는 힘이 약한 기관의 예산을 줄이는 교묘한 경제 논리를 중심으로 구성돼 있다.[475]

병원성 침입종에 대한 과학계와 정부와 산업의 대응은 분자 수준으로까지 내려가면서도 수학의 증명처럼 추상적인 새로운 형태의 생명정치적 지배 구조와 자본 확장을 위한 새로운 공간 구성의 요소들이 되고 있다. 관련 연구는 외부에서 끌어당겨 쓸 수 있는 돈줄의 필요에 맞춰 체계적으로 걸러진다. 농업 연구를 지원하는 자금원은 애그리비즈니스로 점점 대체되고 있다.[476] 주류 과학 연구는 세계화와 세계적 불평등이 침입종의 번성에 역할을 하고 있다는 것을 인정하지만, 그에 따른 결론은 애그-개그법[77], 농장 노동자의 가정에 대한 조사, 국내외의 미시적 식민주의와 같이 감시와 통제를 늘려 생물보안의 논리를 확장하는 쪽으로 향하고 있다.[477]

새로운 질서는 조사관 수준에서의 과학적 관행을 넘어선다. 치명적인 질병으로부터 우리 자신을 보호하기 위해 필요한 방역 공동체가 민간에 팔아넘겨진다. 발병 지역과 건물 번호, 운송 기록과 병원균의 유전 정보, 변이 유전학 등등 공중보건의 개입에 필요한 기초적인 역학 데이터조차 비밀이 된다.[478] 과학자들은 점점 더 정확히 어디서 발병이 시작됐는지에 대한 정보조차 알 수 없게 돼 간다.

산업 농업, 병원균, 상품화된 조사의 삼중 침입을 해결할 대안적인 프

---

77 ag-gag law. 언론이나 시민단체가 농업 시설을 허가 없이 조사하거나 촬영하는 행위를 금지하는 법.

로그램이 있을까? 세계적 침략을 아직 받지 않은 '외부'가 있을까? 다른 세상이 가능할까? 그렇다. 그것들은 존재하며 이미 진행 중이다. 우리가 여기에서 설명한 것처럼, 자본은 다른 세계에서 온 우주선처럼 자신들이 도착한 지역과 명확히 연결되는 것을 바랄 뿐이다. 다국적 기업과 현지의 자회사들은 자원과 노동을 절약하면서 지역 주민이나 비인간 개체와의 상호 작용 없이 농산물을 재배하는 것만을 목표로 한다. 그러나 현실은 다르다. 자본의 명령과 통제가 최대의 효과를 발휘한다 하더라도 여러 종에 걸친 농업생태학적 행위자들은 자신만의 조건에 따라 공진화하거나 상호 작용한다.[479] 이에 대한 대안은 정반대의 입장에서 농업공동체의 이익을 추구한다.[480]

아프리카에서는 통신화학물질[78]을 이용한 간작[79]이나 덫작물[80]의 '밀당'을 이용한 농업생태학적 접근이 시험되고 있다. 미국 중서부에서는 '많은 작은 망치들[81]'이라 불리는 잡초 관리가 시행 중이다. 가축과 인체 모두의 건강을 지켜 주는 유익한 미생물이 자라나도록 농부가 개입하기도 한다. 이런 생태학적 방법을 가지고 생물 통제에 의존하는 농업 시스템을 근본적으로 뒤집을 수 있다.[481] 대안적인 관행을 선택할지의 여부는 원칙뿐 아니라 실질적인 생존의 문제이며 세계 자본주의 속에서는 충족될 수 없는 지역적인 맥락에 의해 결정된다. 이런 대안들은 끊임없는 균질화와 대규모화, 토지 수용의 논리와는 대립된다. 작물을 다양화하고

---

78 같은 종의 개체들 사이에서 정보 전달에 사용되는 화학물질.

79 間作. 주요 작물 사이사이에 해충 방제에 도움이 되는 다른 작물을 섞어 기르는 것.

80 trap crop. 농작물 인근에 심어 식물을 유인하는 작물로 이를 이용해 살충제를 쓰지 않고 해충으로부터 주 작물을 보호할 수 있다.

81 many little hammers. 이 잡초 제거법은 제초제를 쓰는 대신 잡초를 없애는 여러 다양한 방법을 시도하는 것을 말한다.

생산 과정에 동물을 통합시키고 농부가 상품화와 무역을 통제하게 되면 농촌 지형에 다시 사람들이 돌아오고 추출 경제와 생명정치의 통치 체제는 약화된다.

기존 정치적 기반과의 관계를 끊는 이런 농업생태학이 글로벌 노스에서 점점 더 힘을 얻고 있다. 자연적인 경제를 산업화하려는 자본과 인식론적, 존재론적, 문화적, 정치적으로 단절하고 새로운 접근 방식을 선택하려는 움직임이 일고 있다.[482] 농업생태학은 건강한 토양과 다양한 종류의 가축을 뛰어넘는 이야기다. 생명정치와 자본주의 지리학에 대한 비판적 평가는 공동체가 산업 식품에 의한 감염병을 막고 농업을 통제할 수 있도록 하는 작업의 일부가 돼야 한다.

_2020년 1월 20일

10

—

사람을 위한 팬데믹 연구

농업생태학농촌경제연구단ARERC, RRC이 새 프로젝트를 발표했다.[483)] '사람을 위한 팬데믹 연구Pandemic Research for the People, PReP'라는 것이다. 세계에서 코로나19 팬데믹이 진행되는 동안 지역공동체들을 돕기 위한 연구가 즉각적으로 이뤄질 수 있도록 크라우드 펀딩으로 운영하는 프로젝트다.

생체분자적 특성에서 광범위한 지역적 규모의 전염병에 대응하기 위한 미래의 항바이러스제 연구까지, 코로나19를 놓고 훌륭한 연구들이 많이 진행되고 있다. 하지만 이 연구들 대부분은 자본주의의 기원으로까지 거슬러 올라가는 정치·경제에 여전히 구속돼 있다. 자금 출처와 정치적으로 임명된 프로젝트 진행자들 모두 팬데믹의 시발점인 착취 시스템 자체를 구하기 위한 연구와 엮여 있다. 반면 전염병으로 당장 피해를 입는 사람들이 정말 필요로 하는 것은 다뤄지지 않는다.

PReP는 먼저 이런 사람들의 수요에 답하기 위한 연구에 초점을 맞출 것이다. 1단계로 즉각적인 필요에 대응하기 위한 6개의 워킹 그룹을 만들었지만 더 큰 미래의 그림도 그리고 있다. 그중 하나는 'PReP 이웃'이다. 방역 조치가 진행되는 동안 집집마다 찾아다니며 안전망을 가동시키기 위해 필요한 것들을 연구한다. 두 번째는 'PReP 농촌'이다. 농촌 지역의 의료 수요에 부응하기 위해서는 무엇이 필요할까? 어떤 지역에는 병원도, 인공호흡기도, 심지어 의사도 없다. 재생 농업은 기존의 공급망이 무너지고 봉쇄 조치로 아예 끊어지기까지 하는 상황에서 지역 경제를 다시 세울 수 있을까?

다음은, 'PReP 공급망'. 전염병에서 살아남을 수 있도록 항바이러스제와 의료 장비, 개인 보호 장비 들을 대량으로 생산하고 공급하는 방법은 어떤 것일까. 더 폭넓은 지구적인 가치사슬의 정치·경제를 생각해 본다면?

코로나19, 에볼라, 지카 바이러스는 신자유주의가 토착민의 땅을 빼앗은 지역들에서 시작됐다. 이런 병원균이 어떻게 등장했는지 조사하는 'PReP 전염병 기원' 연구, 애당초 이런 지역들에서 치명적인 병원균이 번지지 않도록 농촌이 자구 능력을 갖게 하는 'PReP 농업경제학' 연구, 거대 농업 기업과 제약 회사 들이 정부를 조종하고 우리의 정치·경제를 통제하지 못하게 하기 위한 'PReP 전략' 연구도 염두에 두고 있다.

즉각적인 요구와 미래 양쪽 모두에 시선을 던져야 한다. 사람들을 돕고, 이런 팬데믹이 다시 일어나지 않게 하자.

_ 농업생태학농촌경제연구단AGROECOLOGY AND RURAL ECONOMICS RESEARCH CORPS, 2020년 3월 25일

11

—

밝은 전구

미국인들이 〈타이거 킹〉을 보듯이 세계는 미국을 보고 있다.

– 미스터 원더풀 (2020)[82]

도널드 트럼프 대통령은 언론과 소셜미디어에서 코로나19 팬데믹에 형편없이 대응했다는 비난을 들어도 싸다.[484] 말도 안 되는 부인과 거짓말을 내뱉고, 특정인을 지목해 공격하고, 대중을 상대로 가스라이팅[83]을 해서 대량 살인을 받아들이게 하고, 미국심리학회 정신질환 교본이나 〈로마 제국의 멸망〉[84]에 나오는 것 같은 의자뺏기 식 군중 폭력을 노골적으로 부추겼다. 결과는? 넉 달 사이 미국인 170만 명이 감염됐고 10만 명이 목숨을 잃었다. 요즘 틱톡에서 유행하는 새 장르는 트럼프를 흉내 내

• 　이 글은 농업사회학자 막스 아질Max Ajl과 함께 썼다.

82　〈타이거 킹〉은 넷플릭스에서 방영된 범죄 다큐멘터리다. 인용된 문장은 미국 코미디 작가 미스터 원더풀 Mr. Onederful이 2020년 5월 19일 트위터에 올린 글이다.

83　gaslighting. 타인의 심리에 교묘하게 파고들어 공격함으로써 그 사람을 피폐한 정신 상태로 몰아가는 것.

84　The Fall Of The Roman Empire. 미국에서 제작된 안소니 만 감독의 1964년 영화.

제국주의의 요란스런 몰락을 비꼬는 것이다.[485] 한 사용자는 이렇게 적었다. "그 병균이 너무 똑똑해졌어요."[85]

이 죽음의 정치는 시신 안치소의 냉동 설비 부족이나, 다음 달의 곡물 수확량이나, 자유를 사랑하는 우익의 시위에 그치는 문제가 아니다. 민주당 주지사 관저 앞에서 마스크도 안 쓰고 '사회적 거리두기는 공산주의'라며 시위를 하는 자들은 주지사만이 아니라 바로 자신들을 타깃으로 삼고 있다.[486] 바이러스를 몰아내기 위해 세계 각국에 필요한 공중보건을 게을리하게 만든 것이 바로 그들이다.[487] 공중보건의 처참한 실패로 인해, 독재적인 중국이나 베트남에서는 시민이 자유로이 돌아다니는 반면 자유를 사랑하는 미국인 수백만 명은 몇 달 이상 더 집안에 갇혀 있어야 한다.[488]

격리는 전염병에 대응할 자원을 비축하고 배치할 수 있도록 시간을 벌어 주기 위한 조치다. 지역 이니셔티브나 이웃 간 서로 돕기 캠페인을 넘어서는, 연방정부의 깡패들이 국가와 의료 공급망을 뜯어먹으려고 발광하는 것을 넘어서는 조직적인 대응 조치들이 미국에서는 별로 보이지 않는다.[489]

검사를 늘리고 감염 경로를 추적하려는 열띤 노력이 보이지 않는다. 경제 활동을 재개하라는 우익들의 요구에 고개 숙이기 전만 해도 미네소타는 그런대로 대응이 괜찮았으나 전염병이 돌고 몇 달이 지난 지금에야 미적미적 경로를 추적하려 하고 있다.[490] 경험이 풍부한 보건 당국을 도외시하고 별도로 병원들과 연계된 조사원을 고용해 감염 경로를 추적하

---

85 "The germ has gotten brilliant"는 2020년 4월 도널드 트럼프 당시 미국 대통령이 실제로 한 말이다. 코로나19 대응에 실패한 대통령이 '똑똑한 병균' 탓을 하는 어처구니없는 상황을 놓고 소셜미디어에서 온갖 패러디가 나왔다.

겠다는 뉴욕시의 방침은 혼란투성이처럼 보인다.[491]

그런 노력이 무슨 소용이 있을까. "우리는 세계에서 가장 좋은 진단을 받았다." 미국의 진단율이 1인당 소득이 한참 뒤쳐진 벨라루스보다도 떨어지는데 트럼프는 이렇게 주장했다.[492] 하지만 당장 대통령 특유의 왜곡 어법만 들여다봐도 상황을 짐작할 수 있다.

> 솔직히 검사를 너무 많이 한다. 과잉 검사다. 그런데 저들은 더 많이 검사를 하라고 난리다. 그러면 우리는 더 많이 한다. 그래도 저들은 더 많이 하라고 한다. 검사를 하면 감염자가 늘어난다. 뭔가 잘못되고 있는 것같이 보이게 된다. 검사를 하지 않았다면 환자가 적었을 것이다.

피할 수 있었을 최악의 피해는 결국 노동자의 건강과 복지를 해치는 쪽으로 향하고 있다. 미국인 수백만 명이 일터에 못 나가고 집에 머물러 있다. 두 달 새 실업급여 청구 건수가 4,000만 건으로 늘었다.[493] 전염병이 퍼져도 온갖 종류의 보조금을 받는 부유층과 달리 미국의 '인적 자원'은 정부의 팬데믹 지원에서 배제되고 있다.[494] 이 팬데믹 기간에 4,300만 명이 직장과 연계된 건강보험 혜택을 상실할 것으로 보인다.[495]

이 거대한 난파선을 침몰시킨 주범은 선원들이다. 2월 말 중국에서 코로나19가 퍼지자 윌버 로스Wilbur Ross 상무장관은 "일자리가 미국으로 더 빨리 돌아올 것"이라고 자축했다.[496]

과격하고 반인도적인 미국 예외주의의 행진. 〈폭스뉴스〉에 자주 출연하는 반중국 선동가 고든 창Gordon Chang은 커뮤니케이션의 쓰레기통인 트위터에 이런 글을 올렸다. "중국이 미국을 쇠락하게 만들어 지구를 지배하려 한다는 것을 아는 똑똑한 사람들은 미국이 쇠락을 막기 위해 뭔가

해야 한다고 생각해 왔다. 그런데 지금 누가 쇠락하고 있는지 보라. 미국이 아니다. 작은 미생물이 뭘 할 수 있는지를 보면 재미있다."[497]

맞다, 재미있다. 코로나19가 미국에 상륙하기 전에도 보수와 진보파모두 이 바이러스를 반중국 선동에 동원함으로써 사태를 악화시키고 기회비용을 높일 것이라는 점은 분명했다.[498] 사회적 공간을 그런 무력시위로 채워 버리면 미국은 중국의 전염병 대응의 장단점을 파악하고 적절한 국제적인 협력을 도모하는 데에 실패한다.

이는 단지 정보를 잘못 파악했기 때문이 아니라 정치 전반에 퍼져 있는, 구조적 부패에서 비롯된 양당 모두의 판단 착오에 기인한 것이다. 고든 창 같은 무리가 디지털 공간에서 펼쳐 보이는 짓거리들은 문자 그대로의 팬데믹보다도 더 광범위한 문화적 병리 현상을 보여 준다. 눈에 보이는 표현들 거의 모두가 사회와 환경을 전체론적으로 인식하는 능력이 얼마나 떨어지는지를 드러내 보이고 있다. 전염병을 예방하기 위한 기술 보건 정책에서나 혹은 전방위 대응을 고민할 사회생태문명적 영역에서나, 섬세하고 유연하고 폭넓은 제안은 거의 없다. 가장 큰 피해를 입은 빈곤층이 제일 잘 알겠지만, 그들의 생각은 아무도 말하지 않는다.

그 대신에 무능과 환원주의, 사회적 삼위일체, 매드 해터Mad Hatter식 자본가 논리[86]와 기술자들의 어리석음, 지저분한 기회주의 같은 것들이 판을 친다. 민영화를 지향하는 우파에서 공공을 이야기하는 좌파까지, 정계와 학계의 인플루언서들이 위기에 대응하지 못하는 것은 다분히 의도적이다. 정치생태학의 모든 개념을 무시하면서 이 팬데믹을 '중국 바이러

---

86 루이스 캐럴의 『이상한 나라의 앨리스』에 나오는 모자 장수. 캐럴이 소설을 쓸 당시에는 모자를 만드는 펠트에 수은을 넣어 가공했기 때문에 사람들에게 위험을 떠안기면서 돈을 버는 것을 가리키는 '모자 장수처럼 미친'이라는 영어 표현이 생겨났다.

스'라고 부르는 우파나 '신의 징벌'이라 주장하는 좌파나, 코로나19를 초래한 우리의 농업 관행을 되짚어 보고 이전과 다른 사회적 재생산을 고민하려는 생각은 없다.[499]

디너파티 정치

고든 창의 비뚤어진 가학적 쾌감을 진보파들은 대중 앞에서 유식한 티를 내는 방식으로 표현한다. 칼럼니스트 막스 피셔Max Fisher는 《뉴욕타임스》에 2월 중순 기고한 글에서 워싱턴대학 교수 2명이 학생들을 위해 마련한 만찬에 대해 적었다. 코로나19 사망자가 세계 전체에서 1,100명 정도일 때였고, 그 자리에 참석한 한 학생은 해마다 인플루엔자로 숨지는 사람이 40만 명에 이른다는 점을 언급하며 세계의 '패닉'에 반대하는 견해를 폈다고 한다.

그 자리를 주최한 교수 중 한 명인 공공정책학자 앤 보스트롬Ann Bostrom은 그 만찬 이야기를 하면서 웃었다. 그 학생은 바이러스에 대해서는 맞는 말을 했지만 사람들에 대해서는 모른다는 것이었다. 보스트롬은 위험을 평가하는 인간의 심리에 대한 전문가다. 공중보건 지표들만 놓고 보면 인플루엔자가 코로나바이러스와 비슷하게 위험할 수 있고 심지어 사망자 수는 더 많을 수 있다. 하지만 보스트롬은 사람들에게는 위험을 평가하는 고유한 방식이 있다고 지적한다. 코로나19라는 이름이 붙은 신종 코로나바이러스 감염증은 우리 인간이 지닌 거의 모든 위험 인식의 방아쇠를 당긴다고 그는 말한다.[500]

물론 위험을 제대로 평가하지 못한 보스트롬 교수의 무능력은 중요하지 않지만 그의 글은 과학 잡지《사이언스》를 비롯해 여러 곳에서 되풀이해 인용되고 있다. 나아가 그는 매일 전방위로 사람들을 헐뜯는다.《사이언스》에 실린 한 논문에 그의 말이 인용돼 있다.

> 시애틀의 워싱턴대학에서 위기 인지와 커뮤니케이션을 연구해 온 앤 보스트롬은 사람들의 행동양식을 대대적으로 변화시키려면 메시지 이상의 것이 필요하다고 지적한다. 사람들이 지시를 따를 것인지는 새로운 규칙을 쉽게 따르게 하기 위해 필요한 도구들을 제공해 줄 수 있느냐에 달려 있을 때가 종종 있다. 보스트롬은 "결정을 내리는 물리적인 맥락이 웅대한 이념적인 관점보다 더 중요한 경우가 있다"고 말한다.[501]

'닥터 트럼프'의 소독약 요법과 광선 요법[87] 처방이 나왔을 때 소독약에 중독돼 병원에 실려 간 뉴욕 시민들이 일주일 사이 두 배로 늘었다. 그러나 그에 대한 분노를 틈타 민주당과 공중보건 당국은 비난을 피해 갈 기회를 잡았다.[502] 백악관이 돌팔이 의사 노릇을 하는 동안에 자칭 '레지스탕스'들은 그들 스스로가 초래한 측면이 있는 이 전염병을 막아 내고 학습된 무기력을 피해 갈 수도 있었다. 하지만 모두모두 짜고 치는 선동을 이어 갔다. 2016년 이래로 계속 보도됐듯이 양당 선수들은 봉쇄가 풀린 햄튼[88]에서 다시 칵테일파티를 열 것이다. "넌 무슨 술을 마실래?" 하면서.[503]

---

87 트럼프 대통령이 살균소독제를 코로나19 치료제로 쓸 수도 있으며 햇빛을 쬐면 예방 효과가 있을 것이라는 근거 없는 발언을 한 것을 비꼰 것.

88 Hamptons. 미국 뉴욕주 롱아일랜드의 지명. 사우스햄튼, 이스트햄튼 등으로 구성된 이 지역은 뉴욕주 제1선거구다.

싸운다고 해 봤자 무엇을 어떤 스타일로 강조하느냐의 차이뿐이다. 부르주아 정치·경제에서 뉴욕주의 민주당과 공화당 양당은 자본의 시녀 노릇을 할 게 뻔하다. 민주당은 현 정부가 직무 수행에 서툴다는 비판만 맴맴 되풀이한다. 트럼프가 뉴욕 세무사들에게 뇌물을 주던 시절부터 끼리끼리 한통속이던 저들은 이 산업 혹은 저 산업에 정부 돈을 배분하는 것 외에는, 세계를 넘나드는 축적을 위해 자본이 필요로 하는 물류와 인프라에 뭐가 관련돼 있는지 상상조차 못하고 있다.[504]

트럼프 내각은 제2차 세계대전 이래로 정부가 해 온 모든 일을 포기했다. 글로벌 자본주의는 미국이 기획한 것이며 미국은 국적 불문하고 부르주아의 기름으로 그 바퀴를 돌려야 한다.[505] 세계는 미국의 고객이다. 그런데 양자무역이라는 찌꺼기를 놓고 싸우느라 미국은 다른 나라의 변변찮던 충성심을 다 잃었다. 세계의 자본은 체제를 유지하기 위해 개발의 경로를 걷는 과정에서 땅과 노동을 재앙적으로 소외시킴으로써 팬데믹을 일으키는 데에 일조했다. 미국은 이 팬데믹을 없앨 수 있느냐 없느냐의 고비에 와 있다.[506]

도널드 트럼프 치하에서 미국은 최악의 피해를 입은 나라가 되고서도 전염병을 통제하기를 포기했다. 사업하면서 늘 그랬듯 트럼프는 코로나 대응에 실패한 정부에 대해서도 파산 신청을 한 꼴이다. 방역도 제대로 안 됐는데 정부 위원회는 경제 활동을 재개하기로 결정했다. 트럼프의 딸 이방카와 그 남편 재러드 쿠슈너의 이름은 당초 기나긴 기업 경영자들의 이름으로 구성된 그 위원회 명단에 올라 있다가 슬그머니 빠졌다.[507] 위원회의 목적은? 코로나 대응팀을 해산하는 것—트럼프가 이 옵션을 만지작거렸다가 비난이 거세지자 철회하기는 했다. 해변과 이발소와 가공육 공장을 다시 여는 것, 요양원 방역을 완화하는 것, 계산서는 남들에게 떠넘기는 것.[508] 바이러스가 진군하고 있는데 정부는 팬데믹 홍보 예산을 줄이고 시간제 노동자 수백만 명을 일터로 되돌려보내려 하고 있다.

2009년 H1N1 돼지독감[89]이나 아프리카 기니에서 시작된 에볼라 감염증이 여러 나라로 번졌을 때 버락 오바마 당시 대통령이 특유의 당당한 모습으로 총사령관 역할을 맡아 전문성 있는 대응을 보여 줬다.[510] 그와 대조적으로 지금의 진보주의자들은 눈치만 살피고 있다. 민주당 대선 후보로 유력시되는 조 바이든은 말로는 코로나19를 통제하겠다면서도, 부통령 시절의 에볼라 대응 성공담만 우려먹으면서 중국 탓만 하는 트럼프보다 한결 더 오른쪽으로 달려가 경제 활동 재개 진영에 합류했다.[511]

4월 초 바이든이 트럼프와의 통화에서 나눈 대화의 핵심이 '다시 일터로 돌아가게 하자'는 것이었다.[512] 바이든이 트럼프에게 이러저러한 조치를 주문한 것인지 아니면 트럼프가 바이든의 '승인'을 받은 것인지는 모르지만, 두 사람의 성격 차이가 두드러지긴 했어도 아무튼 그 통화는 이 나라의 정치를 지배하는 계급에게 다른 나라도 아닌 미국에서 수십만 명을 희생시켜도 된다는 위임장을 내준 것이었다. 국가가 보호하기를 거부한 사람들을. 정당에 상관없이 당신들의 이익을 보장해 주겠다며 부르주아지들을 안심시키는 공개적인 뒷거래.

파우치의 포장술

반反트럼프의 화신처럼 굴어온 기성 과학계도 제국주의 전염병학의

---

89 2009년 멕시코의 양돈농장 부근에서 시작된 인플루엔자는 '돼지독감', '멕시코 독감' 등으로 불렸으나 특정 지역에 낙인을 찍는 용어라는 지적이 제기됐다. 한국에서는 축산 농가들이 돼지고기 소비가 줄어들 것을 우려해 돼지독감이라는 표현에도 반대했고, 이 때문에 '신종플루'라는 모호한 이름이 공식적인 질병명이 됐다.

166

거대한 무대에서 갈팡질팡하고 있다.

중국 국가위생건강위원회의 수장인 마샤오웨이가 지난 1월 코로나19 바이러스가 증상이 발현되지 않은 사람을 통해서도 다른 사람에게 옮겨 갈 수 있다고 발표했을 때 미국 역학자들은 그를 비난했다.[513] 무증상 감염 가능성을 부인하면서 '그런 결론을 내리게 만든 데이터를 공개하라'고 요구했다. 중국은 연구를 돕겠다는 미국 측의 제안을 거절했다.

오프라 윈프리 쇼에도 출연한 적 있는 역학자 마이클 오스터홈Michael Osterholm은 이렇게 주장했다.

> "나는 중국 관리들이 그 주장을 입증할 자료를 갖고 있는지 심히 의심스럽다." 미네소타대학 감염성질병정책연구소장인 그는 "나는 사스와 메르스 등 코로나바이러스를 17년 동안 연구해 왔지만 잠복기에도 전염된다는 증거는 본 적이 없다"고 했다.

하지만 중국 연구팀은 이틀 전 의학 전문지 《랜싯》에 그 증거를 공개했다.[514]

새로운 병원균과 씨름하는 데에는 언제나 위험이 따른다. 놀랄 일이 늘 생긴다. 하지만 방역의 실패를 이 체제의 정치적 인식론이 어떻게 가려 버리는지를 보여 주는 생생한 사례로는 미국 국립알레르기전염병연구소NIAID의 앤서니 파우치Anthony Fauci 소장만한 사람이 없다. 브래드 피트가 흉내 내기도 한[90] 진보파들의 영웅 파우치는 동부[91]의 마음을 휩쓸었다.[515]

---

90 배우 브래드 피트는 2020년 4월 코미디 쇼 〈새터데이 나이트 라이브〉의 한 시리즈에서 파우치를 연기했다.
91 민주당 지지 성향이 강한 뉴욕주 등 미국 동부 해안 주들의 진보주의자들을 가리킴.

로널드 레이건 때부터 트럼프에 이르기까지 여러 정부를 경험해 본 파우치는 타고난 정치적 동물이다. 표면적으로 정부의 간섭에 맞서 전문가들을 보호하는 것은 바람직한 속성처럼 비친다. 그러나 공중 보건을 위한 메시지와 정책을 모두 백악관의 정치적 필요에만 맞춘 정부에 공손하게 반박하는 것이 무슨 의미가 있을까? 실권 없는 반정부 인사인 양 구는 식의 '저항'은 지난 3년 반 동안 고장 난 트럼프 정부를 지탱해 줬을 뿐이다.

제리 코놀리 하원의원이 "백악관 국가안보위원회NSC 내의 글로벌 보건 팀을 해체한 것은 실수였다고 생각하느냐"고 묻자 파우치 박사는 이렇게 대답했다. "실수였다고 딱 꼬집어 말할 필요는 없을 것 같다. 우리는 그 팀에서 잘해 왔고, 그대로 남아 있었으면 더 좋았을 것이라고 말하고 싶다."[516] 하원 정부개혁감독위원회 청문회에서 나온 파우치의 이 절묘하고 모순적인 화법은 놀랍지도 않다.

이런 말장난에, 그에게 동조했던 민주당 의원들조차 인내심을 잃었다. 나중에 다시 친구처럼 굴기는 했지만 스티븐 린치 의원은 "몇 달 안에 백신을 맞을 수 있을 것이라는 대통령의 말에 대해 '1년이나 1년 반은 걸릴 것'이라고 당신이 지적한 것은 잘한 일이었지만, 정직할 필요가 있다"며 "대통령이 저런 주장을 할 때 보건 관료들이 뒤에 서서 조용히 끄덕거리지만 말고 반박을 해야 한다. 심드렁한 표정을 짓는 것만으로는 아무것도 못 해낸다"고 지적했다.[517]

과대망상증 지진아가 조종하는 배에서 공중보건의 방향을 정해야 하는 파우치의 어려움을 이해하지 못할 사람은 없다. 아마 린치의 말도 파우치에게 정치적 여지를 더 주기 위한 것이었을 것이다. 하지만 파우치 역시 배가 빙산으로 돌진하는 데에 일조했다.

파우치는 엉망진창이던 에이즈 대응 정책으로 그 분야 경력을 시작

168

했다. 이제는 그런 방식은 통하지 않는다. 의료 인문학자 그레이엄 존 매튜스Graham John Matthews에 따르면 초창기 역학자들은 아프리카에서 얻은 데이터를 잘못 해석해서 '에이즈는 가족 내 접촉으로 전염된다'는 증거로 받아들였다. 매튜스는 파우치가 1983년 5월 6일자 미국의학협회저널 JAMA 기고에서 이 가설을 되풀이하며 "성적 접촉이나 혈액을 통한 감염만이 아니라 가족 내에서의 친밀한 접촉으로 전염될 수 있다면 이 질병의 파급력은 엄청날 것"이라고 한 것을 예로 들었다.[518]

나쁜 약은 늘 나쁜 정치와 결부돼 있다. 정치학자 J. 리키 프라이스J. Ricky Price는 "파우치 박사와 기성 의학계는 빈곤, 인종주의, 여성 혐오와 성소수자 혐오처럼 에이즈와의 싸움에서 함께 풀어 가야 할 구조적인 이슈에 주목하지 않으며 미 의회와 사법부가 예방책이라며 에이즈 감염자들을 범죄자로 몰아가는 것에 대해서도 언급하지 않는다"고 지적한 바 있다.[519]

사회학자 트레버 호프Trevor Hoppe는 파우치가 2013년 서아프리카에서 시작된 에볼라 사태 때에도 비슷한 행태를 보였다고 적었다. "폴 르페이지 메인 주지사가 뉴저지주를 따라 에볼라 감염자와 접촉한 사람을 21일간 의무 격리시키려 했다가, '좀 가혹하다'는 파우치 CDC 국장의 지적 때문에 유보했다"는 것이었다.[520]

과학적인 문제를 외교적 언사로 슬그머니 바꾸는 것은 파우치의 반사적 반응이다. 미국에서 지난 3월 코로나19 감염증이 폭발하기 2주 전, 파우치와 그 동료들은 임상 사례에 대한 보고서에서 긍정적인 측면만 강조했다.

증상이 없거나 아주 가벼운 감염자가 확진자의 몇 배에 이른다고 가정하면, 치명률은 1퍼센트에도 못 미친다고 봐야 한다. 이는 코로나19가 궁극적으로 사스(치명률 9~10퍼센트)나 메르스(36퍼센트)가 아니라 다소 독한 계절성 인플루엔자(약 0.1퍼센트)나 1957년과 1968년의 인플루엔자 팬데믹과 유사하다는 뜻일 수 있다.[521]

코로나의 치명률을 인플루엔자 수준으로 묘사하면서, 전문적인 분석도 없이 현실을 비틀고 있다. 파우치의 이 주장은 백신도 집단면역도 없는 상태에서 저 치명률이 무엇을 뜻하는지를 누락시켰다. 감염성과 치명률이 인플루엔자 정도라 해도 심각한 피해를 부를 수 있다는 것을.

그리고 코로나를 왜 인플루엔자와 비교하는 것일까? 전염병 확산 곡선의 각기 다른 지점에서 각기 다른 방식으로 측정된 치명률을 가지고서, 마치 사람을 죽이는 질병들이 아닌 것처럼 말이다.[522] 그러면서 병원균의 스필오버를 가속화하는 위협에 대해서는 왜 말하지 않는 것일까?[523] 아프리카돼지열병, 황열, H7N9, 그리고 서아프리카에서 다시 또 돌고 있는 에볼라는?[524] 왜 생물의학적 인식론을 질병생태학과 정치·경제에 적용하는 걸까? 왜 치명률 측정이 통계적 확산을 보여 준다고 가정할까? 왜 세계로 퍼져 가는 바이러스의 파동에서 분산이 진폭을 의미한다고 보는 것일까? 왜 파우치 팀은 자기네 표본들에 인구집단의 다양성이 반영돼 있다고 가정하는 것일까?

바이러스는 진화하는데 왜 앞으로의 경로가 과거와 같을 거라고 보는가? 재감염과 장기간에 걸친 감염을 거쳐 이 바이러스가 만성 질병처럼 약화될 가능성은 아직 논란의 여지가 있는데, 왜 진화하는 RNA의 특성들이 그대로 유지될 것이라고 보는 것인가?[525] 왜 저들 논평가는 상황을 호전시킬 수 있다면서도 방역의 영역이 아니라 바이러스의 감염 양상에서만 인과관계를 찾으려 할까?

어째서 희소식부터 전하면서 진정한 위험에 대비하지 못하게 만드는 실수를 저지르고, 결과적으로는 더 나은 공중 보건 전략을 세우지 못하게 만들어 버리는 걸까? 임상 연구 수준의 데이터를 가지고 정책을 세우려는 반과학적인 짓을 하는 것일까?

나중에 가서 코로나19가 별것 아니었던 것으로 결론 나 비웃음을 산다 하더라도, '지나친 경고'를 하는 편이 차라리 낫지 않을까? 1976년 인플루엔자 때처럼.[92] 당시 연구자들은 최선의 상황을 바랄지언정 최악의 상황을 가정함으로써 사람들의 생명을 진지하게 생각했다. 처음부터 그랬어야 한다.[526] 트럼프는 지난 2월 미국의 팬데믹 대응을 무너뜨리고 역학자들을 쫓아냈다. 하지만 공중보건은 당초 예상보다 상황이 나빠진 뒤에 피자를 주문하듯이 뚝딱 만들어 낼 수 있는 것이 아니다.[527]

미국의 코로나19 대응은 몇 달이 뒤처졌고, 따라잡을 수나 있을지도 알 수 없다. 이런 상황에서 파우치는 부동산 위기 때 앨런 그린스펀 전 연방준비제도FED 의장이 그랬던 것처럼 양당 모두의 비위를 맞추면서 정책 변화를 오히려 늦추는 역할을 하고 있다.[528] 아마 파우치도 우리를 이 지경으로 몰고 온 정치적 형이상학이 문제를 푸는 데에는 도움이 되지 않는다는 것을 지금은 알았겠지만, 그는 그 덕에 과도한 신뢰를 받고 있다. 그러나 서슴없이 할 말을 다 한다고 하면서도, 파우치 역시 자기검열을 하고 있다. 제프리 세인트클레어Jeffrey St. Clair의 지적이 핵심을 찌른다.

트럼프가 자신의 조언을 다 받아들인다는 파우치의 말이 사실이라면, 파

---

92 1976년 미국 뉴저지주 포트 딕스 육군기지에서부터 신종 인플루엔자가 퍼지기 시작했다. 제럴드 포드 당시 행정부는 '전국 예방프로그램' 긴급법을 시행해 대대적인 백신 접종 캠페인을 벌였다.

우치는 직무를 제대로 수행하지 못한 책임을 지고 물러나야 한다. 그 말이 사실이 아니라면, 트럼프라는 정치적 바이러스에 감염됐다는 점에서 역시 파우치는 물러나야 한다.[529]

둘 다 가능성 있는 이야기다. 식탁 밑으로 은밀히 돈 봉투를 건네는 것만이 부패가 아니다.

세계적으로 유명한 역학자 존 요아니디스John Ioannidis가 이끄는 스탠포드대학 연구팀의 모델링 결과가 4월 중순 공개됐는데,[530] 파우치와 마찬가지로 이 연구도 코로나19의 치명률이 인플루엔자보다 좀 높은 정도라고 평가절하했다.

하지만 캘리포니아주 산타클라라에서 실시된 수천 건의 항체 검사 결과를 분석하면서 위양성[93]인 사람들까지 모두 양성으로 분류했다는 내부 고발성 이메일이 대학에 전달됐다.[531] 전체 감염자 수, 즉 모집단이 늘어난 까닭에 사망률이 낮은 것처럼 보이게 됐다는 것이다. 연구 참가자들에게 확실하지도 않은 검사 결과를 알려준 것에 대해서도 연구팀 내에서 불만이 제기됐다.

더 큰 문제는, 제트블루항공 경영자 데이비드 닐먼David Neeleman이 항공 운항이 빨리 재개되길 바라며 이 연구의 자금을 지원했다는 점이다. 항공 산업은 정부의 막대한 구제금융을 챙기면서도 시스템을 무너뜨리는 데에 일조하고 있다. 항공 산업은 정부의 막대한 구제금융을 받고 있음에도 지금 완전히 무너질 판이다.[532]

---

93 바이러스에 감염되지 않았는데도 항체 검사에서 양성 반응이 나오는 것.

녹색 농민에 맞서는 붉은 채식주의자들

코로나19에 대한 나쁜 관점은 정치적 스펙트럼을 넘어 좌파에게도 번졌다. 겉보기에만 그럴듯한 위기의 해부학이 팬데믹을 실제로 불러일으키는 동물의 사체와 무너진 자연 경관을 가린 것이다. 어떻게 살고 먹고 죽을 것인가를 놓고 갑자기 유럽 스타일의 구시대적인 행태들이 판친다.

치명적인 병원균을 몰고 오는 가축을 계속 키우며 고기를 먹어야 할까? 다큐 작가 아스트라 테일러Astra Taylor, 환경주의 역사학자 트로이 베티스Troy Vettese, 정치과학자 얀 두키에비츠Jan Dutkiewicz 삼총사는 '그렇지 않다'고 말한다. "개인적으로 우리는 육식을 멈춰야 한다. 집단으로서 우리는 세계 식량 시스템을 재편해 축산업을 종식시키고 세계를 재자연화해야 한다."[533] 인간이 일으킨 지구 온난화가 이산화탄소 농도를 최고치로 끌어올린 상황에서 고기는 이미 손쉬운 타깃이 됐다. 무의미한 식탐, 글로벌 계급 격차의 상징, 돈 많은 이들의 장바구니에 담긴 지방과 단백질을 끊어라. 이것이 개인의 윤리적 소비와 세계의 생태계를 하나로 합치는 깔끔한 방법이 된다.

팬데믹의 기원에 대한 최근의 생태학 및 역학 연구는 밀집 사육과 단종 생산, 숲의 소멸과 가축 항생제 남용이 어떤 상호 작용을 거쳐 새로운 질병의 배양접시가 되는지를 추적해 왔다. 이런 요인이 합쳐지면서 바이러스는 줄줄이 동물에게서 사람으로 옮겨 간다. 그러나 고기 반대 십자군은 이런 연구들을 자신들도 모르는 사이 오용하고 있다.[534]

전염병이 돌기 전에 저 삼총사 무리는 정치 생태의 현실을 무시하면서 "글로벌 자본주의의 변두리에서나 찾아볼 수 있는 반현대적인 호구지책을 낭만적으로 묘사한 데 불과하다"고 주장했다.[535] 지구 반대편 박쥐 동굴에 살던 전염병 균주가 그동안 자신들이 예찬해 온 도시 노동자의 폐로 뛰어드는 것이 명백한 현실이 되고 나니까, 이제 저들 환경근대론자(이렇게 부른다고 저들의 명성이 퇴색하진 않을 것이다)의 태도는 돌변했다. 한때 온갖 야비한 말을 써 가며 비난했던 것들을, 마치 원래부터 자신들이 주장해 온 것인 양 말을 바꿨다.

바이러스를 배양하고, 이산화탄소와 메탄을 내뿜고, 숲을 갉아먹고, 산업형 수용소에서 살아 있는 생명에게 잔혹한 고통을 가하는 생산 시스템이 삼총사의 간결한 명령으로 합쳐진다. "고기를 먹지 마세요." 저들은 '공공 주도 투자'를 통한 '식물성 대체 고기와 세포 농업cellular agriculture'을 제안한다. 아직은 벤처 기업 혹은 몇몇 연구소에서나 볼 수 있는 '실험실 고기'를 새로운 '그린 뉴딜' 요리점의 사회주의 만능 식품으로 예찬한다.[536]

사회학자 앤디 머리Andy Murray가 썼듯이, 실험실 고기를 지지하는 사람들은 '논의를 해 보자'고 말하면서 정작 핵심적인 질문을 왜곡하고 제한한다.[537] 그들이 말하는 '우리'는 누구이며 '고기'는 무엇일까? 채식주의자와 동물 보호 운동가에게 대놓고 반대할 필요는 없지만, 그들은 목적과 과정을 하나로 뭉뚱그려 버린다. 생태적, 사회적, 방역학적으로 오로지 부정적인 결과만 가져오는 그런 고기는 없다. 고기는 살아 있는 생물에서 나온다는 공통점만 있을 뿐이다. 사람과 마찬가지로 동물도 물질적인 환경과의 연관 속에서 이해해야 한다. 그들이 살아가는, 사랑받고 보살핌받는, 혹은 학대당하고 먹잇감으로 도축되는 환경과의 연관성 속에서 말이다.

따라서 "우리가 고기를 먹어야 하느냐"는 질문은 '우리'가 누구인가, 그리고 그 '우리'가 동물과 어떤 관계를 맺고 있느냐에 따라 달라진다.

강제로 육류를 키우지도, 먹지도 못하게 하면 살기 힘들어지거나 생계조차 유지하지 못할 사람들이 세상에는 너무나 많다. 부국 사람들, 하버드와 존스홉킨스의 학자들이 반건조 지대에서 하루하루 힘겹게 살아가는 튀니지의 낙타 목동이나 팔레스타인의 베두인 유목민에게 육식과 육류 교역을 중단하면 어떻게 될지 의논해 본 적 있는가.[538] 반대로, 유목민이 키우는 고기가 과연 자기들이 말하는, 욕먹어 마땅한 밀집 사육된 고기와 같은 고기인지 자문해 본 적 있는가.

저 나라들에서 강제적으로 고기를 생산하지도, 먹지도 못하게 하려면 엄청난 정치적 개입을 해야 할 것이다. 물론 저들이 말하는 것이 그런 뜻이 아니라는 것은 잘 안다. 하지만 《가디언》에 실린 삼총사의 글들이 제3세계에 대한 신식민주의적 공격과 별반 다르지 않다는 것도 안다.

이런 논의에서뿐 아니라 '환경 파괴', '로마의 옛 곡창 지대의 부활', '사막을 꽃피우기'와 같은 비현실적인 이야기가 세계 시스템에서 아랍인의 권리를 침해하는 것을 정당화하는 데에 쓰인 적은 한두 번이 아니다.[539] 야생과 가축과 인간의 보건을 연결하며 '건강하고 지속가능한 우리 행성의 미래'를 주장해 온 원헬스 접근법도 크게 다르지 않다.[540] 소니아 샤가 《데모크라시 나우!》와의 인터뷰에서 주장한 것에서 보이듯, 좌파의 출판물에는 코로나를 핑계 삼은 위선이 넘쳐난다.[541] 이런 접근은 전염병이 넘쳐나게 만드는 결정적인 사회적 요인을 통합적으로 보지 못하고, 지역 토착민과 소농 탓으로 돌리는 식민주의 의학을 되풀이한다.[542] 남북전쟁 전에 목화농장주들은 '친환경적' 플랜테이션 농장을 만들어 노예에게 목화씨 기름을 먹이는 식으로 폐기물을 처리했다. 부자 나라의 붉은 채식주의에는 그런 역사들이 깔려 있다.[543]

아마도 더 중요한 것은, 육류 생산이 생태에 반드시 나쁘다고 볼 필요

가 없다는 점이다. 제3세계의 빈약한 목초지를 환경적으로 되살리는 방법이 될 수도 있다.[544]

일례로 모로코 남부의 아리브라는 지역을 연구한 지리학자 겸 수의학자 다이애나 데이비스Diana Davis는 목동이야말로 동물과 초원을 가장 잘 돌볼 수 있는 전문가들임을 보여 줬다. 이들의 방목을 막으면 오히려 동물과 사람이 함께 번창하던 토지의 비평형 동역학이 깨진다.[545] "'변수가 매우 많은 건조한 환경'을 가장 잘 이용하는 방법은 이들의 이동성을 높이고 목초지 공유 시스템을 강화하는 것," 유목민의 생활 방식과 지식 체계를 보호하는 것이다. 또 리카도 제이콥스Ricardo Jacobs는 남아프리카공화국의 도시 슬럼에 살며 노동자 겸 목축민으로 일하는 사람들에게는 그런 이중적인 삶의 방식이 일상적인 사회적 재생산의 일부임을 발견했다.[546] 부자 나라 연구자들은 대체 무슨 근거로 이런 활동을 중단시키고 실험실 고기로 대체하자고 말하는 것인가?

예를 하나 더 들어 보자. 북미의 대평원에 서식하던 버펄로는 오랜 세월 목초지와 생태적 공생 관계를 유지해 왔다. 버펄로는 "1만 년 동안 채식 동물과 육식 동물이 공유해 온 대평원 에코 시스템의 핵심"이었다.[547] 먹고 배설하는 것을 통해 여분의 풀을 갈아 주고 씨를 퍼뜨림으로써 버펄로는 환경 다양성을 유지하고 대평원의 검은 토양을 놀랍도록 풍요롭게 해 줬다.

그런데 기록적인 자본 축적과 함께 대평원이 '개척'된 이후로 자본주의 정치생태학에 따라 개척민이 평원 인디언을 대체했고 식민주의 인종 말살과 대량 파괴가 일어났다. 그 땅은 밀밭이 됐고 거기서 자란 밀은 세계 시장에 팔려 나가 제3세계의 농업 시스템을 붕괴시켰다. 혹은 가축을 살찌우는 사료가 됐다. 모두 미국 기업의 막대한 이득을 위한 행위였다.

'녹색혁명'으로 생산된 밀과 다른 곡물이 역설적으로 기아와 생태 재앙을 부르고 제3세계 농민의 지식을 소멸시켰지만, 고기를 그만 먹자는 주장과 똑같이 '곡물을 그만 먹자'고 주장하는 것은 본 적 없다.[548]

연구자들은 대평원에서 이미 사라진 버펄로를 비롯한 대형 초식 동물을 되살려 과거의 생태 패턴을 흉내 내자고 주장할 따름이다.[549]

알래스카의 귀친족은 순록을 먹고 산다. 사헬[94]에 사는 수백만 명의 유목민은 가축을 키워 잡아먹거나 시장에 소규모로 내다팔며 살아간다.[550] 축산업을 금지하자는 것은 바로 세계의 이런 농업 형태를 없애자는 것에 다름 아니다. 분명히 하자면 이는 사람들이 가축을 키우며 살아가는 모든 실질적인 형태를 없애자는 뜻이다. 그렇게 되면 삶의 방식이 적절치 않은 것으로 규정된 수백만 명의 사람에게는 무슨 일이 일어날까?

이 말고도 지평선 위로 몰려오는 수많은 예가 있지만, 전선은 명확하다. 글로벌 사우스에 개입하는 것을 지지하고, 자본주의 기술을 신나서 요구하며 사회주의판 '지구의 절반'[95]을 주장하는 것은 이윤의 하락과 병리학적 외부 효과를 회피하기 위한 "자연주의 지구공학"[96]의 한 형태다. "환경긴축적인 세계가 생겨나 번성할 땅은 목초지"라는 베티스의 말이 이를 보여 준다. 무뇌아들의 주장이 아니다.[551] 채식주의와 실험실 고기를 의무화하는 것을 지지한 사람 중에는 펜실베이니아대학 사회학 교수

---

94 Sahel. 사하라 사막 주변의 건조 지대.

95 Half-Earth. 미국의 진화생물학자 에드워드 윌슨의 저서 제목이기도 하다. 윌슨은 지구의 땅과 물 절반을 인간 아닌 다른 생물종에게 내줌으로써 종 다양성을 보호하고 대멸종을 막자고 주장했다.

96 지구공학geo-engineering은 지구 전체의 기후 시스템을 인위적으로 조절하는 것을 연구하는 과학기술의 한 분야. 상공에 입자를 살포해 인공 구름을 만드는 방법, 우주 공간에 거울을 설치해 햇빛을 반사시키는 방법, 대기 중이나 해양의 이산화탄소를 대규모로 포집하는 방법 등이 거론된다.

대니얼 앨대너 코언Daniel Aldana Cohen 같은 저명한 사민주의 그린뉴딜 옹호자도 있었다. 이들은 '보편적 이상'이라는 이름으로 농민과 '목축업의 특수성'을 야만적으로 소거하려 한다. 가난한 유색 인종의 뼈 위에서 지구를 다시 자연으로 돌려놓자고 한다.[552]

범람하는 '숲 만들기' 담론은 베티스가 인용한《예일 환경 360》에 실린 기사를 보면 알 수 있듯이 구시대적인 식민주의 조림造林 사업과는 다른 자연적인 탄소 격리 전략임을 강조한다.[553]

그러나 숲을 가꿔 탄소를 흡수한 모델 사례로 꼽히는 에티오피아의 경우 토착종이 아닌 유칼립투스를 심는 바람에 토양 영양 성분과 지하수가 소실되는 심대한 피해가 발생했다.[554] 울창한 나무 그늘이 종 다양성을 오히려 위협하는 경우도 있다. 사바나의 영양 떼는 하버드 학자들의 공상과학 소설 같은 주장과는 달리 숲에서는 살지 못한다.[555] 우림이 울창해지면 화재가 줄어들지만, 산불도 생태계에서는 유익한 기능이 있다.[556] 지층의 초본을 주기적으로 태워 없애 동물이 뜯어 먹을 풀이 더 잘 자라게 해 주는 것이다. 멋진 나무를 여기저기 심어 버리면 영양은 죽을 것이다. 그것이야말로 우리의 식민주의 비건에겐 좋은 일이 되려나.

그밖에 인공 숲을 만든 곳에서, 지구 온난화로 인해 예고됐던 그대로, 하천이 말라붙은 사례도 있다.

테크 고기 자본가들

생물지리학적인 측면에서 봤을 때조차 실험실 고기는 좋은 아이디어가 아니다. 우리가 줄여야 할 부국들의 에너지 소비량을 오히려 대량으로 늘릴 뿐이다. 전기에 의존하는 식량 생산법을 채택하는 것은 말이 안 된

178

다. 전기 소비를 저탄소 혹은 '제로 탄소' 따위로 포장한들, 오염 물질을 배출하고 원주민의 땅을 빼앗아 가면서 우라늄을 비롯한 광물 자원을 채취해 생산해 낸 에너지는 기껏해야 '덜 더러운 에너지'에 불과하다는 것을 보여 주는 연구가 많다.[557]

그렇게 해서 고기를 생산하는 데에도 복잡한 재료들이 필요하다. 현재 개발된 실험실 고기 중에는 소의 태아의 혈액을 쓰는 것도 있다.[558] 채식주의자의 기대와는 정반대다. 또한 실험실 고기를 생산하기 위해서 플라스틱으로 만든 생물반응기를 사용하는데, 지금 사람들이 먹는 양만큼의 고기를 실험실에서 만들어 내려면 그런 반응기 수백만 개가 필요할 것이다. 알다시피 플라스틱은 에너지를 집중적으로 잡아먹는 재료다. 소의 혈액 말고도 그보다 더 비싼 포도당과 비타민, 그리고 산업적으로 생산된 미네랄 등을 집어넣어 마녀의 수프를 만들어야 실험실 고기가 나온다. 다시 말하지만 에너지 효율은 낮으면서 산업형 축산에 들어가는 온갖 쓰레기를 다 집어넣어야 하는 것이다.

마지막으로, 이 기술은 '혁신'이라는 명분 아래 막대한 이윤의 새로운 시대로 가는 길을 열고자 하는 벤처 캐피탈과 엔젤 투자자에게 의존함으로써 '붉은 채식주의자들'과 산업의 관계를 강화할 따름이다.[559]

여기서 다시, 우리는 '기술'이 마르크스가 말한 것처럼 특정한 목적에 따라 특정한 사람들에 의해 특정한 형태로 쓰이는 것이 아니라 마치 중립적이고 저렴한 도구인 양 묘사되는 것을 보게 된다.[560] 자본주의 체제 하에서 기술은 특정한 물질적 요구들과 이어져 있다. 그러나 이는 환경적으로 불평등한 교환 등을 통해 인위적으로 가격을 낮춤으로써만 가능하며, 체제의 중심에 있는 자본이 글로벌 사우스 혹은 미국과 유럽의 취약한 농촌 지역을 약탈하는 또 다른 방법일 뿐이다.[561] 이 모든 것이 진보의 이름으로 이뤄진다.

우리는 그런 방식이 아니라, 비아캄페시나('농민의 길')[97] 산하에 조직된 식량주권을 위한 국제운동을 지지하고자 한다. 오늘날 이 세계에 존재하는 '제5 인터내셔널'[98]이라 할 법한 비아캄페시나의 주장을 알기 위해, 그 신호탄이 된 '가축 다양성을 위한 월더스월Wilderswil 선언'을 읽어 보자.

우리는 가축을 키우는 사람들, 소규모 생산자들이 가축의 교배와 유전적 자원을 자율적으로 통제할 수 있도록 하기 위해 대안적인 기술과 연구를 계속 발전시켜 나갈 것이며 희귀종을 보호하기 위한 방법을 우리 스스로 조직할 것이다. 우리의 땅, 목초지, 국경을 넘나드는 유목민의 이동로를 지키기 위해 싸울 것이다. 비슷한 목적을 가진 사회운동과 힘을 합칠 것이며 국제 연대를 계속해 나갈 것이다. 땅과 물과 가축을 키우는 데에 필요한 것들, 문화와 교육과 훈련, 지역 시장에 접근하고 정보를 얻고 정책 결정에 관여할 수 있는 가축 사육자의 권리를 위해 싸울 것이다. 이 모두가 지속가능한 가축 생산 시스템에 필요한 것들이다. 목축민과 토착 원주민, 소농 등 식량 생산자들과 함께 땅을 비롯한 자원을 평등하면서도 통제된 방식으로 공유할 길을 찾아나갈 것이다.[562]

가축은 그저 고깃덩어리가 아니며, 가금류는 그저 하루 하나씩 알을

---

97 La Via Campesina. 1993년 벨기에에서 결성된 풀뿌리 농민 단체들의 연합 조직. 세계 80여 개국 180여 개 농민 단체가 가입돼 있다.

98 칼 마르크스가 주도한 1864년의 노동운동가 회의(제1 인터내셔널), 유럽 사회주의 정당들과 노동자 정당들이 모여 결성된 1889~1916년의 제2 인터내셔널, 소련 주도로 결성된 코민테른(제3 인터내셔널), 레온 트로츠키 등이 1938년 만든 제4 인터내셔널과 연장선상에 있는 좌파의 국제운동이라는 점을 강조하기 위한 표현이다.

낳는 존재가 아니다. 소규모 생산자들에게 동물은 생태적, 경제적으로 다양하게 기여하는 변화무쌍한 존재이다.[563) 은행에서 손쉽게 찾을 수 있는 돈과는 다른 자본의 저장소이자 이동 수단이다. 등골이 휘어지게 만드는 힘겨운 노동을 줄여 주는 들판의 일꾼이기도 하다. 가축은 곡물을 키울 수 없는 변두리 땅의 잡초를 뜯어먹고, 놀라운 효율성으로 단백질을 생산하고, 광합성에서 생겨난 에너지를 섬유소와 고기로 바꿔 준다. 자연과 인간의 농업이 오랜 세월에 걸쳐 만들어 준 고기가 있으니, 우리에게 인공적이고 1차원적인 고기 생산기 따위는 필요 없다.

가축은 똥을 싸고 토양에 거름을 준다. 스스로 질소의 균형을 유지하면서 흙 속의 유기물질을 만들어 내고 농경에 완벽하게 알맞은 비옥한 토양을 형성해 준다. 이른바 개발된 나라들에서처럼 소농의 수입 대부분을 다국적 화학 회사에 넘겨주지 않으면서도 말이다.[564)

이런 이유에서 실제로 농민은 가축을 키우지 말고 채소를 먹으라는 강요를 받아들이지 않을 것임을 분명히 해 왔다. 비아캄페시나 산하 라틴아메리카농업단체연합CLOC의 우렁찬 선언에서 보이듯, 농민의 요구는 단순하고 명쾌하다.[565) CLOC는 "가족의 노동력에 의존해 가족이 경영하고 조직하는 재배와 축산, 임업과 어업, 양식업 등 농민과 토착민의 가족 농업을 발전시켜야 한다"고 말한다.

인간만의 공동체를 넘어서는, 가족 단위를 넘어 더 넓은 경관 속으로 확장되는 이런 농업이 윤리적 개념으로 보거나 우리의 입맛을 위해서나 교통망을 따라 움직이는 농업보다는 지구의 다수를 위한 더 나은 선택지다.

그런 제안은 빈국에만 해당되는 것이 아니다. 부국에서도 계획을 가지고 토양을 돌려가며 이용하면 대평원의 면적당 동물 마릿수를 늘리면서도 땅 속에 더 많은 탄소가 저장되게 할 수 있다. 장기적으로 축산업이 탄소를 오히려 감소시키게 할 수 있다고 보는 이도 있다. 기후변화로 폭우가 잦아진 지구에서 토양의 복원력을 높이면 지하수를 더 많이 저장하게 만들 수 있는 것과 같은 이치다.

소규모의 통합형 농장은 빈국의 농업 정치에 국한되지 않는다. 하버드의 환경 우월주의자들, 반쪽짜리 지구 예찬가들은 잘 모르겠지만 작은 농장은 애그리비즈니스의 압도적인 힘 속에서도 건강한 토양과 식량 주권을 향한 북반구의 농민 운동이 새로운 르네상스를 맞고 있음을 보여준다.

이것이 우리가 마주하고 있는 '자연주의적 지구공학'이다. 이로 인해 고기가 더 비싸질지 혹은 싸질지, 더 풍성해질지 아니면 줄어들지 아직은 모른다. 하지만 미래의 정육점을 상상해 보면서 우리가 해야 할 일은 지속가능한 농업을 하는 생산자들과 직거래를 하는 것, 그들의 생산을 소외시키고 생태적 문맹으로 만드는 타협을 하지 않는 것이다. 대학의 디너파티에서 더 나은 세상을 위한 청사진을 끄집어내려는 짓은 하지 말자.

좌파의 빈곤혐오증

개입의 방식 중에는 새로운 것이 무진장 많다. 필리핀에서 브라질에 이르기까지, 농업 개혁과 농업 생태학을 요구하는 잘 조직된 대중적 농민 운동이 있던 곳에서는 삶의 요구에 기반한 코로나 이후의 프로그램을 만들기 위한 싸움이 벌어지고 있다. 하지만 정치경제학자 제프 만Geoff Mann 같은 사람들은 그런 움직임을 깎아내리면서 식량 시스템을 "사회화"할 수 있는 "실험적이고 적용 가능하며 대담한 운동들의 패치워크"가 필요하다고 주장한다.[566] 그렇다면 어떻게 사회화한다는 말인가?

그가 링크해 놓은 짧은 문서를 보면, 이미 우리 필자들이 논박한 바 있는 신빙성 없는 주장을 되풀이하면서 식량주권을 귀족적인 말투로 비난하고 있다.[567] 그나마 프로그램이 담겼다 싶은 글 하나조차 미국의 식량주권 운동가들이 줄기차게 주장해 온 농민 최저임금과 가격보상제에 반대하고 있다. 진정한 사회주의자를 자처하는 이런 사람들은 다음번 팬데믹을 예방하기 위해 "물리적으로 소진시키는 모든 노동"을 자동화하자고 주장한다.[568] 이들은 기술자본주의 연구 기관인 돌파연구소[99]와 결탁해 집약적 농업으로 땅을 아끼자는, 이미 오래전에 너덜너덜해진 주장을 반복하고 있다.[569] 이런 요구를 하는 사람은 농장 통합을 주장해 온 친농업 기업 싱크탱크, 농업판 조세회피처들 말고는 없다.[570]

제프 만은 시러큐스대학 지리학 교수인 매트 휴버Matt Huber의 말을 인용했다. 휴버는 "어떤 자동화 기술을 농업생태학적 경작 시스템에 이용할 수 있을까…. 이는 산업 혹은 소규모 농업생태적 생산 중 어느 한쪽이 아니라 양쪽을 결합시켜 논의해야 하는 문제"라고 말한다.[571] 만이든 휴버이든, 깊이는 차치하더라도 농업생태학적 경작 시스템과 산업적 생산을 병치시키는 것을 보면 당혹스럽기만 하다. 산업형 농장에는 자본이 투입된다. 이런 농장의 관심사는 재배와 수확을 어느 정도까지 자동화할 것인가다. 반면 비아캄페시나는 자동화에 반대하며, 그런 작업을 농민이 스스로 하게 놓아두라고 말한다.

휴버는 농민 자치에 반대하면서 그것이 개인 생존의 문제인 것처럼 치부한다. 농민이 자신의 주장을 반박할까 봐 걱정이라도 되는지, 농민이

---

99 Breakthrough Institute. 2003년 미국 캘리포니아주 오클랜드에서 설립된 연구 기관. 농업, 환경, 기후변화 등에서 기술적 혁신의 역할을 강조한다. 하지만 연구의 전문성이 부족한 데다 벤처 캐피탈과 밀접히 결합돼 기금을 지원받고, 기후변화 재앙에 대한 인식을 호도한다는 비판도 받고 있다.

사람을 먹이는 문제에 관심이 없다는 식으로 미국의 농촌과 도시를 이간질시키는 분할 통치 전략을 구사한다.[572] 그는 규모의 경제와 부르주아의 계획 경제, 자본주의를 침몰시키고 있는 비용 투입에 경의를 보낸다. 농민을 훈계하면서 제 밥그릇을 챙기는 것이다. 노회한 카우츠키주의자는 이렇게 완전한 스탈린주의자가 됐고, 한때 급진적이었던 그의 동료들마냥 평민에게 샌드위치 한 조각 달랑 던져 주고 떠나 버렸다.[573]

코로나19와 조류인플루엔자 바이러스를 몰고 오는 농업생태학적 덫에서 빠져나오려면 역설적이지만 저들이 말한 것 이상을 해야 하는 것이 아니라 정확히 반대로 해야 한다. 농업 공동체들이 애그리비즈니스의 착취에서 탈출하기 위해서는 정부의 개입과 지역 차원의 계획이 매우 중요하지만, 정책 결정에서 사파티스타[100]의 원칙인 만다르 오베시디엔도mandar obecidiendo 즉 '아래로부터의 지도력'이 발휘되게 해야 한다. 농작물을 어떻게 키우는지, 어떤 경관 속에서 가장 잘 자라는지, 세대에서 세대로 이어지며 지역 안에서 토지를 관리하려면 어떻게 해야 하는지를 잘 아는 사람들이 나서야 한다는 뜻이다.[574]

식량 생산이 선순환을 하게 되면 땅과 농민에게 어떤 일이 일어나는지를 보여 주는 사례는 지역의 규모와 상관없이 도처에서 발견된다. 또한 '지속가능한 식량 시스템을 위한 국제 패널IPES-Food'은 우리 모두가 공유하고 있는 도시 주변의 식량 시스템에서도 그런 사례를 찾아볼 수 있다고 말한다. 이들에 따르면 "사회정치적 관계에서의 광범위한 변동이 농업생태학적 변화의 핵심 요소로 떠오르고 있다." 이들이 인용한 '농업생태학 국제포럼 선언'은 "가족, 공동체, 집단과 조직, 운동 들이 농업생태

---

100 Zapatista. 멕시코의 원주민 정치 조직.

학적 번영의 비옥한 토양"이며 "민족 사이의, 지방과 도시 주민 사이의 연대"가 중요한 요소임을 밝히고 있다.[575]

넘쳐나는 문건을 요약하면서 IPES-Food는 우리의 식량 시스템 전체를 아우를 프로그램을 제안한다. 세계에는 생태적 농업과 도시 시장을 연결한 공동체의 사례가 수두룩하다. 그중에는 수백만 명의 농민과 생산자를 이어 주는 것들도 있다.[576] 정치적 농업생태학자 자히 차펠Jahi Chappell의 설명에 따르면 인구 250만 명의 브라질 도시 벨루오리존치는 농민이 지역 시장에 안정적으로 접근하도록 보조금을 지급했고, 이제 농민은 더욱 생태적인 유기 농업을 하면서 지역의 숲까지 보호하고 있다.[577]

지리학자를 자처하면서도 도시와 농촌을 가르고 식량 생산과 수송의 관계를 무시하는 휴버의 주장과 얼마나 다른지 생각해 보라. 더욱이 휴버는 농업사회학자 파샤드 아라기Farshad Araghi가 적절한 재농업화보다는 농촌의 인구 감소를 주장했다는 식으로 왜곡해 인용했다.

농업공동체들이 생태적, 사회적으로 지속가능한 수준의 적정 기술과 기계화 사이에서 선택을 할 수 있도록 도와야 한다는 점은 여러 농업 연구에서 지적돼 왔다. 시간과의 싸움을 벌이고 있는 상황에서 광업과 자동화 기계 생산에 에너지를 쓰자는 것은, 탈탄소화를 더 어렵게 만들고 미국의 에너지 소비량을 더 늘리자고 하는 것은 병적인 주장이라고밖에 볼 수 없다.[578]

인간이라는 훌륭한 기계가 식물의 열량을 인체 에너지로 바꿔 노동을 하는 것을 어떻게 하면 더 많은 사람이 받아들이게 할 것인지를 연구하는 편이 더 낫다. 기업과 그들의 구매자들이 강요하는 것과는 다른, 어떤 형태의 자동화를 농부들이 바라는지 이해하자는 것이다. 노동은 노동을 위한 것이지 자본을 위한 것이 아니다. 농민의 최저임금을 지금의 두 배,

세 배, 혹은 열 배로 올려야 한다는 뜻이냐고? 그래야 마땅하다!

제프 만은 '프로그램 정치'가 실제 세계에 어떤 영향을 미치는지도 모르면서 책상머리에 앉아 옹호하고 있다. 겹겹이 들어찬 러시아 목각인형처럼 인용 안에 또 인용이, 그 안에 또 인용이 이어지는 그의 글들에서 결국 우리가 발견할 수 있는 것은 무엇인가? 식물유전학자 파멜라 로널드Pamela Ronald의 유전자변형작물 예찬, 코넬과학연합CAS 같은 연구 집단과 화학 산업의 결탁과 다를 바 없는 선동밖에는 없다.[579]

이제, 한때는 유럽 중심주의에 반대하는 글을 실었던 《뷰포인트》매거진이 어째서 만의 글을 실으면서 자본주의 애그리비즈니스와 화학 산업을 찬미하게 됐는지 궁금해할 때다. 하지만 베티스와 테일러 같은 자들이 끼리끼리 노는 것을 이미 지켜봤으니 이해하지 못할 것도 없다. 마치 그런 기회주의도 모두 계획에 따른 것인 듯이, 서류 가방에 한가득 들어 있는 홍보 문건에 진보적인 주장인 양 빨간 칠을 해 놓았으니 말이다.

휴버는 마르크스와 엥겔스를 들먹이면서 누가 움직이는지만 빼면 현재의 시스템에는 아무 문제가 없다고 말한다. "사회주의의 목표는 이미 존재하는 사회적 노동 시스템을 유지하고 통제 권한과 이윤을 사회화하는 것이다." 여보세요, 마르크스는 그렇게 말하지 않는다고요.[580] 노동의 기계와 인체공학이 이미 자본주의적 생산 관계 밑으로 들어간 이상, 이제는 노동만이 유일한 부의 원천이 아니다.[581] 게다가 우리는 지구도 돌봐야 한다.

단종 생산을 중단하고 농사짓는 이에게 통제권을 돌려주는 것은 휴버가 말하는 '생태학적 계획'이 아니다. 비록 필요한 조치이기는 하지만, 글로벌 생산 회로를 타고 병원균이 출몰하는 것을 막기에도 충분치 않다.

그럼에도 더그 헨우드Doug Henwood 같은 괴팍한 반농촌주의자들의 입을 통해 그런 그럴싸한 주장이 넘쳐났다. 트럼프가 하이드록시클로로퀸을 선전하듯이, 《레프트비즈니스옵서버Left Business Observer》는 최근 페이스북 페이지에 유전자변형 토마토로 코로나19 백신을 전달하는 '덜 연구된 대안'에 대한 코넬과학연합의 선전을 게재했다. 토마토 백신의 기준 용량은 누가 정하나? '덜 연구된' 데에는 다 이유가 있음에도, 스탠포드의 존 요아니디스에서부터 몬샌토와 뉴욕양키스의 좌파 팬들까지, 탐욕스러운 자본주도형 과학주의가 북동부 해안을 휩쓸고 있다.

이 문제는 특정 영역을 넘어선다. 왜 그렇게 많은 앵글로폰의 좌파 교조주의자들이 러다이트 시대의 풍차 주인들처럼 돈줄과 떼어 놓을 수 없는 반생태적인 정치학을 선택하는 것일까? 코로나가 번진 정육 공장으로 노동자를 돌려보내면서 그것이 노동자를 구하는 것이라는 우파의 주장과 대칭을 이루는 저런 논리가 계속해서 나오는 이유는 뭘까? 트럼프에서부터 글로벌 노스의 극좌파에 이르는 이들을 관통하는 흐름이 분명 있다.

자본주의의 핵심부와 주변부 모두에서 일어나고 있는 생태적이고 반체제적인 운동의 목소리를 중심에 놓지 않고 있기 때문이다. 그런 운동의 핵심인 소울파이어팜스Soul Fire Farms, 사바나연구소Savanna Institute, 미국식량주권연맹U.S. Food Sovereignty Alliance은 시야에서 가려진다. 베네수엘라와 쿠바와 볼리비아에서 더 나은 미래를 위한 인류애적 투쟁의 요새로서 연대를 외치며 공개적으로 반제국주의를 표방해 온 비아캄페시나는 말할 것도 없다.[582]

이렇게 의도적으로 목소리를 지우는 행위와, 농촌-도시의 이분법을 타개하려는 미네소타농민조합의 노력을 비교해 보자.

미니애폴리스 경찰이 조지 플로이드를 살해한 사건에 대해서는 여러분도 들어 보지 않았을 리가 없지요. 그 끔찍한 행위, 그리고 뒤이은 시위와 그로 인한 재산 파괴는 도심 주민뿐 아니라 미네소타 주민 모두, 미국인 모두가 그냥 넘기기 힘든 것들이었습니다.

그런 일이 다시 일어나지 않도록 하려면 반드시 해야 할 것, 고민할 것이 많이 있습니다. 비난하는 것만으로는 안 되며 행동을 해야 합니다. 이 사건은 치명적인 팬데믹이 농업과 식품 산업 분야에서 일하는 사람들에게 불균형적인 피해를 미치고 있는 상황에서 일어났습니다.

늘 그랬듯이 우리는 공동체의 일원으로서 여기에 왔으며, 여러분이 무슨 생각을 하든 들을 준비가 돼 있습니다. 도시만의 일이라고 생각하지 마십시오. 코로나 이전의 '평상시'로 돌아갈 수 없습니다. 그 이유는 (플로이드 사건을 거치며) 더욱 분명해졌습니다. 우리는 공공기관에서 일하는 모든 이가 가능한 한 불의에 맞서 싸울 것을, 왜 불의가 계속되는지 모두가 반성할 것을 촉구합니다.

볼리비아의 우파 쿠데타를 편들면서 고상한 척 급진주의의 수식어를 붙이는 우리 잘난 농업생태학자들이 이런 소박한 정서를 보면서 '명료함과 단순성의 가치'를 인정할지도 모르겠다.[583] 팬데믹의 오른쪽에서 왼쪽까지, 온갖 치료법의 밝은 전구들이 줄지어 빛난다. 그에 대한 판단은 다른 이들에게 맡겨야겠다.

_2020년 5월 30일

12

박쥐 동굴 속으로

탄트라 알은 모든 가능성을 품은 마그마, 모양을 찾는 혼란스러운 내용이다. 일반적인 지
성은 그 내용이고, 기호학적 자본주의는 형태이며, 코드화된 형태의 발생자다. 패러다임적
포착. 누가 하나 혹은 또 다른 가능성의 실현을 결정하게 될 것인가?
– 프랑코 베라르디 (2017)

중국 광둥성 포산佛山 사람들이 폐를 심각하게 손상시키는 질병에
걸리기 시작했다.[584] 질병은 중증급성호흡기증후군Severe Acute Respiratory
Syndrome 또는 줄여서 사스SARS로 표기됐다. 2002~2003년 사스는 주룽九龍
반도를 따라 홍콩과 중국 남부 지방으로 번졌다. 하노이와 토론토 등 국
제적으로 퍼져 나가 결국 8,000명이 넘는 사람이 감염됐고, 그중 10퍼센
트가 사망했다. 사스 병원균은 일반적인 감기보다는 더 심한 증상을 부르
는, 알파코로나바이러스와는 다른 베타코로나바이러스군으로 확인됐다.

중국 감염병 학자들은 신종 바이러스의 근원을 찾으려 애썼다.

포산의 시장에서 팔리는 야생동물에서 채취한 샘플 중 너구리 한 마
리와 사향고양이 등에게서 바이러스가 나왔다.[585] 그러나 야생에서 이

• 한 주, 한 주가 한 달처럼 느껴졌던 2020년 상반기의 피날레가 될 글은 공중보건 생태학자인 데보라 월
러스Deborah Wallace와 공동 집필했다.

종들의 샘플을 채취해 보니 사스바이러스가 발견되지 않았다. 그 전에 식충 박쥐 표본에서 다양한 바이러스가 검출된 적이 있어, 연구팀은 지방의 동굴을 찾아갔다.[586] 그곳에서 몇몇 박쥐 종의 굳은 분변을 즐거이 채취한 뒤 그 녀석들의 목구멍과 항문도 면봉으로 훑었다. 박쥐는 초기에 사람에게서 발견된 것을 비롯한 사스 게놈과 아주 비슷해서 '사스 유사 바이러스' 또는 SL이라 불리는 코로나바이러스를 보유하고 있었다.[587] 이 관박쥐들은 또한 그 10년 후 사우디아라비아에서 출현한 중동호흡기증후군MERS 코로나바이러스의 기원이 될 것이었다.[588] 229E, HKU1, NL63, OC43 같은 몇 가지 인간 변종 바이러스도 확인됐다.[589]

사스와 SL 바이러스를 계속 보유해 온 종 가운데 하나가 말굽박쥐(중국적갈색관박쥐)다.[590] 이들은 네팔에서 중국 남부까지 매우 넓은 지역에 살면서 멸종되지 않을 만큼 충분한 메타개체군[101]을 보유하고 있다.[591] 주로 도시에서 멀리 떨어진 동굴에 수십에서 수백 마리까지 무리를 지어 산다.[592] 이 속의 박쥐 중에는 암수 한 쌍이 짝을 이루는 일자일웅―雌―雄 종도 있지만, 집단에서 몇몇 수컷이 여러 암컷과 짝을 이루는 일부다처 종도 있다.[593] 일자일웅종은 드물며, SL의 숙주인 종은 주로 일부다처 종으로 추정된다.[594]

관박쥐 속의 모든 박쥐는 겨울잠을 잔다. 그들의 생식 주기는 동면 상태나 면역학적 상태와 관련이 있는 것으로 보인다.[595] 번식철은 신경면역학적 반응, 즉 박쥐의 뉴런이 질병에 어떻게 반응하는지에 따라 각인된다. 따라서 이러한 반응성은 단지 서로 다른 종류의 뉴런이 가진 특징의 문제가 아니며 부분적으로 환경적, 사회적 상황과 그 조합에 따라 달라진다.

---

101 비슷한 장소에 여러 개체군이 모여 상호 작용함으로써, 한 집단이 사라져도 전체적으로 유지되는 것을 가리킴.

어떤 방식으로? 수컷과 암컷 모두 생식세포 조직이 계절에 따라 크게 달라진다. 수컷의 고환은 늦여름에 부풀어 정자를 생산하고, 짝짓기를 한 뒤 동면을 하는 가을철에는 줄어든다. 암컷은 겨울잠을 자는 동안 수정된 정자를 자궁에 저장해 둔다. 어미와 새끼의 먹이인 나비나 딱정벌레 따위가 많은 철에 새끼가 태어나게 하기 위해서다.[596] 6월 초부터 7월 말 사이에는 뇌에서 면역반응성 뉴런의 수가 줄어드는데, 암컷보다 수컷에서 더 많이 줄어든다. 수컷 박쥐의 고환이 최대로 부풀 무렵 면역반응성 뉴런이 줄어들며 신체 자원의 균형을 유지하는 것이다.

계절에 따른 생물학은 말굽박쥐 종에 따라 다르지만 중국 말굽박쥐 종의 특징에 대해 영어로 출판된 출간물은 아직 없다. 박쥐의 분류 체계는 아직 더 연구해야 한다. 최근의 유전 분석을 보면 중국적갈색관박쥐는 널리 퍼진 중국적갈색관박쥐R.s.sinicus, 윈난성에만 사는 셉텐트리오날리스 R.s.septentrionalis, 그리고 알려지지 않은 또 하나R.s.ssp를 비롯해 세 가지 아종亞種으로 나뉜다. 이 중 뒤의 두 종류는 아종이 아닌 독자적인 종일 가능성도 있다.[597]

우리 안의 박쥐

사스-1과 사스-2(코로나19)의 치명성과 인간 감염에는 말굽박쥐의 번식 주기가 관련돼 있다. 마치 포유류 진화사의 저 먼 곳에서 전해져 온 메시지처럼.

일단 인체로 들어가면 바이러스는 세포로 침투하기 위해 안지오텐신 전환효소2ACE2 수용체에 달라붙는다.[598] 코로나19가 호흡기 감염뿐 아니라 혈관 질환과 응고병증을 자주 일으키는 원인이다.[599] 연구자들은 폐를 비롯해 기관계 전체에 걸친 ACE2 수치가 코로나 증상의 정도와 사망에 영향을 미치고 있다는 데 대체로 동의한다.[600]

남성으로 태어난 사람은 여성으로 태어난 사람보다 사스-1과 사스-2로 인해 병원에 입원하거나 사망하는 비율이 더 높은 것으로 나타났다. 다소 모순되기도 하는 여러 연구를 요약하면 남성은 혈액과 조직의 ACE2 농도가 더 높다.[601] 고환에 특히 수용체가 풍부하다. 고령자도 농도가 높다. 고혈압, 관상동맥 심장질환, 당뇨병 등의 만성질환을 가진 환자도 수용체의 농도가 높다.[602] 이러한 조건에 따라 질병의 영향이 증폭된다. 만성 질환을 앓는 나이든 생물학적 남성은 코로나19 사망율이 가장 높다. 텍사스 부지사 같은 정치인이 선호하는 희생자가 그들이다.[102 603]

카를로스 웜비어Carlos Wambier의 연구팀은 호르몬과 ACE2, 코로나19가 직접적으로 연결돼 있다는 가설을 세운 뒤[604] 병원 임상조사를 통해 탈모가 시작된 남성이 코로나19에 감염됐을 때 병세가 악화되는 경우가 많다고 보고했다. 연구팀은 남성호르몬의 부하가 코로나 병증에 영향을 미칠 수 있음을 보여 주는 메커니즘을 제시했다. 생체막에 있는 단백질 분해효소 세린2는 사스-2의 스파이크 단백질 유전자를 활성화하고 ACE2를 분열시켜 바이러스가 더 잘 진입하게 만드는데, 남성호르몬은 세린2의 전사[103]를 돕는다. 세린2와 ACE2의 유전자는 둘 다 X 염색체에 있기 때문에 부분적으로는 유전적 다형성에 의해서도 감염자의 증상이 달라질 수 있다. 연구팀은 남성호르몬 억제를 치료법으로 제안했으며 이는 초기 단계의 실험실 연구에서 분명히 성공적으로 나타났다.[605]

---

102 댄 패트릭Dan Patrick 텍사스 부지사는 2021년 5월 "코로나19로 위축된 경제 회복을 위해 노인들이 기꺼이 목숨을 걸어야 한다"고 주장해 거센 비판을 받았다.

103 轉寫. DNA에 적혀 있는 유전 정보를 RNA로, 혹은 그 반대로 옮기는 과정.

하지만 웜비어 팀은 노화가 질병 민감성과 탈모의 원인임을 고려하지 않았다. 다른 연구에 따르면 폐에서 세린2가 발현되는 정도에는 성별 차이가 없으며 남성호르몬 수치가 낮은 여성에도 세린2가 충분히 많다는 사실을 발견했다.[606] 단백질 분해효소는 여성호르몬인 에스트로겐에 의해서도 조절되기 때문에, 호르몬의 영향은 풀리지 않은 문제로 남아 있다.

이른바 성 호르몬이라 불리는 더 넓은 맥락의 문제는 사회적, 생물의학적 상상력에 큰 영향력을 발휘한다. 지금 언급한 여러 메커니즘에 타당한 점이 있다 하더라도, 호르몬과 성별에 따른 특정 결과를 결합하는 여러 방법은 그 각각이 별개의 연구 분야이다. 남성호르몬인 테스토스테론을 연구한 사회의학자 레베카 조던-영Rebecca Jordan-Young과 문화인류학자 카트리나 카르카지스Katrina Karkazis는 "과학적인 발견은 대자연의 입맛을 따르지 않는다"면서 "그보다는 어떤 질문을 던지고 어떤 도구로 무엇을 어떻게 측정하고 어떤 그룹과 상황을 비교하는지, 어떤 통계 방법을 사용할지 등등과 같은 방법론적 선택들에 좌우된다"고 말한다. "테스토스테론의 기능과 관련해 우리가 말해야 하지만 결코 말하지 않는, 숨겨진 괄호들이 있다. 이 호르몬은 어떤 종류의 사회적 관계를 이끌어 내거나 혹은 배제하는가? 이 물음은 연구의 맥락에서만이 아니라 사회적 관계를 비롯한 다른 문제에도 늘 내재돼 있다."[607]

또 다른 팀은 '생물학적 투입'과는 다르면서도 코로나 증상에 영향을 주는 성별에 따른 질병 노출을 연구에 포함시켰다. 의학 연구자 캐서린 게버드Catherine Gebhard 등은 고혈압, 심혈관 질환, 당뇨병, 흡연 등 코로나의 결과와 관련된 질병 요인이 여성보다 남성에게 더 많다고 보고했다.[608] 손 씻기, 마스크 착용, 건강 관리에서도 성별에 따른 규범이 작용한다.[609] 하지만 코로나로 중환자실에 입원하는 남성이 많다는 것(유럽에선 3~4배에 이른다)은 남성이 의료 접근에 유리하다는 뜻일 수도 있다. 돌봄 노동을 직업으로 삼는 여성이 감염에 훨씬 더 많이 노출되는 측면이 있는가 하면, 메르스와 마찬가지로 남성이 야생동물과 가축을 더 많이 접할 수도 있다.[610] 다양한 신자유주의 농업 전선을 따라 노동 영역에 심각한 남성 편향이 나타난 것이 남성의 감염을 증폭시키는 역할을 한다고 볼 수도 있을까?[611]

이런 다양한 요인이 약물 대사의 차이를 포함한 생리학적 투입과 어떻게 상호 작용하는지 추가 연구가 진행돼야 한다.[612] 이는 환자와 병원 수준을 넘어 정책과 공중보건 조치가 개입하는 지점이 될 수 있다.

생물사회적 기원에 관계없이 성별에 따른 노출이 질병 전반에 걸쳐 나타난다는 점, 코로나 발생률과 증상에도 성별 차이가 있다는 점을 감안하면 박쥐-인간의 유사성에 관한 연구는 병원균의 진화에 대한 그간의 연구에서 주된 취약점이 어디인지를 말해 줄 수 있으며 과학자들이 선택하는 연구의 경로를 되짚는 계기가 될 수도 있다.

예를 들어 인간 ACE2와 말굽박쥐 ACE2의 단백질 구조는 거의 같다.[613] 후속 연구들은 스파이크 단백질을 이용해 바이러스가 박쥐와 인체 세포로 침입할 때 이 과정을 중국적갈색관박쥐의 ACE2가 돕고 있다는 것을 알려준다.[614] 인간과 말굽박쥐, 그리고 쥐를 비롯한 포유류는 공통적인 생리적 '수요' 혹은 '노출'을 갖고 있는 것이다.[615]

'공급' 측면에서, 박쥐는 놀라울 정도로 다양한 바이러스를 가지고 있다.[616] 박쥐괴질[104]을 포함해 몇 가지 병원균과 해충을 보자면, 현미경으로나 볼 수 있는 이 '탑승자'들은 박쥐에게는 거의 영향을 주지 않는 것

---

104 white-nose Syndrome. 박쥐의 입과 코 등이 하얗게 변색되며 죽는 질병. 동면 기간 동안 감염되는 것으로 알려져 있다.

같다. 몇몇 생물학자들은 날아다니고 생존하기 위한 건강 상태를 유지하기 위해서 박쥐가 높은 체온, 동면, 초강력 면역 자원 등을 이용해 바이러스의 독성을 낮은 수준으로 고정시킨다고 설명한다.[617] 그런데 병원균이 이런 기제가 없는 다른 종으로 흘러 들어가면서 독성이 달라진다.[618]

바이러스 학자들은 중국 말굽박쥐 표본에서 발견되는 다양한 코로나바이러스를 언급하고 있으나[619] 샘플과 그 샘플이 채취된 박쥐의 지역별 조건을 설명하는 것은 거의 없다. 동면과 생식 주기와 관련한 표본은 채취한 시기조차 밝히지 않고 있다.

수컷 박쥐의 면역 반응성이 떨어짐으로써 생식 주기에 취약한 지점이 있다는 것을 고려하면 병원균이 박쥐의 개체수와 사회 진화에 어떤 역할을 하는지 연구하기 위해서는 더 많은 정보가 필요하다. 사스와 SL 코로나바이러스가 박쥐의 역학에 영향을 준다는 가설을 연구하는 것은, 인간의 질병에 미치는 영향과 함께 동물 감염병학과 사회 구조의 관계를 연구하는 데에 도움이 될 수 있다.

예를 들어 번식철이 끝날 때, 바이러스는 남아도는 수컷을 제거함으로써 미래의 어미와 새끼에게 식량을 더 많이 남겨 주는 기능을 한다고 가정해 보자.

수컷의 숫자가 많을 때 지위가 낮은 수컷은 벌집에서 무위도식하는 벌이나 같다. 자원이 부족하면 없애야 한다는 이야기다. 암컷의 임신을 위해서는 상대적으로 적은 수의 수컷만 있어도 된다. 바이러스에 의해 수컷이 사라지는 시기는 생식 주기로 보면 고환이 부풀어 오를 때다. 가장 능력 있는 수컷만이 번식의 절정기를 지날 때까지 생존할 수 있다.

사회생물학은 인간에게 적용되면서 극심한 공격을 받아 왔다. 인간에게 일어나는 일은 유전적 프로파일만으로는 설명할 수 없다. 하지만 자연은 마치 잔인한 포식자의 영상을 올려놓은 인스타그램 계정과도 같다. 인간이 아닌 개체의 행동생태학은 엄격한 수학 공식을 따르는 것처럼 보일 때가 많다. 그렇다면 코로나 감염에 따른 결과가 인간과 비인간에게서 어떤 차이를 이끌어 낼까? 사스는 박쥐가 함께 진화하며 특유의 생존법을 만들어 냈다. 그러나 번식철이 따로 없는 인간 남성은 파트너와 떨어져 있을 필요가 없다. 그래서 바이러스는 인간에게 건너온 뒤 박쥐와 인간이 공유하고 있는 생리적 메커니즘을 먼저 이용하고, 그 뒤에는 다른 종류의 역학적 성공을 거뒀다고 봐야 한다.

유엔식량농업기구FAO 수의학 전문가 얀 슬링겐베르그Jan Slingenbergh와 원헬스 전문가 J. M. 레너먼J. M. Leneman은 최근 일련의 병원균 사이에서 일어난 변화의 목록을 만들었다.[620] 그들은 가축과 인간에게 출현한 신종 병원균에 야생 숙주 시절 진화한 바이러스의 생애가 투영돼 있다고 결론짓는다. 우리가 살펴봤듯이 코로나19도 마찬가지다.

슬링겐베르그와 레너먼은 주로 외부 또는 상피세포를 통한 감염이 광범위한 숙주 종에서 반복적으로 확산되는 경향이 있다고 밝혔다. 체내 또는 내장 감염은 숙주 종의 면역계나 순환계 같은 심층 기관의 만성 감염으로 이어지는 경향이 있다. 감염은 부모에서 자손으로 수직 전파되도록 기관계를 바꿔 놓을 수 있다.

이러한 질병 유형은 에어로졸, 직접 접촉, 바람을 탄 입자 등을 통해 확산되는 인플루엔자나 코로나바이러스와 같은 상피 감염에서부터 전염성 F낭병 바이러스와 블루텅병처럼 분변과 구강, 사료, 물, 성병, 매개체 감염, 선천성 내장 감염을 망라한다. 상피에서 내장까지 감염 경로를 한 줄로 늘어세운다고 가정해 보자. SL 코로나바이러스는 내장 기관인 폐를 공격하지만, 실상은 폐 표면이 신체 내에서 피부처럼 작용하기 때문에 경로 선의 맨 끝에 있는 상피 감염이라 할 수 있다. 하지만 사스-2가 장기 자체를 공격한다면 분류는 아주 복잡해진다.

이러한 질병의 생애사가, 인류가 스스로 병원균에게 내준 기회와 만난다. 슬링겐베르그와 레너먼은 점점 커지는 세계 교역망 때문에 상피 전염을 특화시킨 뒤 급확산하는 병원균이 유리해졌다고 지적한다. 실제로 지금도 진행 중인 인플루엔자의 공격은 19세기 후반 돼지와 가금류의 상업적 생산이 확립되면서 시작됐다.

덧붙이자면 그러한 종간 각인은 백악기-팔레오기까지 거슬러 올라가 박쥐와 인간이 공유하는 생리적 특성으로까지 확장될 수 있다. 사스는 이것 말고도 새로운 방법으로 인간을 정복하기 위해 박쥐에게서 개발한 적응 방식을 개량하고 있을지도 모른다.[621]

따라서 인간이라는 거위에게 좋은 것은 바이러스 수거위에게도 좋다.[105] 인간이 박테리아에 맞서겠다며 투구게의 피를 뽑아내는 사이에 사스는 인간과 말굽박쥐의 오랜 유사성을 이용해서 우리를 공격할 수 있다.[622] 심층적인 진화는 여러 동물이 활용해 온 자원이다.

에코헬스에서 생태학은 어디에 있나

갑자기 사스 공격이 나타난 이유는 무엇일까? 어쩌면 우리의 관심이 더 커졌기 때문에 심각하게 느껴진 것일 수도 있다. 하지만 이번 세기에 들어와 신종 대규모 질병이 더 많아진 데에는 이유가 있다.[623]

중국은 코로나19에 전부는 아니더라도 많은 책임을 안고 있다. 중국

---

105 "암거위에 좋은 것은 수거위에게도 좋다What is good for the goose is good for the gander"는 경구를 변형한 표현.

등 거대 신흥국은 경제를 키우려고 제국주의에 가까운 수준으로 천연자원을 파냈다. 이를 통해 수백만 명이 가난을 벗어났지만 수백만 명을 소외시키기도 했다. 문제는 가뜩이나 줄고 있던 숲을 없애서 예전엔 인간과 멀리 떨어져 있던 동물 전염병을 접촉할 기회를 늘렸다는 것이다.[624]

하지만 미국과 유럽도 벌채와 개발에 돈을 댐으로써 바이러스 출현에 결정적인 역할을 했다. 중국 밖에서는 H1N1, 에볼라, 마코나, 지카 바이러스가, 중국에서는 여러 인플루엔자와 사스가 발생하는 것을 부추겼다. 미-중 사이에 '신냉전' 같은 양극화가 벌어지고 있는 것처럼 보여도,[625] 실제로는 전염병 같은 공동 생산물을 만들어 냈다.[626]

사회학자 조반니 아리기Giovanni Arrighi와 존 굴릭John Gulick이 말했듯이, 이러한 자본 경쟁의 중심지는 근본적으로 통합돼 있으며 초국가적 공급 라인, 외국인 직접 투자, 상호 연동된 기업들, 그리고 생태계 붕괴에 따른 부채 의존성 등을 공유하고 있다. 세계체제론은 미국에서 중국으로의 패권 이동을 인류 역사의 다음 단계로 예측하고 있지만, 그런 더러운 단절이 이루어질지는 알 수 없다.[627] 세계 자본이 다시 확장될 수 있도록 해 줄 환경적 근거는 취약하다.

그럼에도 불구하고 미국이 제국주의적 의학의 이익을 포기하면서까지 WHO에 대한 자금 지원을 철회하겠다면서 코로나19 진단과 백신조차 민족주의 프로그램으로 추구하겠다고 했다가 실패한 것은 놀랍다.[628] 반면 중국은 미국의 공백을 채우면서 북대서양조약기구NATO 회원국인 이탈리아로 의사를 보내고 아프리카에 수백만 달러를 지원했으며[629] 자체 개발한 백신을 세계에 보급하겠다고 약속했다.[630]

그러나 트럼피즘의 날개에서 아직도 벗어나지 못한 미국의 이데올로기 집단은 포기하지 않고 오히려 새로운 냉전을 시작한 것 같다. 휴먼라이츠워치, 《뉴욕타임스》, 로페어[106], CNN 말이다.[631] 인터넷이라는 공해 公海에서는 저들 신자유주의 매체들과 《차이나데일리》, 신화망, 《글로벌타임스》 같은 중국의 미디어 구축함들 사이에 우위를 점하기 위한 격전이 벌어진다.[632] 구글에는 '중국의 아프리카 코로나19 기부' 같은 기사가 뜨고, 미국 매체 복스Vox는 '중국은 스스로 일으킨 코로나바이러스 전염병을 어떻게 난폭하게 활용하고 있나'라는 타이틀의 기사를 실었다.[633] 《인민일보》 기사 제목은 '미국 정치인들, 팬데믹 대응에 냉혹함을 드러낸다'다.[634] 이런 충돌이 과학의 영역을 잠식하고 데이터와 해석의 열린 교환을 막는 것 같다.

야생동물 의학자 마크 발리투토Marc Valitutto 등은 미얀마에 서식하는 박쥐에 수많은 코로나바이러스가 존재한다고 보고하면서 다음과 같이 경고했다. "지속적인 토지 이용 변화가 미얀마에서 동물 감염병의 주요 원인으로 남아 있다. 이는 인간이 야생동물과 더욱 긴밀하게 접촉하게 하므로 보다 광범하고 지속적인 감시와 경계가 필요하다."[635] 이 논문은 토지 이용 정책의 개혁을 권고하지는 않지만, 박쥐에서 인간으로 바이러스를 전염시키는 주요 영향 중 하나를 보여 준다. 아주 예외적인 경우를 빼고는 중국의 과학 연구는 애그리비즈니스, 야생 식품, 국가의 지원 속에 종간 질병의 장벽을 허무는 전통 의학 등이 어떤 역할을 하는지 사회적인 원인을 조사하기를 꺼린다.

때와 장소에 따라 정도는 달라도 중국은 언론과 과학 논문을 검열해 왔다. 정부 기관이 직접 나서지 않아도 기관장들이 혹시나 문제가 될 법한 정치적, 경제적 의미를 알아서 경계하는 식이다. 최근 팬데믹 동안에

---

106 Lawfare. 법과 연관해 국가안보 이슈를 주로 다루는 블로그.

이를 보여 주는 정책이 공개됐다.[636] 이 검열은 특히 우한에서 시작된 발병 원인과 더 일반적으로는 전 세계의 감염병에 초점을 맞추고 있다. 박쥐 표본 채취는 사스-1 발병 이후 본격적으로 시작됐고, 야생생물 학자들이 주도했다. 당국은 사스와 토지 이용 간의 관계에 대한 정보를 보고 받았을 가능성이 높다. 첫 사스 발병 때, 혹은 초기 조류 인플루엔자 파동과 함께 시작된 정책을 단순한 공식으로 만들 수도 있다.

국가의 뿌리 깊은 계급적 특성을 넘어서서, 최근 수십 년 동안 대부분의 나라에서 기업과 정부의 경계가 흐려졌다. 한 가지 심각한 예를 들어 보면 오바마 대통령 시절 미 식품의약국FDA 국장인 마거릿 햄버그Margaret A. Hamburg는 마약성 진통제인 오피오이드opioid 남용을 경계하라는 전문가들의 조언을 거부하면서 만성통증에 처방되는 새로운 오피오이드 약품들을 계속 승인했다. 당시 그의 남편은 오피오이드 제조사에 수백만 달러를 투자하고 있었다.[637] 수익 때문에 일어난 미국의 오피오이드 유행에 따른 피해는 거울상처럼 똑같다. 두 나라 모두에서 애그리비즈니스의 토지 수탈이 결정적인 역할을 한 것처럼.[638]

오피오이드의 경우처럼 토지 사용과 사스 문제에도 사전 경고가 있었다면 인류를 위해 무엇을 할 수 있었을까.

중국 과학자들과 협력해 유행병의 근본이 되는 박쥐의 생태 연구와 박쥐 코로나바이러스의 생태 보건을 추적하는 데에 수백만 달러를 투입했다면, 그리고 이 책의 앞부분에서 논의한 것처럼 과학적 이득이 모호한데도 무모하게 이뤄지는 기능 획득 연구들이 적었더라면, 우리는 인간 감염의 가능성과 그 파급 효과를 미리 알고 대비할 수 있었을지도 모른다.[639]

전 세계의 사람들이 적절한 공중보건을 실천하도록 하기 위한 광고를 상상해 보자. 미국에서 시작한다면 이건 어떨까. "데니 햄린[107]입니다. 시속 210마일로 뜨거워진 엔진으로 달릴 때에도 저는 동료들을 위해 마스크를 씁니다. 고향으로 돌아가면 친구들과 이웃을 위해 마스크를 쓰죠. 우리는 이길 때도 있고, 질 때도 있고, 무너질 때도 있습니다. 하지만 이미 잃은 것은 트랙에 남겨 두고, 마스크를 씁시다." 성별에 따라 차이를 보이는 건강 결과를 개선하려고 성 역할을 강조하는 데에는 위험과 모순이 동시에 따른다. 그러나 비상 상황에서 분명하게 드러난 인구역학적 통계를 바탕으로 시작한다면 젠더에 관한 논의를 우회적인 방식으로 진전시킬 수 있을 것이다.

우리는 글로벌 자본의 지원 속에 토지 사용 관행이 박쥐와 인간의 접점을 늘려 왔음을 살펴봤다. 박쥐의 번식 과정부터 탐구하는 것이 개입에 도움이 됐을 수도 있다. 보존생물학자인 장펑의 연구팀은 중국적갈색관박쥐와 중간관박쥐가 영양 부분에서 많이 겹친다고 지적한다. 먹이 종류는 조금 달라도 먹이의 크기가 같다는 것이다.[640] 겹친다는 것의 의미는 공유할 수 있는 먹이가 많다는 뜻이다. 그렇다면 먹이가 부족하지 않은데 왜 짝짓기 철에 수컷 박쥐를 제거하기 좋은 메커니즘이 발달했을까 하는 의문이 생긴다.

만일 상황이 그것과 다르다면? 미국이 살충제에 잠겨 있다지만, 이번 세기 초에 이미 중국 살충제 사용량이 미국의 4배가 됐다. 30~40퍼센트는 면화에 뿌려졌고 일부는 SL을 갖고 있는 박쥐 서식 지역에 살포됐다.[641] 사스-1이 출현하기 직전에 박쥐의 먹이인 벌레와 나비 숫자가 살충제로 인해 줄었다면 박쥐 수컷을 급격히 쇠약하게 만드는 사스 균주가

107 Denny Hamlin. 유명한 카레이싱 선수.

단기간에 선택될까? 반대로 살충제 사용을 줄이면 인수 공통 병원균의 병독성이 약화될까?

어떤 가능성?

데니 햄린과 살충제 뿌리기는 보상 심리에 따른 환상 같은 측면이 있다. 교육과 수많은 정보가 일으키는 문제이기도 한, 자유주의라는 만병통치약이다.

'팬데믹'이라는 유명한 보드게임이 있지만, 실제의 팬데믹은 위대한 몇몇이 조합되면 해결할 수 있는 보드게임이 아니다. 카드로 세계의 문제를 제어할 수는 없다. 막대한 부를 위협받을 경우에 정치경제는 질병 통제를 방해하기 위해 적극 나선다.

축적의 양극단인 미-중 사이에 세계적 충돌이 일어나고 있는 상황에서는 아무리 반짝이는 아이디어라도 한쪽의 망치를 피하기 힘들다. 이쪽이나 저쪽을 거부하는 것만으로는 전문가로서의 생존이 불가능해진다. 그렇다면 다른 선택이 있을까? 상황을 '정상'으로 돌리겠다며 내놓은 방역 개입은 그 자체가 질병을 초래한 장치들이었다. 그런 개입 이전에 시행했어야 할 다른 정치적 방법은 없을까.

다양한 제3의 입장들이 있다. 중국이 스스로 아니라고 되풀이해 말해왔는데도 영미의 일부 좌파는 중국을 마오쩌둥주의의 반대자라며 끌어안는다.[642] 미국의 또 다른 좌파는 마치 정치인에게 '우리를 두려워하지 말라'라고 알려주기 위해서인 양 애국심을 과시하듯 중국을 비판한다.[643] 겉으로는 부인하지만 CIA에서 돈을 지원받아 일궈 놓은 자산까지 활용하면서.[644]

대국의 복잡한 충돌 너머에 국제주의가 있을까? 그렇게 되면 개입 규범을 마련할 수 있을까? 절망에서 비롯된 희망일 뿐이려나? 아니면 수백만 명의 사람이 반사회적 행태로부터 국가를 구하기 위해 세대 간 전투를 벌일 각오를 단단히 하고 있을까? 이런 질문들조차 우리를 혼란에 빠뜨린 전제를 또다시 반복하는 것 아닐까?

우리는 박쥐 동굴을 들여다보지만 동굴도 우리를 돌아볼까? 우리 자신에 대해 보지 못하고 있는 또 다른 무엇이 있을까? 지난 20년 동안 어둠 속에서 아래를, 저 아래를 내려다보면서 돈줄에 좌우돼 온 역학자들이 놓쳐 온 것은 무엇인가? 우리의 미래는 지금보다는 조금이라도 더 나을까?

플로리다주 아벤추라의 고급 쇼핑몰에 최근 마스크와 손 소독제, 자외선 살균제, 신발 커버 보관 용기 등을 파는 '코로나19 필수품' 매장이 문을 열었다.[645] 하지만 팝업스토어에는 없는 것, 미국 정부는 제공해 주지 않는 것이 있다. 대규모 진단과 접촉자 추적, 지역의 방문 보건 점검, 푸드 트럭과 시영 레스토랑, 매달 실시되는 코로나19 검사, 집집마다 보내 주는 마스크와 예방 키트, 임대료와 주택 담보 대출 상환 일시 중지, 보육 보조금, 지역 농장에서 나오는 식료품을 살 수 있도록 해 주는 보조금 같은 것들이다.[646]

미국의 코로나19 사망자들에게 나타나는 인종적 차이는 처음 생각한 것보다 더 심각하다.[647] 라틴아메리카와 아프리카에서도 확산되는 등 세계적 격차에 따른 피해도 발생할 것이다.[648] 개인 보호 장비와 세제, 화장지, 식료품 등의 공급 능력은 적시 공급 시스템에 달려 있고, 그 시스템에 자금이 투입될지는 주택 위기와 불황으로 이미 부채에 짓눌려 있는 시장이 어떤 베팅을 하느냐에 따라 달라진다.[649] 그렇게 오랫동안 자본이 스스로를 좀먹어 왔다는 사실이 놀라울 정도다.

사회적 비용은 특히 고립된 어린이들 사이에서는 사회심리학으로까지 확대되고 있다. 그런데 미국은 감시 자본주의로 점점 나아가고 있으면서도 대만과 한국이 활용한 역학 추적 앱조차 제공하지 않는다.[650]

생물의학 전망은 여전히 불투명하다. 세계 수백 개의 실험실이 효과적인 백신을 찾고 있으나,[651] 반년이 지난 지금 터져 나오는 백신 낙관론과 신랄한 비관론 사이에는 아직도 백신이 생산되지 않고 있다는 현실이 놓여 있다.[652] 정말 어려운 문제다. 어떤 백신은 동물실험을 건너뛰고, 어떤 경우에는 3상에 들어가기 전부터 수천 명에게 백신을 투입하는 등의 문제도 있다.[653] 효과적인 백신, 또는 혈장 요법조차 어떤 접종자에게서는 병리학적 면역반응을 일으킬 위험이 있다.[654] 예방이 부분적으로만 가능할 수도 있지만 어떤 이들은 '아예 예방을 못하는 것보다는 낫다'고 주장한다.

효과적인 백신조차도 힘든 싸움에 직면해 있다. 역학의 변수는 신뢰다. 백신의 효과는 사회적 협상에 달려 있다.[655] 미국에서는 접종에 반대한다는 사람이 절반이다.[656] 수백 가지 백신이 출시될 가능성이 있는데, 집단면역에 이르려면 생산 표준이 필요하다. 시간이 핵심이지만, 그러다가 "우리가 폭탄을 해체할 수 있을까"라는 중요한 질문을 놓칠 수 있다.

우리의 사랑스러운 인체로는 충분하지 않을 수 있다. 감염을 겪은 이들 대부분에게서 감염균을 중화해 세포를 방어하는 중화항체가 형성되지 않은 것으로 보인다.[657] 감염 이후 몇 달은 면역력이 이어질 수도 있지만,[658] 3월에 한번 감염된 사람들조차 다시 감염에 취약해질 수도 있다면 이는 큰 문제다.[659] 항원에 특화돼 반응하는 T세포 면역은 효과적이고 장기적으로 이어질 수 있겠지만, 확산이 남쪽으로 내려가면서 사스-2

가 T세포들에 승리하는 것처럼 보인다. 에이즈 바이러스가 택한 방식과는 좀 다르지만 말이다.

이런 전망보다 더 나은, 다른 미래가 있을까? 그것이 지금의 권력과 축적 구조를 유지하는 것이 아닌 다른 집단성과 관행으로 우리를 이끌 수 있을까?

아직은 논의만 되고 있는 백신과 항바이러스제를 이용한 생물의학적 개입과 신체가 보여 주는 경이는 어떤 형태의 공중보건에 의해 형이상학적으로 포착될까. 예를 들어 간호학은 자랑스러운 역사, 생생한 문헌, 독특한 인식론을 가진 독립된 분야다.[660] 성공적인 입원 치료는 환원주의 생물학과 기술적인 밀고 당기기가 아니라 간호사의 의료 서비스에 달려 있다. 더 나은 표현을 찾지 못해 군이 이렇게 표현하자면, 그것은 환자를 건강으로 가는 구불구불한 길로 안내하기 위한, 물질적 기반을 갖춘 의식을 통해 정교하게 조율된 관행과 관련된 문제다.

간호학의 이런 접근법을 지리적으로, 또 여러 영역으로 확장할 수 있을까? 부유한 이들을 구하겠다며 다수를 버린 국가를 되살리기 위한 상호 부조가 대안적인 거버넌스로 자리 잡을 수 있을까?[661] 직장뿐 아니라 노동자들이 사는 지역에서도 좌파의 전통이 권력을 되찾는 게 가능할까?[662] 백신이나 치료제가 없는 나라들에서도 크고 작은 상호 부조를 통해 코로나19 발생률을 사실상 0으로 낮춘 사례들이 있다. 가라타니 고진柄谷行人은 전통적인 수평적 호혜성과 자치를 제거하면서 국가가 부상했다고 했다. 상호 부조를 통한 개입은 고진의 주장에 대한 상징적인 승리를 보여 주는 것일까?[663] 국가와 지역이 협력할 여지는 없을까?

지나간 시대가 다시 오고 있는 것일까? 페스트를 치료하던 중세의 의사에서 1910년~1911년 만주의 폐페스트에 이르기까지, 마스크는 물리적 거리두기라는 사회 관습과 함께 확실한 방역 장치가 돼 왔다.[664] 글로 벌 노스의 시큰둥한 대중이 마스크를 쓰게 하려면 법적 강제가 필요하 다.[665]

과거의 인류 생태학도 되살아날까? 코로나19 감지기를 단 목줄을 사 람들에게 채운다면? 체온을 재는 것보다는 그 편이 실제 감염을 알아내 는 데에 유리하다면, 개가 사람의 땀 냄새를 맡고 코로나19를 탐지하게 할 수 있을까?[666]

축사와 목초지와 완충 지대에서 멀리 떨어진 곳에 유익한 미생물 생 태계가 있다면, 지역 경관을 가로지르는 통합적 개입을 통해 독성이 덜 한 균주들이 선택되는 매개 공간이 되게 만들 수도 있을 텐데.[667] 탈성장, 탈식민지화, 개발적 통합, 부채 면제 등등 자본주의에 500년간 수탈당해 온 토지와 노동을 탈소외화하기 위한 노력을 묶어 내는 데에 달린 것일 까?[668]

우리의 동료인 농업사회학자 막스 아질은 이렇게 요약한다.

산업화된 자본주의 농업이 치명적인 바이러스 배양기임은 이제 잘 알려 져 있다. 산업 농업에 대한 신뢰를 떨어뜨리고, 농업 생태 운동이 그 이점 을 최대한 활용해야 한다. 농민 운동, 생태 농민 운동, 농지의 탈상품화와 이어진 영속농업permaculture 이니셔티브는 탄력적이고 비자본주의적인 세 계 식량 시스템을 만들기 위한 물리적 생산 구조를 구축하고 있다.

농민운동은 생태 운동과 노동계급 운동의 일부이며, 가난한 사람들의 환 경주의를 보여 주는 훌륭한 사례다. 민중친화적인 국가와 함께, 이들의 운동은 가난한 사람들을 먹이고 지구의 건강을 되살리고 바이러스의 훌 륭한 예방책이 될 식량 생산 시스템을 구축할 수 있기 때문에 세계 정의

를 전환하는 기초가 된다.[669]

낡고 지친 현재에서 벗어난 새로운 미래. 그러나 갑자기 박쥐 동굴의 깊은 곳에서 잘못된 각도로 발사된 무언가가 윙윙거리며 우리 귀를 스친다.

예를 들어 생물다양성 연구자 자오슈먀오趙淑妙가 이끄는 유전학 팀은 앞에서 언급했듯이 박쥐와 천산갑에 있던 바이러스의 유전자가 재조합되면서 사스-2의 기원이 됐다고 주장했다. 실제로 그런 유전자가 40년 전에 등장한 바 있다.[670] 연구팀은 이 근원적인 균주가 가지고 있던 것과 같은 수용체 결합영역RBD의 아미노산이 바이러스들 사이에서 선택을 통해 점점 더 정제됐고, 사스-2가 우한에서 발생하기 몇 년 전부터 사람에게서는 발견되지 않은 채 중국에서 순환하고 있었다는 가설을 세웠다. 초기의 사스-2 바이러스는 2019년 12월에 인간-인간 감염이 시작될 때만 해도 인체 감염을 선호하지 않았을 수 있다. 그런데 예를 들면 스파이크 단백질의 D614G 아미노산 변이 같은 것을 거치면서 몇 달 사이에 인간 감염을 확장하는 쪽으로 갔을 수 있다는 것이다.[671]

더 놀라운 것이 있다. 에코헬스얼라이언스가 생태학을 유전학 연구에 적용해 2009년부터 2019년 사이 말레이시아에서 압류된 334개의 말레이천산갑을 표본 조사해 보니, 유통의 초기 단계에서는 코로나바이러스가 발견되지 않았다.[672] 이 연구의 통계적인 힘은 잠시 제쳐두자. 2007년과 2009년 사이에 사바Sabah 지역에서는 단 한 건의 거래로 2만 2,000마리의 천산갑이 유통됐다.[673] 조사팀은 2019년 광둥에서 확인된 천산갑의 코로나바이러스와 사스-2의 수용체 결합 영역이 일치하며, 우연히 감염이 일어났을 수 있다고 주장한다. 서로 다른 개체에서 나온 유전자 배열을 비교하는 등 천산갑을 연구한 논문들에는 문제가 적지 않다. 자오 팀의 연구에 따르면 재조합이 실제 천산갑 숙주에 의존할 필요가 없을 수도 있지만,[674] 그렇더라도 2019년 감염된 천산갑에서 분리한 균주에 대한 에코헬스얼라이언스 팀의 주장에는 문제가 없다.

또 다른 발사체인 차세대 실험실 가설도 흔적을 남기며 귓전을 지나가고 있다. 그 흔적은 2013년 채취된 박쥐 코로나바이러스가 우한 연구소 두 곳 중 한 곳에서 흘러 나왔다는 주장에서부터 2012년 코로나19와 유사한 증상을 보인 광부 6명에게서 채취한 샘플이 인간에 적응해 밖으로 흘러나왔다는 주장으로까지 옮겨 갔다.[675] 재미난 이야기들이다. 하지만 그런 복합적인 우연의 일치라니, 아직은 믿기 힘들다.[676]

실험실 가설의 이 새로운 버전에는 이런저런 문제가 있기 때문이다. 먼저 이런 주장은 유전적 유사성과 계통 발생을 혼동하고 있으며 야생형 SL에서 기록된 재조합 빈도를 무시한다. 2013년의 박쥐 표본에서 나타난 바이러스의 스파이크 단백질 구조가 사스-2로 수렴됐다고 하면서, 2019년 천산갑 샘플의 바이러스에 나타난 더 밀접한 연관성은 무시한다. 광부들에게서 발견된 바이러스가 진화해 사스-2의 퓨린절단이 나타났을 수 있다고 주장하지만, 야생형 SL에서도 퓨린절단이 발견된다는 점은 빠뜨린다.[108] 수백만 마리의 동물이 있는 필드에서 사람들이 병에 걸렸을 가능성은 무시한 채, 광부 6명이 몇 주 만에 수십 년을 압축한 바이러스의 진화를 가져왔다고 주장한다.

팬데믹을 일으킨 사스-2 바이러스의 유전적 변이가 상대적으로 적다

---

108 퓨린절단은 단백질 분해 효소에 의해 스파이크 단백질이 잘리면서 펼쳐지는 모양이 달라지는 것을 가리킨다. 코로나19 바이러스는 퓨린절단으로 인해 사스보다 인간의 세포수용체에 더 잘 결합하게 된 것으로 과학자들은 보고 있다. 중국과 미국의 음모론자들은 코로나19 바이러스에서 퓨린절단 부위가 나타난 것을 이유로 인위적 유전자 조작설을 주장하기도 했다.

고 주장하는 것이 실험실 기원론자들의 특징이지만, 그것은 실험실 기원론의 근거가 못 된다. 변이는 축적되기 때문에, 변이의 정도는 기원보다는 확산 속도를 가리키는 지표다. 그런데도 저들은 '연구실 사고를 은폐했다'는 비난을, 우한을 넘어 베이징과 산둥과 광둥과 윈난의 과학자들에게까지 확대하면서 난장판을 만들고 있다.

실험실 기원론자들은 생략을 좋아하지만, 이유는 잘 설명하지 못하는 것 같다. 뭐가 됐든, 코로나19의 특징을 규명하는 과정에서 일어나는 이 모든 소동이야말로 당혹스럽다. 감염병이 발생한 지 6개월밖에 안 됐고, 무슨 일이든 일어날 수 있다. 자오의 해석은 우리가 제안한 SL 기원의 시공간적 범위를 설명하고 있지만, 미스터리에서 시작된 이 연구는 앞으로도 미스터리들을 뚫고 지나가야 할 것이다.[677]

이 책은 기껏해야 코로나19에 대한 대략적인 지도를 그리는 데 그치고 있지만, 공포에 빠지는 것보다는 이런 지도라도 이해하는 편이 낫다. 아질을 비롯한 동료들이 지적하듯이, 어디에서건 자본주의의 무기는 철이 아니다.[678] 자본주의의 잔혹한 집행 과정에 금속이 꼭 필요한 것은 아니라는 이야기다. 다국적 애그리비즈니스, 광업, 벌목, 부동산은 탐욕스럽게 생명의 나무를 베어 냈고, 무엇보다 지구와 거기서 살아가는 사람들이 피해를 입었다. 죽은 역학자들이 떠받치고 있는 이 자본주의 시스템은 그 폐허를 들춰 코로나19를 건져 올렸고, 바이러스는 이제 인간성을 산 채로 먹어 치우고 있다.

_ 2020년 7월 24일

미주

서문

1. Wallace R, Y-S Huang, P Gould, and D Wallace (1997). "The hierarchical diffusion of AIDS and violent crime among U.S. metropolitan regions: Inner-city decay, stochastic resonance and reversal of the mortality transition." *Social Science & Medicine* 44(7): 935-947; Jhung MA, D Swedlow, SJ Olsen, D Jergnigan, M Biggerstaff, et al. (2011). "Epidemiology of 2009 pandemic Influenza A (H1N1) in the United States." *Clinical Infectious Diseases* 52(S1): S13-S26; Wallace RG (2020). "Setting the jet net". Patreon, 5 July. https://www.patreon.com/posts/setting-jet-net-38980079.

2. Desjardins MR, A Hohl, and EM Delmelle (2020). "Rapid surveillance of COVID-19 in the United States using a prospective space-time scan statistic: Detecting and evaluating emerging clusters." *Applied Geography* 118: 102202; Amin R, T Hall, J Church, D Schlierf, and M Kulldorff (2020). "Geographical surveillance of COVID-19: Diagnosed cases and death in the United States." medRxiv, 25 May. https://www.medRxiv.org/content/10.1101/2020.05.22.201 10155v1.

3. Maxmen A (2020). "The race to unravel the biggest coronavirus outbreak in the United States." *Nature*, 6 March. https://www.nature.com/articles/d41586-020-00676-3.

4. Akuno K and A Nangwaya (2017). *Jackson Rising: The Struggle for Economic Democracy and Black Self-Determination in Jackson, Mississippi.* Daraja Press; Minka A (2020). "The self-confessed bankruptcy of Mayor Chokwe Antar Lumumba." *Black Agenda Report,* 1 July. https://blackagendareport.com/self-confessed-bankruptcy-mayor-chokwe-antar-lumumba.

5. Gilpin L (2018). "'We don't have any voice': Rural Mississippians feel shut out, overcharged by electric co-ops." *Mississippi Today,* 14 December. https://mississippitoday.org/2018/12/14/we-dont-have-any-voice-rural-mississippians-feel-shut-out-overcharged-by-electric-co-ops/; Fairchild DG (2020). "Powering democracy through clean energy." In D Orr, A Gumbel, B Kitwana, and W Becker (eds), *Democracy Unchained: How to Rebuild Government for the People.* The New Press, New York. Dawson A (2020). *People's*

Power: Reclaiming the Energy Commons. OR Books, New York.

1. 신종 코로나바이러스에 대한 기록

6. Ramadan N and H Shaib (2019). "Middle East respiratory syndrome coronavirus (MERS-CoV): a review." *Germs* 9(1): 35-42.

7. Anonymous (2020). "Coronavirus: Death toll climbs, and so does the number of infections." *New York Times*, 28 January. https://www.nytimes.com/2020/01/28/world/asia/china-coronavirus.html.

8. Buckley C, R Zhong, D Grady, and RC Rabin (2020). "As coronavirus fears intensify, effectiveness of quarantines is questioned." *New York Times*, 26 January. https://www.nytimes.com/2020/01/26/world/asia/coronavirus-wuhan-china-hubei.html.

9. Read JM, JRE Bridgen, DAT Cummings, A Ho, and CP Jewell (2020). "Novel coronavirus 2019-nCoV: Early estimation of epidemiological parameters and epidemic predictions." medRxiv, 28 January. https://www.medRxiv.org/content/10.1101/2020.01.23.20018549v2.article-info.

10. The Nextstrain Team (2020). "Genomic epidemiology of novel coronavirus." https://nextstrain.org/ncov/global.

11. Center for Systems Science and Engineering at Johns Hopkins University (2020). "COVID-19 dashboard." https://gisanddata.maps.arcgis.com/apps/opsdashboard/index.html#/bda7594740fd40299423467b48e9ecf6.

12. Griffiths J (2020). "Number of Wuhan coronavirus cases inside mainland China overtakes SARS, as virus spreads worldwide." *CNN*, 28 January. https://www.cnn.com/2020/01/28/asia/wuhan-coronavirus-update-jan-29-intl-hnk/index.html.

13. Wallace R and RG Wallace (2016). "The social amplification of pandemics and other disasters." In Wallace R and RG Wallace (eds), *Neoliberal Ebola: Modeling Disease Emergence from Finance to Forest and Farm*. Springer International Publishing, Cham, pp 81-93.

14. Szabo L (2020). "Something far deadlier than the Wuhan coronavirus lurks near you, right here in America." *USA Today*, 24 January. https://www.usatoday.com/story/news/health/2020/01/24/coronavirus-versus-flu-influenza-deadlier-than-wuhan-china-disease/4564133002/.

15. Defoe D (1995). *A Journal of the Plague Year*. Project Gutenberg EBook. https://www.gutenberg.org/files/376/376-h/376-h.htm; Barry J (2005). *The Great Influenza*. Penguin Books, New York.

16. Dawood F, et al. (2012). "Estimated global mortality associated with the first 12 months of 2009 pandemic influenza A H1N1 virus circulation: a modelling study." *The Lancet Infectious Diseases* 12(9): 687-695.

17. Johnson C (2020). "Scientists are unraveling the Chinese coronavirus with unprecedented speed and openness." *Washington Post*, 24 January. https://www. washingtonpost.com/science/2020/01/24/scientists-are-unraveling-chinese-coronavirus-with-unprecedented-speed-openness/.

18. Kapczynski DR, MJ Sylte, ML Killian, MK Torchetti, and K Chrzastek (2017). "Protection of commercial turkeys following inactivated or recombinant H5 vaccine application against the 2015 U.S. H5N2 clade 2.3.4.4 highly pathogenic avian influenza virus." *Veterinary Immunology and Immunopathology* 191: 74-79.

19. Quan-Cai C, et al. (2006). "Refined estimate of the incubation period of severe acute respiratory syndrome and related influencing factors." *American Journal of Epidemiology* 163(3): 211-216.

20. Cohen E (2020). "China says coronavirus can spread before symptoms show — calling into question US containment strategy." *CNN*, 26 January. https:// www.cnn.com/2020/01/26/health/coronavirus-spread-symptoms-chinese-officials/index.html.

21. Ashton, JR (2003). "Type I and type II errors exist in public health practice too." *Journal of Epidemiology and Community Health* 57: 918.

22. Wallace RG, H HoDac, R Lathrop, and W Fitch (2007). "A statistical phylogeography of influenza A H5N1." *Proceedings of the National Academy of the Sciences* 104 (11): 4473-4478; Wallace RG (2016). *Big Farms Make Big Flu*. Monthly Review Press, New York.

23. Wallace RG (2017). "Prometheus rebound." *Farming Pathogens* blog, 31 October. https://farmingpathogens.wordpress.com/2017/10/31/prometheus-rebound/.

24. Wallace RG (2013). "The bug has left the barn." *Farming Pathogens* blog, 15 January. https://farmingpathogens.wordpress.com/2013/01/15/the-bug-has-left-the-barn/.

25. Wallace RG (2013). "Broiler explosion." *Farming Pathogens* blog, 14 April.

https://farmingpathogens.wordpress.com/2013/04/14/broiler-explosion/.

26. Wallace RG, et al (2016). "Did neoliberalizing West African forests produce a new niche for Ebola?" *International Journal of Health Services*. 46(1): 149-165.

27. Branswell H (2019). "The data are clear: Ebola vaccine shows 'very impressive' performance in outbreak." *STAT*, 12 April. https://www.statnews. com/2019/04/12/the-data-are-clear-ebola-vaccine-shows-very-impressive-performance-in-outbreak; Kupferschmidt K (2019). "Finally, some good news about Ebola: Two new treatments dramatically lower the death rate in a trial." *Science*, 12 August. https://www.sciencemag.org/news/2019/08/finally-some-good-news-about-ebola-two-new-treatments-dramatically-lower-death-rate.

28. Vogel C, et al. (2019). "Cliches can kill in Congo." *Foreign Policy*, 30 April. https://foreignpolicy.com/2019/04/30/cliches-can-kill-in-congo-grand-nord-north-kivu-tropes-conflict-ebola-response/.

29. Davis M (2018). *Old Gods, New Enigmas*. Verso Press, New York.

30. Myers, SL (2020). "China's omnivorous markets are in the eye of a lethal outbreak once again." *New York Times*, 25 January. https://www.nytimes. com/2020/01/25/world/asia/china-markets-coronavirus-sars.html.

31. Ji W, W Wang, X Zhao, J Zai, and X Li (2020). "Cross-species transmission of the newly identified coronavirus 2019-nCoV." *Journal of Medical Virology* 92(4): 433-440.

32. Xinhua (2020). "China detects large quantity of novel coronavirus at Wuhan seafood market." *Xinhuanet*, 27 January. http://www.xinhuanet.com/english/2020-01/27/c_138735677.htm.

33. Huang C, et al (2020). "Clinical features of patients infected with 2019 novel coronavirus in Wuhan, China." *The Lancet* 395(10223): 497-506.

34. Cohen J (2020). "Wuhan seafood market may not be source of novel virus spreading globally." *Science*, 26 January. https://www.sciencemag.org/news/2020/01/wuhan-seafood-market-may-not-be-source-novel-virus-spreading-globally.

35. Bradsher K and A Tang (2019). "China responds slowly, and a pig disease becomes a lethal epidemic." *The New York Times*, 17 December. https://www.nytimes.com/2019/12/17/business/china-pigs-african-swine-fever.html.

36. Wallace R, Bergmann L, Hogerwerf L, Kock R, and RG Wallace (2016). "Ebola in the hog sector: Modeling pandemic emergence in commodity livestock." In

Wallace R and RG Wallace (eds), *Neoliberal Ebola: Modeling Disease Emergence from Finance to Forest and Farm*. Springer International Publishing, Cham, pp 13-53.

37. Wallace RG (2007). "The great bird flu name game." *H5N1* blog post, 27 December. https://mronline.org/wpcontent/uploads/2020/01/rg_wallace_the_great_bird_flu_name_game.pdf.

38. Anonymous (2020). "Coronavirus death toll climbs in China, and a lockdown widens." *The New York Times*, 23 January. https://www.nytimes.com/2020/01/23/world/asia/china-coronavirus.html.

39. Wallace RG, L Bergmann, L Hogerwerf, and M Gilbert (2010). "Are influenzas in Southern China byproducts of the region's globalizing historical present?" In J Gunn, T Giles-Vernick, and S Craddock (eds), *Influenza and Public Health*. Routledge Press, London; Zhong T, et al. (2018). "The impact of proximity to wet markets and supermarkets on household dietary diversity in Nanjing city, China." *Sustainability 10*(5): 1465.

40. Broglia A and C Kapel (2011). "Changing dietary habits in a changing world: Emerging drivers for the transmission of foodborne parasitic zoonoses." *Veterinary Parasitology* 182(1): 2-13; Liu Q, L Cao, and X Zhu (2014). "Major emerging and re-emerging zoonoses in China: a matter of global health and socioeconomic development for 1.3 billion." *International Journal of Infectious Diseases* 25: 65-72; Schneider M (2017). "Wasting the rural: Meat, manure, and the politics of agro-industrialization in contemporary China." *Geoforum* 78: 89-97.

41. Wallace RG, L Bergmann, L Hogerwerf, and M Gilbert (2010). "Are influenzas in Southern China byproducts of the region's globalizing historical present?"

42. Dzoma BM, S Sejoe, and BVE Segwagwe (2008). "Commercial crocodile farming in Botswana." *Tropical Animal Health and Production* 40: 377-381; Brooks EGE, SI Roberton, and DJ Bell (2010). "The conservation impact of commercial wildlife farming of porcupines in Vietnam." *Biological Conservation*. 143(11): 2808-2014; Mather C and A Marshall (2011). "Living with disease? Biosecurity and avian influenza in ostriches." *Agriculture and Human Values* 28: 153-165; Kamins AO, et al. (2011). "Uncovering the fruit bat bushmeat commodity chain and the true extent of fruit bat hunting in Ghana, West Africa." *Biological Conservation* 144(12): 3000-3008; Yulia M and D Suhandy (2017). "Indonesian palm civet coffee discrimination using UV-visible

spectroscopy and several chemometrics methods." *Journal of Physics Conference Series.* https://iopscience.iop.org/article/10.1088/1742-6596/835/1/012010/meta#artAbst.

43. Roach J (2011). "New shark species found in food market." *National Geographic,* September 11. https://www.nationalgeographic.com/news/2011/9/110901-shark-new-species-eaten-science-ocean-squalus-formosus-dogfish/.

44. Foster, JB and B Clark (2009). "The paradox of wealth: Capitalism and ecological destruction." *Monthly Review* 61(6). https://monthlyreview.org/2009/11/01/the-paradox-of-wealth-capitalism-and-ecological-destruction/.

45. Fearnley L (2013). "The birds of Poyang Lake: Sentinels at the interface of wild and domestic." *Limn* 3. https://limn.it/issues/sentinel-devices/.

46. Wallace, RG (2019). "Review of Paul Richards' *Ebola: How a People's Science Ended an Epidemic.*" *Antipode Online,* 13 May. https://antipodeonline.org/2019/05/13/ebola-how-a-peoples-science-helped-end-an-epidemic/.

47. Zhang, QF (2012). "The political economy of contract farming in China's agrarian transition." *Journal of Agrarian Change* 12(4): 460-483; Wallace R (2014). "Collateralized farmers." *Farming Pathogens* blog, 8 May. https://farmingpathogens.wordpress.com/2014/05/08/collateralized-farmers/.

48. Wallace RG (2018). *Duck and Cover: Epidemiological and Economic Implications of Ill-Founded Assertions that Pasture Poultry Are an Inherent Disease Risk.* Australian Food Sovereignty Alliance. https://mronline.org/wp-content/uploads/2020/01/Wallace-Duck-and-Cover-Report-September-2018.pdf; Okamoto K, A Liebman, and RG Wallace (2019). "At what geographic scales does agricultural alienation amplify foodborne disease outbreaks? A statistical test for 25 U.S. states, 1970-2000." medRxiv, 8 January. https://www.medRxiv.org/content/10.1101/2019.12.13.19014910v2.

49. Okamoto K, A Liebman, and RG Wallace (2019). "At what geographic scales does agricultural alienation amplify foodborne disease outbreaks? A statistical test for 25 U.S. states, 1970-2000."

50. Wallace RG (2010). "We can think ourselves into a plague." *Farming Pathogens* blog, 25 October. https://farmingpathogens.wordpress.com/2010/10/25/we-can-think-ourselves-into-a-plague/.

51. Le Page M (2020). "CRISPR-edited chickens made resistant to a common virus." *New Scientist,* 20 January. https://www.newscientist.com/

article/2230617-crispr-edited-chickens-made-resistant-to-a-common-virus/amp/.

52. Wallace RG (2010). "The Scientific American." *Farming Pathogens* blog, 18 January. https://farmingpathogens.wordpress.com/2011/01/18/the-scientific-american/.

53. Wallace RG, et al. (2015). "The dawn of Structural One Health: a new science tracking disease emergence along circuits of capital." *Social Science and Medicine* 129: 68-77.

54. Reid S (2020). "How the coronavirus started in China—and why that's actually a saving grace." *ABC News*, 23 January. https://www.abc.net.au/news/2020-01-24/coronavirus-came-from-animals-stopping -spread-not-simple/11893420.

55. Press A (2019). "On the origins of the professional-managerial class: an interview with Barbara Ehrenreich." *Dissent*, 22 October. https://www.dissentmagazine.org/online_articles/on-the-origins-of-the-professional-managerial-class-an-interview-with-barbara-ehrenreich.

56. Huber M (2019). "Ecological politics for the working class." *Jacobin*, 12 October. https://jacobinmag.com/2019/10/ecological-politics-working -class-climate-change.

57. Wallace RG (2016). *Big Farms Make Big Flu.*

58. Lazare S (2016). "Ultra-rich 'philanthrocapitalist' class undermining global democracy: report." *Common Dreams*, 15 January. https://www.commondreams.org/news/2016/01/15/ultra-rich-philanthrocapitalist-class-undermining-global-democracy-report.

59. Greenfeld KT (2009). *China Syndrome.* HarperCollins, New York.

60. Wallace RG et al (2014). "Did Ebola emerge in West Africa by a policy-driven phase change in agroecology?" *Environment and Planning A* 46: 2533-2542; Wallace RG (2015). "Made in Minnesota. *Farming Pathogens* blog, 10 June. https://farmingpathogens.wordpress.com/2015/06/10/made-in-minnesota; Wallace RG (2017). "Industrial production of poultry gives rise to deadly strains of bird flu H5Nx." Institute for Agriculture and Trade Policy blog, 24 January. https://www.iatp.org/blog/201703/industrial-production-poultry-gives-rise-deadly-strains-bird-flu-h5nx; Wallace R, et al. (2018). *Clear-Cutting Disease Control: Capital-Led Deforestation, Public Health Austerity, and Vector-Borne Infection.* Springer International Publishing, Cham.

61. Wallace RG (2009). "The hog industry strikes back." *Farming Pathogens* blog entry, 1 June. https://farmingpathogens.wordpress.com/2009/06/01/the-hog-industry-strikes-back; Wallace, RG (2015). "Made in Minnesota."

62. Foster JB (2013). "Marx and the rift in the universal metabolism of nature." *Monthly Review* 65(7). https://monthlyreview.org/2013/12/01/marx-rift-universal-metabolism-nature/.

63. Wallace RG (2016). *Big Farms Make Big Flu.*

2. 인터뷰_"애그리비즈니스가 수백만 명을 죽음으로 몰고 갈 것"

64. Pabst Y (2020) "Coronavirus: 'Agribusiness would risk millions of deaths.'" *Marx21*, 11 March. https://www.marx21.de/coronavirus-agribusiness-would-risk-millions-of-deaths/.

65. De Crescenzo L (2020) "Pandemic strike." *Uneven Earth,* 16 March. http://unevenearth.org/2020/03/pandemic-strike/.

3. 코로나19와 자본 회로

66. Roser M, H Ritchie, and E Ortiz-Ospina (2020). "Coronavirus disease (COVID-19)—statistics and research." *Our World in Data,* 22 March. https://ourworldindata.org/coronavirus#growth-country-by-country-view.

67. Rosenthal BM, Goldstein J, and Rothfeld M (2020). "Coronavirus in N.Y.: 'Deluge' of cases begins hitting hospitals." *New York Times*, 20 March. https://www.nytimes.com/2020/03/20/nyregion/ny-coronavirus-hospitals.html.

68. Rappleye H, AW Lehren, L Stricklet, and S Fitzpatrick (2020). "'The system is doomed': Doctors, nurses, sound off in NBC News coronavirus survey." *NBC News, 20 March. https://www.nbcnews.com/news/us-news/system-doomed-doctors-nurses-sound-nbc-news-coronavirus-survey-n1164841.*

69. Relman E (2020). "The federal government outbid states on critical coronavirus supplies after Trump told governors to get their own medical equipment." *Business Insider*, 20 March. https://www.businessinsider.com/coronavirus-trump-outbid-states-on-medical-supplies-2020-3; Oliver D (2020). "Trump announces U.S.-Mexico border closure to stem spread of

coronavirus." *USA Today*, 19 March. https://www.usatoday.com/story/travel/news/2020/03/19/u-s-mexico-officials-look-ban-non-essential-travel-across-border/2874497001/.

70. Ferguson N, et al. on behalf of the Imperial College COVID-19 Response Team (2020). "Impact of Non-Pharmaceutical Interventions (NPIs) to reduce COVID-19 mortality and healthcare demand." 16 March. https://spiral.imperial.ac.uk:8443/handle/10044/1/77482.

71. Taleb NN (2007). *The Black Swan.* Random House, New York; Shen C, NN Taleb, and Y Bar-Yam (2020). "Review of Ferguson et al. 'Impact of Non-Pharmaceutical Interventions.'" *New England Complex Systems Institute*, 17 March. https://necsi.edu/review-of-ferguson-et-al-impact-of-non-pharmaceutical-interventions.

72. NewTmrw (2020). "Coronavirus is too radical…" Twitter, 21 March. https://twitter.com/NewTmrw/status/1241532936760909825.

73. Wallace R (2020). "Pandemic firefighting vs. pandemic fire prevention." Unpublished manuscript, 20 March. Available upon request.

74. Allen J (2020). "Trump's not worried about coronavirus: but his scientists are." *NBC News*, 26 February. https://www.nbcnews.com/politics/white-house/trump-s-not-worried-about-coronavirus-his-scientists-are-n1143911; Riechmann R (2020). "Trump disbanded NSC pandemic unit that experts had praised." *AP News*, 14 March. https://apnews.com/ce014d94b64e98b7203b873e56f80e9a.

75. Sanger DE, E Lipton, E Sullivan, and M Crowley (2020). "Before virus outbreak, a cascade of warnings went unheeded." *New York Times*, 19 March. https://www.nytimes.com/2020/03/19/us/politics/trump-coronavirus-outbreak.html.

76. Taylor M (2020). "Exclusive: U.S. axed CDC expert job in China months before virus outbreak." *Reuters*, 22 March. https://www.reuters.com/article/us-health-coronavirus-china-cdc-exclusiv/exclusive-us-axed-cdc-expert-job-in-china-months-before-virus-outbreak-idUSKBN21910S.

77. Waitzkin H (ed) (2018). *Health Care Under the Knife: Moving Beyond Capitalism for Our Health.* Monthly Review Press, New York.

78. Lewontin R and R Levins (2000). "Let the numbers speak." *International Journal of Health Services* 30(4): 873-77.

79. Matthews O (2020). "Britain drops its go-it-alone approach to coronavirus."

Foreign Policy, 17 March. https://foreignpolicy.com/2020/03/17/britain-uk-coronavirus-response-johnson-drops-go-it-alone; Wallace R (2020). "Pandemic strike." *Uneven Earth*, 16. March http://unevenearth.org/2020/03/pandemic-strike; Frey I (2020). "Herd immunity' is epidemiological neoliberalism." *Quarantimes*, 19 March. https://thequarantimes.wordpress.com/2020/03/19/herd-immunity-is-epidemiological-neoliberalism/.

80. Payne A (2020). "Spain has nationalized all of its private hospitals as the country goes into coronavirus lockdown." *Business Insider*, 16 March. https://www.businessinsider.com/coronavirus-spain-nationalises-private-hospitals-emergency-covid-19-lockdown-2020-3.

81. Lange J (2020). "Senegal is reportedly turning coronavirus tests around 'within 4 hours' while Americans might wait a week." *Yahoo News*, 12 March. https://news.yahoo.com/senegal-reportedly-turning-coronavirus-tests-165224221.html.

82. Sterling S and JM Morgan (2019). *New Rules for the 21st Century: Corporate Power, Public Power, and the Future of Prescription Drug Policy in the United States*. Roosevelt Institute, New York.

83. Koebler J (2020). "Hospitals need to repair ventilators: Manufacturers are making that impossible." *Vice*, 18 March. https://www.vice.com/en_us/article/wxekgx/hospitals-need-to-repair-ventilators-manufacturers-are-making-that-impossible.

84. Wang M, et al. (2020). "Remdesivir and chloroquine effectively inhibit the recently emerged novel coronavirus (2019-nCoV) in vitro." *Cell Research* 30: 269-271.

85. Anonymous. (2020). "Autonomous groups are mobilizing mutual aid initiatives to combat the coronavirus" *It's Going Down*, 20 March. https://itsgoingdown.org/autonomous-groups-are-mobilizing-mutual-aid-initiatives-to-combat-the-coronavirus/.

86. Andersen K, A Rambaut, WI Lipkin, EC Holmes, and RF Garry (2020). "The proximal origin of SARS-CoV-2." *Nature Medicine, 17 March. https://www.nature.com/articles/s41591-020-0820-9.*

87. Wallace RG. "Notes on a novel coronavirus." *This volume.*

88. Gilbert M, et al. (2020). "Preparedness and vulnerability of African countries against importations of COVID-19: a modelling study." *Lancet* 395(10227): 871-877.

89. Sun J (2015). "The regulation of 'novel food' in China: the tendency of deregulation." *European Food and Feed Law Review* 10(6): 442-448.

90. Brooks EGE, SI Roberton, and DJ Bell (2010). "The conservation impact of commercial wildlife farming of porcupines in Vietnam." *Biological Conservation* 143(11): 2808-2014.

91. Schneider M (2017). "Wasting the rural: Meat, manure, and the politics of agro-industrialization in contemporary China." *Geoforum* 78: 89-97.

92. Wallace RG, L Bergmann, L Hogerwerf, and M Gilbert (2010). "Are influenzas in Southern China byproducts of the region's globalizing historical present?" In J Gunn, T Giles-Vernick, and S Craddock (eds), *Influenza and Public Health: Learning from Past Pandemics.* Routledge, London; Broglia A and C Kapel (2011). "Changing dietary habits in a changing world: Emerging drivers for the transmission of foodborne parasitic zoonoses." *Veterinary Parasitology* 182(1): 2-13.

93. Jones KE, NG Patel, MA Levy, A Storeygard, D Balk, et al. (2008). "Global trends in emerging infectious diseases." *Nature* 451(7181): 990-993; Molyneux D, et al. (2011). "Zoonoses and marginalised infectious diseases of poverty: Where do we stand?" *Parasites & Vectors* 4(106). https://parasitesandvectors. biomedcentral.com/articles/10.1186/1756-3305-4-106.

94. Morse SS, et al. (2012). "Prediction and prevention of the next pandemic zoonosis." *Lancet* 380(9857): 1956-1965; Wallace RG (2016). *Big Farms Make Big Flu.* Monthly Review Press, New York.

95. Wallace RG, et al. (2015). "The dawn of Structural One Health: a new science tracking disease emergence along circuits of capital." *Social Science and Medicine* 129: 68-77.

96. Cummins S, S Curtis, AV Diez-Roux, S Macintyre (2007). "Understanding and representing 'place' in health research: a relational approach." *Social Science & Medicine* 65(9): 1825-1838; Bergmann L and M Holmberg (2016). "Land in motion." *Annals of the American Association of Geographer* 106(4): 932-956; Bergmann L (2017). "Towards economic geographies beyond the nature-society divide." *Geoforum* 85: 324-335.

97. Jorgenson AK (2006). "Unequal ecological exchange and environmental degradation: A theoretical proposition and cross-national study of deforestation, 1990-2000." *Rural Sociology* 71(4): 685-712; Mansfield B, Munroe DK, and McSweeney K (2010). "Does economic growth cause

environmental recovery? Geographical explanations of forest regrowth."
Geography Compass 4(5): 416–427; Hecht SB (2014). "Forests lost and found
in tropical Latin America: the woodland 'Green Revolution.'" *Journal of Peasant
Studies* 41(5): 877–909; Oliveira GLT (2016). "The geopolitics of Brazilian
soybeans." *Journal of Peasant Studies* 43(2): 348–72.

98. Turzi M (2011). "The soybean republic." *Yale Journal of International Affairs*
6(2); Haesbaert R (2011). *El Mito de la Desterritorialización: Del 'Fin de Los
Territorios' a la Multiterritorialidad*. Siglo Veintiuno, Mexico City; Craviotti C
(2016). "Which territorial embeddedness? Territorial relationships of recently
internationalized firms of the soybean chain." *Journal of Peasant Studies* 43(2):
331–347.

99. Jepson W, C Brannstrom, and A Filippi (2010). "Access regimes and regional
land change in the Brazilian Cerrado, 1972–2002." *Annals of the Association of
American Geographers* 100(1): 87–111; Meyfroidt P, et al. (2014). "Multiple
pathways of commodity crop expansion in tropical forest landscapes."
Environmental Research Letters 9(7); Oliveira GLT (2016). "The geopolitics of
Brazilian soybeans"; Godar J (2016). "Balancing detail and scale in assessing
transparency to improve the governance of agricultural commodity supply
chains." *Environmental Research Letters* 11(3).

100. Wallace R, et al. (2018). *Clear-Cutting Disease Control: Capital-Led Deforestation,
Public Health Austerity, and Vector-Borne Infection*. Springer International
Publishing, Cham.

101. Davis M (2016). *Planet of Slums*. Verso, New York; Moench M and Gyawali
D (2008). *Desakota: Reinterpreting the Urban-Rural Continuum*. Institute for
Social and Environmental Transition, Kathmandu; Hecht SB (2014). "Forests
lost and found in tropical Latin America: the woodland 'Green Revolution.'"

102. Lugo AE (2009). "The emerging era of novel tropical forests." *Biotropica* 41(5):
589–591.

103. Wallace R and RG Wallace (eds) (2016). *Neoliberal Ebola: Modeling Disease
Emergence from Finance to Forest and Farm*. Springer International Publishing,
Cham; Wallace R et al (2018). *Clear-Cutting Disease Control: Capital-Led
Deforestation, Public Health Austerity, and Vector-Borne Infection*; Kallis G and
E Swyngedouw (2018). "Do bees produce value? A conversation between an
ecological economist and a Marxist geographer." *Capitalism Nature Socialism*
29(3): 36–50.

104. Wallace RG, et al. (2016). "Did neoliberalizing West African forests produce a new niche for Ebola?" *International Journal of Health Services*. 46(1): 149-165.

105. Wallace R and RG Wallace (eds) (2016). *Neoliberal Ebola: Modeling Disease Emergence from Finance to Forest and Farm*.

106. Bicca-Marques JC and D Santos de Freitas (2010). "The role of monkeys, mosquitoes, and humans in the occurrence of a yellow fever outbreak in a fragmented landscape in South Brazil: Protecting howler monkeys is a matter of public health." *Tropical Conservation Science* 3(1): 78-89; Bicca-Marques JC, et al. (2017). "Yellow fever threatens Atlantic forest primates." *Science Advances* e-letter, 25 May; Oklander LI (2017). "Genetic structure in the southernmost populations of black-and-gold howler monkeys (*Alouatta caraya*) and its conservation implications." *PLoS ONE* 12(10); Fernandes NCCA et al (2017). "Outbreak of yellow fever among nonhuman primates, Espirito Santo, Brazil, 2017." *Emerging Infectious Diseases* 23(12): 2038-2041; Mir D (2017). "Phylodynamics of yellow fever virus in the Americas: New insights into the origin of the 2017 Brazilian outbreak." *Scientific Reports* 7(1).

107. Davis M (2005). *The Monster at Our Door: The Global Threat of Avian Flu*. New Press, New York; Graham JP, et al. (2008). "The animal-human interface and infectious disease in industrial food animal production: Rethinking biosecurity and biocontainment." *Public Health Reports* 123(3): 282-299; Jones BA, et al. (2013). "Zoonosis emergence linked to agricultural intensification and environmental change." *PNAS* 110(21): 8399-8404; Liverani M, et al. (2013). "Understanding and managing zoonotic risk in the new livestock industries." *Environmental Health Perspectives* 121(8); Engering A, L Hogerwerf, and J Slingenbergh (2013). "Pathogen-host-environment interplay and disease emergence." *Emerging Microbes and Infections* 2(1); Slingenbergh J (ed) (2013). *World Livestock 2013: Changing Disease Landscapes*. Food and Agriculture Organization of the United Nations, Rome.

108. Tauxe RV (1997). "Emerging foodborne diseases: an evolving public health challenge." *Emerging Infectious Diseases* 3(4): 425-434; Wallace R and RG Wallace, eds (2016) *Neoliberal Ebola: Modeling Disease Emergence from Finance to Forest and Farm*; Marder EP (2018). "Preliminary incidence and trends of infections with pathogens transmitted commonly through food—foodborne diseases active surveillance network, 10 U.S. sites, 2006-2017." *Morbidity and Mortality Weekly Report* 67(11): 324-328.

109. Wallace RG (2009). "Breeding influenza: the political virology of offshore farming." *Antipode* 41(5): 916–951; Wallace RG, et al. "The origins of industrial agricultural pathogens." This volume.

110. Vandermeer JH (2011). *The Ecology of Agroecosystems*. Jones and Bartlett, Sudbury, MA; Thrall PH, et al. (2011). "Evolution in agriculture: the application of evolutionary approaches to the management of biotic interactions in agro-ecosystems." *Evolutionary Applications* 4(2): 200–215; Denison RF (2012). *Darwinian Agriculture: How Understanding Evolution Can Improve Agriculture*. Princeton University Press, Princeton; Gilbert M, X Xiao, and TP Robinson (2017). "Intensifying poultry production systems and the emergence of avian influenza in China: A 'One Health/Ecohealth' epitome." *Archives of Public Health* 75:48.

111. Houshmar M, et al. (2012). "Effects of prebiotic, protein level, and stocking density on performance, immunity, and stress indicators of broilers." *Poultry Science* 91(2): 393–401; Gomes AVS et al. (2014). "Overcrowding stress decreases macrophage activity and increases salmonella enteritidis invasion in broiler chickens." *Avian Pathology* 43 (1): 82–90; Yarahmadi P, HK Miandare, S Fayaz, and CMA Caipang (2016). "Increased stocking density causes changes in expression of selected stress- and immune-related genes, humoral innate immune parameters and stress responses of rainbow trout (*Oncorhynchus mykiss*)." *Fish & Shellfish Immunology* 48: 43–53; Li W, et al. (2019). "Effect of stocking density and alpha-lipoic acid on the growth performance, physiological and oxidative stress and immune response of broilers." *Asian-Australasian Journal of Animal Studies* 32(12).

112. Pitzer VE, et al. (2016). "High turnover drives prolonged persistence of influenza in managed pig herds." *Journal of the Royal Society Interface* 13(119): 20160138; Gast RK, et al. (2017). "Frequency and duration of fecal shedding of *Salmonella* Enteritidis by experimentally infected laying hens housed in enriched colony cages at different stocking densities." *Frontiers in Veterinary Science* 61(3): 366–371; Diaz A (2017). "Multiple genome constellations of similar and distinct Influenza A viruses co-circulate in pigs during epidemic events." *Scientific Reports* 7: 11886.

113. Atkins KE, et al. (2011). "Modelling Marek's disease virus (MDV) infection: Parameter estimates for mortality rate and infectiousness." *BMC Veterinary Research* 7: 70; Allen J and Lavau S (2015). "'Just-in-time' disease: Biosecurity,

poultry and power." *Journal of Cultural Economy* 8(3): 342-360; Pitzer VE, et al. (2016). "High turnover drives prolonged persistence of influenza in managed pig herds"; Rogalski MA (2017). "Human drivers of ecological and evolutionary dynamics in emerging and disappearing infectious disease systems." *Philosophical Transactions of the Royal Society B* 372(1712): 20160043.

114. Wallace RG (2009). "Breeding influenza: the political virology of offshore farming"; Atkins KE, et al. (2013). "Vaccination and reduced cohort duration can drive virulence evolution: Marek's disease virus and industrialized Agriculture." *Evolution* 67(3): 851-860; Mennerat A, MS Ugelvik, CH Jensen, and A Skorping (2017). "Invest more and die faster: The life history of a parasite on intensive farms." *Evolutionary Applications* 10(9): 890-896.

115. Nelson MI, et al. (2011). "Spatial dynamics of human-origin H1 Influenza A virus in North American swine," *PLoS Pathogens* 7(6): e1002077; Fuller TL (2013). "Predicting hotspots for influenza virus reassortment." *Emerging Infectious Diseases* 19(4): 581-588; Wallace R and RG Wallace (2014). "Blowback: New formal perspectives on agriculturally-driven pathogen evolution and spread." *Epidemiology and Infection* 143(10): 2068-2080; Mena I, et al. (2016). "Origins of the 2009 H1N1 influenza pandemic in swine in Mexico." *eLife* 5: e16777; Nelson MI, et al. (2019). "Human-origin influenza A(H3N2) reassortant viruses in swine, Southeast Mexico." *Emerging Infectious Diseases* (25)4: 691-700.

116. Wallace RG (2016). "The dirty dozen" In *Big Farms Make Big Flu*. Monthly Review Press, New York, pp 192-201.

117. Centers for Disease Control and Prevention (2015). *Safer Food Saves Lives.* 3 November. https://www.cdc.gov/vitalsigns/foodsafety-2015/index.html; Sun, LH (2015). "Big and deadly: Major foodborne outbreaks spike sharply." *Washington Post*, 3 November. https://www.washingtonpost.com/news/to-your-health/wp/2015/11/03/major-foodborne-outbreaks-in-u-s-have-tripled-in-last-20-years; Stobbe, M (2015). "CDC: More food poisoning outbreaks cross state lines." *KSL, 3 November.* https://www.ksl.com/article/37217542/cdc-more-food-poisoning-outbreaks-cross-state-lines.

118. Goldenberg S (2018). "Alicia Glen, who oversaw de Blasio's affordable housing plan and embattled NYCHA, to depart city hall." *Politico*, 19 December. https://www.politico.com/states/new-york/city-hall/story/2018/12/19/alicia-glen-who-oversaw-de-blasios-affordable-housing-plan-and-embattled-

nycha-to-depart-city-hall-760480.

119. Dymski GA (2009). "Racial exclusion and the political economy of the subprime crisis." *Historical Materialism* 17: 149-179; Barnett HC (2011). "The securitization of mortgage fraud." *Sociology of Crime, Law and Deviance* 16: 65-84.

120. Ivry B, B Keoun, and P Kuntz (2011). "Secret Fed loans gave banks $13 billion undisclosed to Congress." *Bloomberg*, 21 November. https://www.bloomberg.com/news/articles/2011-11-28/secret-fed-loans-undisclosed-to-congress-gave-banks-13-billion-in-income.

121. Merced MJ and D Barboza (2013). "Needing pork, China is to buy a U.S. supplier." *New York Times*, 29 May. https://www.nytimes.com/2020/03/18/us/politics/china-virus.html.

122. SCMP Reporter *(2008)*. "Goldman Sachs pays US$300m for poultry farms." *South China Morning Post*, 4 August. https://www.scmp.com/article/647749/goldman-sachs-pays-us300m-poultry-farms.

123. 5m Editor (2008). "Goldman Sachs invests in Chinese pig farming." *Pig Site*, 5 August. https://thepigsite.com/news/2008/08/goldman-sachs-invests-in-chinese-pig-farming-1.

124. Rogers K, L Jakes, and A Swanson (2020). "Trump defends using 'Chinese virus' label, ignoring growing criticism." *New York Times*, 18 March. https://www.nytimes.com/2020/03/18/us/politics/china-virus.html.

125. Marx K (1894; 1993). *Capital: A Critique of Political Economy*, vol. 3. Penguin: New York, p 362.

126. Lipton E, N Fandos, S LaFraniere, and JE Barnes (2020). "Stock sales by Senator Richard Burr ignite political uproar." *New York Times*, 20 March. https://www.nytimes.com/2020/03/20/us/politics/coronavirus-richard-burr-insider-trading.html.

127. Mossavar-Rahmani S, et al. (2020). *ISG Insight: From Room to Grow to Room to Fall*. Goldman Sachs' Investment Strategy Group, 16 March. https://www.goldmansachs.com/insights/pages/from-room-to-grow-to-room-to-fall.html.

128. Anonymous *(2020)*. "Corona crisis: Resistance in a time of pandemic." *marx21*, 21 March. https://www.marx21.de/corona-crisis-resistance-in-a-time-of-pandemic; International Assembly of the Peoples and Tricontinental Institute for Social Research (2020). In light of the global pandemic, focus attention

on the people. *Tricontinental*, 21 March. https://www.thetricontinental.org/declaration-covid19/.

129. Wallace RG, et al. (2015). "The dawn of Structural One Health: a new science tracking disease emergence along circuits of capital."

130. Wallace RG, et al. (2016). "Did neoliberalizing West African forests produce a new niche for Ebola?" *International Journal of Health Services*; Wallace R, et al. (2018). *Clear-Cutting Disease Control: Capital-Led Deforestation, Public Health Austerity, and Vector-Borne Infection*.

131. Mandel E (1970). "Progressive disalienation through the building of socialist society, or the inevitable alienation in industrial society?" In E Mandel, *The Marxist Theory of Alienation*. Pathfinder, New York; Virno P (2004). *A Grammar of the Multitude*. Semiotext(e), Los Angeles; Weston D (2014). *The Political Economy of Global Warming: The Terminal Crisis*. London: Routledge; Wark M (2017). *General Intellects: Twenty-One Thinkers for the Twenty-First Century*. Verso, New York; Foster JB (2018). "Marx, value, and nature." *Monthly Review* 70(3): 122-136; Federici S (2018). *Re-enchanting the World: Feminism and the Politics of the Commons*. PM, Oakland.

132. Lee B and Red Rover (1993). *Night-Vision: Illuminating War and Class on the Neo-Colonial Terrain*. Vagabond, New York; Federici, S (2004). *Caliban and the Witch: Women, the Body and Primitive Accumulation*. Autonomedia, New York; Tsing, A (2009). "Supply chains and the human condition." *Rethinking Marxism* 21(2): 148-176; Coulhard, GS (2014). *Red Skin, White Masks: Rejecting the Colonial Politics of Recognition*. University of Minnesota Press, Minneapolis; Vergara-Camus, L (2014). *Land and Freedom: The MST, the Zapatistas and Peasant Alternatives to Neoliberalism*. Zed, London; Wang J (2018). *Carceral Capitalism*. Semiotext(e), Los Angeles.

133. Haraway D (1991). "A cyborg manifesto: Science, technology, and socialist-feminism in the late Twentieth Century." In D Haraway, *Simians, Cyborgs and Women: The Reinvention of Nature*. Routledge, New York; Taylor KY (2017). *How We Get Free: Black Feminism and the Combahee River Collective*. Haymarket, Chicago.

134. Fracchia J (2017). "Organisms and objectifications: a historical-materialist inquiry into the 'Human and the animal.'" *Monthly Review* 68(10): 1-17; Giraldo OF (2019). *Political Ecology of Agriculture: Agroecology and Post-Development*. Basel: Springer, Cham.

135. Berardi F (2009). *The Soul at Work: From Alienation to Autonomy*. Semiotext(e), Los Angeles; Lazzarato M (2014). *Signs and Machines: Capitalism and the Production of Subjectivity*. Semiotext(e), Los Angeles; Wark M (2017). *General Intellects: Twenty-One Thinkers for the Twenty-First Century*.

136. Wallace R, A Liebman, L Bergmann, and Wallace RG (2020). "Agribusiness vs. public health: Disease control in resource-asymmetric conflict." https://hal. archives-ouvertes.fr/hal-02513883.

137. Wallace RG, K Okamoto, and A Liebman (2020). "Gated ecologies." In DB Monk and M Sorkin (eds), *Between Catastrophe and Revolution: Essays in Honor of Mike Davis*. Terreform/OR Books, New York.

138. Wallace R, et al. (2018). *Clear-Cutting Disease Control: Capital-Led Deforestation, Public Health Austerity, and Vector-Borne Infection*.

139. Wallace RG, et al. "The origins of industrial agricultural pathogens." This volume.

4. 인터뷰_"국제주의로 세계화를 쓸어 내자"

140. Anonymous (2020) "Internationalism must sweep away globalization." *Jabardakhal*, 8 April. http://jabardakhal.in/english/internationalism-must-sweep-away-globalization-rob-wallace/.

141. Oliver D (2020). "Trump announces U.S.-Mexico border closure to stem spread of coronavirus." *USA Today*, 19 March. https://www.usatoday.com/story/travel/news/2020/03/19/u-s-mexico-officials-look-ban-non-essential-travel-across-border/2874497001/.

142. Davis M (2020). "Who gets forgotten in a pandemic." *The Nation*, 13 March. https://www.thenation.com/article/politics/mike-davis-covid-19-essay/.

143. Spinney L (2017). "Who names diseases?" *Aeon*, 23 May. https://aeon.co/essays/disease-naming-must-change-to-avoid-scapegoating-and-politics; Wallace RG. "Midvinter-19." This volume.

144. Feldman A (2020). "States bidding against each other pushing up prices of ventilators needed to fight coronavirus, NY Governor Cuomo says." *Forbes*, 28 March. https://www.forbes.com/sites/amyfeldman/2020/03/28/states-bidding-against-each-other-pushing-up-prices-of-ventilators-needed-to-fight-coronavirus-ny-governor-cuomo-says/#76a38b00293e; Artenstein AW (2020). "In pursuit of PPE." *New England Journal of Medicine*, 30 April.

https://www.nejm.org/doi/full/10.1056/NEJMc2010025.

145. Brown M (2020). "Illinois adjusts on the fly to meet medical supply needs in a coronavirus 'Wild West'." *Chicago Sun-Times,* 3 April. https://chicago.suntimes. com/coronavirus/2020/4/3/21207488/coronavirus-illinois -medical- supplies-wild-west.

146. Holmes K. C Hassan, and D Williams (2020). "New England Patriots team plane with 1.2 million N95 masks arrives from China to help ease shortages." CNN, 3 April. https://www.cnn.com/2020/04/02/us/coronavirus-patriots- plane-masks-spt-trnd/index.html.

147. Arrighi G (2009). *Adam Smith in Beijing: Lineages of the 21st Century.* Verso, New York.

148. Poggioli S (2020). "For help on coronavirus, Italy turns to China, Russia and Cuba." NPR, 25 March. https://www.npr.org/sections/coronavirus-live- updates/2020/03/25/821345465/for-help-on-coronavirus-italy-turns -to- china-russia-and-cuba.

149. Lange J (2020). "Senegal is reportedly turning coronavirus tests around 'within 4 hours' while Americans might wait a week." *Yahoo News,* 12 March. https:// news.yahoo.com/senegal-reportedly-turning-coronavirus-tests-165224221. html.

150. Sui C (2020). "In Taiwan, the coronavirus pandemic is playing out very differently. What does life without a lockdown look like?" *NBC News,* 23 April. https://www.nbcnews.com/news/world/taiwanese-authorities-stay-vigilant- virus-crisis-eases-n1188781.

151. Anonymous (2020). "NY governor says China is donating 1,000 ventilators to the state." CNN, 4 April. https://www.cnn.com/world/live-news/coronavirus- pandemic-04-04-20/h_1f631979b35b4bcfa05223e75c101e9b.

152. Fitz D (2020). "How Che Guevara taught Cuba to confront COVID-19." *Monthly Review,* 1 June. https://monthlyreview.org/2020/06/01/how-che- guevara-taught -cuba-to-confront-covid-19/.

153. John Hopkins Coronavirus Resource Center (2020). "COVID-19 dashboard by the Center for Systems Science and Engineering (CSSE)." 9 June 2020. https://coronavirus.jhu.edu/map.html.

154. Reynolds E and H Pettersson (2020). "Confirmed coronavirus cases are rising faster than ever." CNN, 5 June. https://www.cnn.com/2020/06/05/world/coronavirus-cases-rising-faster-intl/index.html.

155. Correa A (2020). "5 mil indígenas estão com covid-19 na Região Pan Amazônica." *GQ*, 3 June. https://gq.globo.com/Corpo/Saude/noticia/2020/06/5-mil-indigenas-estao-com-covid-19-na-regiao-pan-amazonica.html; Otis J (2020). "The coronavirus is spreading through indigenous communities in the Amazon." NPR, 12 June. https://www.npr.org/2020/06/12/873091962/coronavirus-hits-indigenous-groups-in-colombian-amazon-on-brazilian-border.

156. Thebault R and A Hauslohner (2020). "A deadly 'checkerboard': Covid-19's new surge across rural America." *Washington Post,* 24 May. https://www.washingtonpost.com/nation/2020/05/24/coronavirus-rural-america-outbreaks/.

157. Ibid.

158. Nguyen M (2020). "File:COVID-19 outbreak USA stay-at-home order county map.svg." Wikimedia Commons, 22 March. https://commons.wikimedia.org/wiki/File:COVID-19_outbreak_USA_stay-at-home_order_county_map.svg.

159. Owen P (2020). "Giuliani calls COVID-19 contact tracing 'ridiculous': 'We should trace everybody for cancer' (Video)." *The Wrap*, 23 April. https://www.thewrap.com/giuliani-calls-covid-19-contact-tracing-ridiculous-we-should-trace-everybody-for-cancer-video/; Feldman N (2020). "America has no plan for the worst-case scenario on Covid-19." Bloomberg, 6 May. https://finance.yahoo.com/news/america-no-plan-worst-case-153036385.html; Flaxman S, S Mishra, A Gandy, HJT Unwin,TA Mellan, et al. (2020). "Estimating the effects of non-pharmaceutical interventions on COVID-19 in Europe." *Nature*, https://doi.org/10.1038/s41586-020-2405-7; Hsiang S, D Allen, S Annan-Phan, K Bell, I Bolliger, et al. (2020). "The effect of large-scale anti-contagion policies on the COVID-19 pandemic." *Nature*, https://www.nature.com/articles/s41586-020-2404-8.

160. Scheuber A and SL van Elsland (2020). "Potential US COVID-19 resurgence modelled as lockdowns ease." Imperial College London, 21 May. https://www. imperial.ac.uk/news/197656/potential-us-covid-19-resurgence-modelled-lockdowns/; Mervosh S, JC Lee, L Gamio, and N Popovich (2020). "See how all 50 states are reopening." *New York Times,* June 10. https://www.nytimes.com/interactive/2020/us/states-reopen-map-coronavirus.html.

161. Czachor A (2020). "Meatpacking giant closes South Dakota plant 'indefinitely' after almost 300 employees test positive for COVID-19." *Newsweek,* 12 April. https://www.newsweek.com/meatpacking-giant-closes-south-dakota-plant-indefinitely-after-almost-300-employees-test-positive-1497498.

162. Chadde S (2020) "Tracking COVID-19's impact on meatpacking workers and industry." Midwest Center for Investigative Reporting, 16 April. https://investigatemidwest.org/2020/04/16/tracking-covid-19s-impact-on-meatpacking-workers-and-industry/.

163. Graddy S, S Rundquist, and B Walker (2020). "Investigation: Counties with meatpacking plants report twice the national average rate of COVID-19 infections." *EWG News and Analysis,* 14 May. https://www.ewg.org/news-and-analysis/2020/05/ewg-map-counties-meatpacking-plants-report-twice-national-average-rate.

164. Mulvany L, J Skerritt, P Mosendz, and J Attwood (2020). "Scared and sick, U.S. meat workers crowd into reopened plants." Bloomberg, 21 May. https://www.bloomberg.com/news/articles/2020-05-21/scared-and-sick-u-s-meat-workers-crowd-into-reopened-plants.

165. Moody K (2020). "How 'just-in-time' capitalism spread COVID-19." *Spectre,* 8 April. https://spectrejournal.com/how-just-in-time-capitalism-spread-covid-19/; Clapp J (2020) "Spoiled milk, rotton vegetables and a very broken food system." *New York Times,* 8 May.

166. Lin X, PJ Ruess, L Marston, and M Konar (2019). "Food flows between counties in the United States." *Environmental Research Letters,* 26 July. https://iopscience.iop.org/article/10.1088/1748-9326/ab29ae.

167. Ibid; Konar M (2019). "We mapped how food gets from farms to your home." *The Conversation,* 25 October. https://theconversation.com/we-mapped-how-food-gets-from-farms-to-your-home-125475.

168. Gorsich EE, RS Miller, HM Mask, C Hallman, K Portacci, and CT Webb (2019). "Spatio-temporal patterns and characteristics of swine shipments in the U.S.

based on Interstate Certificates of Veterinary Inspection." *Scientific Reports,* 9(1). https://www.nature.com/articles/s41598-019-40556-z.

169. Ibid.

170. Swanson A, D Yaffe-Bellany and M Corkery (2020). "Pork chops vs. people: Battling coronavirus in an Iowa meat plant." *New York Times,* 1o May. https://www.nytimes.com/2020/05/10/business/economy/coronavirus-tyson-plant-iowa.html; Driver A (2020). "Arkansas poultry workers amid the coronavirus: 'We're not essential, we're expendable'." *Arkansas Times,* 11 May. https://arktimes.com/arkansas-blog/2020/05/11/arkansas-poultry-workers-amid-the-coronavirus-were-not-essential-were-expendable.

171. Sinclair U (1906; 2015). *The Jungle.* Dover Publications; Kotz N (1967). "Meat industry abuse revealed in USDA probe." *Minneapolis Tribune,* 16 July; Genoways T (2014). *The Chain: Farm, Factory, and the Fate of our Food.* Harper, New York.

172. Coleman J (2020). "Meatpacking worker told not to wear face mask on job died of coronavirus: report." *The Hill,* 7 May. https://thehill.com/policy/finance/496595-meatpacking-worker-told-not-to-wear-face-mask-on-job-died-of-coronavirus; Stueese A (2020). "He worked for better conditions at his chicken plant. Then the coronavirus took his life." *Clarion Ledger,* 12 May. https://www.clarionledger.com/story/opinion/voices/2020/05/12/coronavirus-takes-poultry-worker-celso-mendoza-column/3109292001/.

173. Gangitano A (2020). "Trump uses Defense Production Act to order meat processing plants to stay open." *The Hill,* 28 April. https://thehill.com/homenews/administration/495175-trump-uses-defense-production-act-to-order-meat-processing-plants-to.

174. CDC and OSHA (2020). *Meat and Poultry Processing Workers and Employers: Interim Guidance from CDC and the Occupational Safety and Health Administration (OSHA).* 12 May. https://www.cdc.gov/coronavirus/2019-ncov/community/organizations/meat-poultry-processing-workers-employers.html; Mayer J (2020). "Back to the jungle." *The New Yorker,* 20 July. https://www.newyorker.com/magazine/2020/07/20/how-trump-is-helping-tycoons-exploit-the-pandemic.

175. Mayer J (2020). "Back to the jungle." *The New Yorker.*

176. Ibid.

177. Heer J (2020). "Meatpacking plants are a front in the Covid-19 class war." *The*

Nation, 29 April. https://www.thenation.com/article/politics/meatpacking-coronavirus-class-war/; Conley J (2020). "'About as evil as it gets': As state reopens, Ohio urges employers to snitch on workers who stay home due to Covid-19 concerns." *Common Dreams,* 8 May. https://www.commondreams.org/news/2020/05/08/about-evil-it-gets-state-reopens-ohio-urges-employers-snitch-workers-who-stay-home.

178. Cockery M, D Yaffe-Bellany, and D Kravitz (2020). "As meatpacking plants reopen, data about worker illness remains elusive." *New York Times,* 25 May. https://www.nytimes.com/2020/05/25/business/coronavirus-meatpacking-plants-cases.html; Kendall L (2020). "Revealed: Covid-19 outbreaks at meat-processing plants in US being kept quiet." *The Guardian,* 1 July. https://www.theguardian.com/environment/2020/jul/01/revealed-covid-19-outbreaks-meat-processing-plants-north-carolina.

179. Grabell M, C Perlman and B Yeung (2020). "Emails reveal chaos as meatpacking companies fought health agencies over COVID-19 outbreaks in their plants." *ProPublica,* 12 June. https://www.propublica.org/article/emails-reveal-chaos-as-meatpacking-companies-fought-health-agencies-over-covid-19-outbreaks-in-their-plants.

180. Shanker D and J Skerritt (2020). "Tyson reinstates policy that penalizes absentee workers." Bloomberg, 3 June. https://finance.yahoo.com/news/tyson-reinstates-policy-penalizes-absentee-012737585.html.

181. Mayer J (2020). "Back to the jungle."

182. Grabell M, C Perlman and B Yeung (2020). "Emails reveal chaos as meatpacking companies fought health agencies over COVID-19 outbreaks in their plants."

183. Genoways T (2014). *The Chain: Farm, Factory, and the Fate of our Food;* Freshour C (2020). "Poultry and prisons: Toward a general strike for abolition." *Monthly Review,* 1 July. https://monthlyreview.org/2020/07/01/poultry-and-prisons/.

184. Garfield L (2016). "The world's biggest meat producer is planning to test out robot butchers." *Business Insider,* 26 October. https://www.businessinsider.com/jbs-meatpacking-testing-robot-butchers-2016-10; Almeida I and J Skerritt (2020). "U.S. meat-plant changes signal end of the 99-cent chicken." Bloomberg, 12 May. https://www.bloomberg.com/news/articles/2020-05-12/human-cost-signals-end-to-99-cent-chicken-for-u-s-meat-packers.

185. Berry W (2015). Farmland without farmers. *The Atlantic*, 19 March. https://www.theatlantic.com/national/archive/2015/03/farmland-without-farmers/388282/; Johnson KM and DT Lichter (2019). Rural depopulation: Growth and decline processes over the past century. *Rural Sociology*, 84(1):3-27.

186. Benesh M and J Hayes (2020). "Work conditions make farmworkers uniquely vulnerable to COVID-19." *EWG News and Analysis*, 13 May. https://www.ewg.org/news-and-analysis/2020/05/work-conditions-make-farmworkers-uniquely-vulnerable-covid-19.

187. Royte E (2020). "Cases surge in America's tomato growing capital." *Mother Jones*, 5 June. https://www.motherjones.com/food/2020/06/cases-surge-in-americas-tomato-growing-capital/.

188. Dorning M and Skerritt (2020). "Every single worker has Covid at one U.S. farm on eve of harvest." Bloomberg, 29 May. https://finance.yahoo.com/news/every-single-worker-covid-one-100000688.html.

189. Ordoñez F (2020). "White House seeks to lower farmworker pay to help agriculture industry." NPR, 10 April. https://www.npr.org/2020/04/10/832076074/white-house-seeks-to-lower-farmworker-pay-to-help-agriculture-industry.

190. Horowitz R (1997). *"Negro and White, Unite and Fight!" A Social History of Industrial Unionism in Meatpacking, 1930-1990.* University of Illinois Press, Urbana; Halpern R and R Horowitz (1999). *Meatpackers: An Oral History of Black Packinghouse Workers in Their Struggle for Racial and Economic Equality.* Monthly Review Press, New York; Johnson W (2013). *River of Dark Dreams: Slavery and Empire in the Cotton Kingdom.* Harvard University Press, Cambridge, MA; Genoways T (2014). *The Chain: Farm, Factory, and the Fate of our Food*; Rosenthal C (2018). *Accounting for Slavery: Masters and Management.* Harvard University Press, Cambridge, MA; Jackson J and R Salvador (2020). "'Our food system is very much modeled on plantation economics'." FAIR, 13 May. https://fair.org/home/our-food-system-is-very-much-modeled-on-plantation-economics/. Freshour C (2020). "Poultry and prisons: Toward a general strike for abolition."

191. Scott D (2020). "Covid-19's devastating toll on black and Latino Americans, in one chart." *Vox*, 17 April. https://www.vox.com/2020/4/17/21225610/us-coronavirus-death-rates-blacks-latinos-whites.

192. Gennetian LA and MS Johnson (2020). "Work-based risks to Latino workers and their families from COVID-19." *Econofact,* 26 May. https://econofact.org/work-based-risks-to-latino-workers-and-their-families-from-covid-19.

193. Benton A (2020). "Race, epidemics, and the viral economy of health expertise." *The New Humanitarian,* 4 February. https://www.thenewhumanitarian.org/opinion/2020/02/04/Coronavirus-xenophobia-outbreaks-epidemics-social-media; Frias L (2020). "A Wisconsin chief justice faced backlash for blaming a county's coronavirus outbreak on meatpacking employees, not 'regular folks'." *Business Insider,* 7 May. https://www.businessinsider.com/chief-justice-condemned-for-blaming-coronavirus-spread-on-meatpackers-2020-5.

194. Philpott T (2020). "Republicans keep blaming workers for coronavirus outbreaks at meat plants." *Mother Jones,* 8 May. https://www.motherjones.com/food/2020/05/republicans-keep-blaming-workers-for-coronavirus-outbreaks-at-meat-plants/.

195. Pitt D (2020). "Worker advocates file meat plants discrimination complaint." AP News, 9 July. https://apnews.com/41f90b02d3eeedfc9035f4748f46ab3c.

196. Pitt D (2020). "CDC: Minorities affected much more in meatpacking outbreaks." AP News, 8 July. https://apnews.com/12c6f7dd8888b7f2a174ae4ba8f06b67.

197. Freshour C and B Williams (2020). "Abolition in the time of COVID-19." *Antipode Online,* 9 April. https://antipodeonline.org/2020/04/09/abolition-in-the-time-of-covid-19/; Freshour C (2020). "Poultry and prisons: Toward a general strike for abolition."

198. Eason JM (2017). *Big House on the Prairie: Rise of the Rural Ghetto and Prison Proliferation.* University of Chicago Press, Chicago.

199. Flagg A and J Neff (2020). "Why jails are so important in the fight against coronavirus." *New York Times,* 31 March. https://www.nytimes.com/2020/03/31/upshot/coronavirus-jails-prisons.html.

200. Yang J, Y Zheng, X Gou, K Pu, Z Chen, et al. (2020). "Prevalence of comorbidities and its effects in patients infected with SARS-CoV-2: a systematic review and meta-analysis." *International Journal of Infectious Diseases* 94:91-95; Baker MG, TK Peckham, and NS Seixas (2020). "Estimating the burden of United States workers exposed to infection or disease: A key factor in containing risk of COVID-19 infection." *PLoS ONE 15*(4): e0232452.

201. Wu X, RC Nethery, BM Sabath, D Braun, and F Dominici (2020). "Exposure

to air pollution and COVID-19 mortality in the United States: A nationwide cross-sectional study." medRxiv, 27 April. https://www.medRxiv.org/content/ 10.1101/2020.04.05.20054502v2; Friedman L (2020). "New research links air pollution to higher coronavirus death rates." *New York Times*, 17 April. https:// www.nytimes.com/2020/04/07/climate/air-pollution-coronavirus-covid.html.

202. Tessum CW, JS Apte, ALGoodkind, NZ Muller, KA Mullins, et al. (2019). "Inequity in consumption of goods and services adds to racial-ethnic disparities in air pollution exposure." *PNAS*, 116 (13): 6001-6006.

203. Schulte F, E Lucas, J Rau, L Szabo, and J Hancock (2020). "Millions of older Americans live in counties with no ICU beds as pandemic intensifies." *Kaiser Health News*, 20 March. https://khn.org/news/as-coronavirus-spreads-widely-millions-of-older-americans-live-in-counties-with-no-icu-beds/.

204. North Dakota Department of Health. "Map of ventilators by county." https:// www.health.nd.gov/map-ventilators-county.

205. Knapp EA, U Bilal, LT Dean, M Lazo, and DD Celentano (2019). "Economic insecurity and deaths of despair in US counties." *American Journal of Epidemiology,* 188(12):2131-2139; Dobis EA, HM Stephens, M Skidmore, and SJ Goetz (2020). "Explaining the spatial variation in American life expectancy." *Social Science & Medicine*, 246:112759.

206. Frydl K (2016). "The Oxy electorate: A scourge of addiction and death siloed in flyover country." *Medium*, 16 November. https://medium.com/@kfrydl/ the-oxyelectorate-3fa62765f837; Bor J (2017). "Diverging life expectancies and voting patterns in the 2016 US presidential election." *American Journal of Public Health* 107(10):1560-1562; Wallace D and R Wallace (2019). *Politics, Hierarchy, and Public Health: Voting Patterns in the 2016 US Presidential Election*. Routledge, New York.

207. Rynard P (2020). "Louisa County COVID-19 rate now worse than New York State." *Iowa Starting Line,* 13 April. https://iowastartingline.com/2020/04/13/ louisa-county-covid-19-rate-now-worse-than-new-york-state/.

208. Foley RJ (2020). "Outbreak at Iowa pork plant was larger than state reported. AP News, 22 July. https://apnews.com/85a02d9296053980ea47eba97f920707.

209. Hudson B (2020). "Coronavirus in Minnesota: Nobles County reaches 866 known cases of COVID-19, most traced to JBS pork plant." CBS Minnesota, 1 May. https://minnesota.cbslocal.com/2020/05/01/coronavirus-in-minnesota-nobles-county-reaches-866-known-cases-of-covid-19-most-traced-to-

jbs-pork-plant/; Butte Lab (2020). "Cumulative cases by Minnesota county—linear plot: Nobles County." COVID-19 County Tracker, 8 June. https://comphealth.ucsf.edu/app/buttelabcovid.

210. Belz A, E Flores and G Stanley (2020). "As coronavirus loomed, Worthington pork plant refused to slow down." *Star Tribune*, 16 May. https://www.startribune.com/as-coronavirus-loomed-worthington-pork-plant-refused-to-slow-down/570516612/.

211. MovieClips (2015). "Fargo (1996)—The Wood Chipper Scene (11/12) | Movieclips." https://www.youtube.com/watch?v=0YzsWVUO-_o; Forum News Service (2020). "Wood chippers employed to help compost thousands of excess hogs near Worthington plant." *Pioneer Press,* 6 May. https://www.twincities.com/2020/05/06/wood-chippers-employed-to-help-compost-thousands-of-excess-hogs-near-worthington-plant/; Corkery M and D Yaffe-Bellany (2020). "Meat plant closures mean pigs are gassed or shot instead." *New York Times,* 14 May. https://www.nytimes.com/2020/05/14/business/coronavirus-farmers-killing-pigs.html.

212. Greenwald G (2020). "Hidden video and whistleblower reveal gruesome mass-extermination method for Iowa pigs amid pandemic." *The Intercept,* 29 May. https://theintercept.com/2020/05/29/pigs-factory-farms -ventilation-shutdown-coronavirus/.

213. Van Pykeren S (2020). "These photos show the staggering food bank lines across America." *Mother Jones,* 13 April. https://www.mother jones.com/food/2020/04/these-photos-show-the-staggering-food-bank-lines-across-america/; Ransom E, EM DuPuis, and MR Worosz (2020). "Why farmers are dumping milk down the drain and letting produce rot in fields." *The Conversation,* 23 April. https://theconversation.com/why-farmers-are-dumping-milk-down-the-drain-and-letting-produce-rot-in-fields-136567; Jackson J and R Salvador (2020). "Our food system is very much modeled on plantation economics'"; Nylen L and L Crampton (2020). "'Something isn't right': U.S. probes soaring beef prices." *Politico,* 25 May. https://www.politico.com/news/2020/05/25/meatpackers -prices-coronavirus-antitrust-275093.

214. Housing Assistance Council (2020). *Update: COVID-19 in Rural America —May 29, 2020.* http://www.ruralhome.org/whats-new/mn-coronavirus/1819-covid-19-in-rural-america-update.

215. Fisher A (2017) *The Unholy Alliance between Corporate America and Anti-Hunger*

Groups. MIT Press, Cambridge, MA; Glauber JW, DA Sumner, and PE Wilde (2017). *Poverty, Hunger, and US Agricultural Policy: Do Farm Programs Affect the Nutrition of Poor Americans?* AEI Paper & Studies; Lloyd JL (2019). "From farms to food deserts: Food insecurity and older rural Americans." *Generations*, 43(2):24-32.

216. Wallace RG (2016). "Made in Minnesota." In *Big Farms Make Big Flu: Dispatches on Infectious Disease, Agribusiness, and the Nature of Science*. Monthly Review Press, New York, pp 347-358.

217. Cockery M and D Yaffe-Bellany (2020). "As meat plants stayed open to feed Americans, exports to China surged." *New York Times,* 16 June. https://www.nytimes.com/2020/06/16/business/meat-industry-china-pork.html.

218. Ibid.

219. Practical Farmers of Iowa (2020). *Strategies for Strange Times*. One-hour virtual farmer meet-up. https://practicalfarmers.org/events/covid-19-changes-and-challenges-virtual-farmer-meet-up/.

220. Westervelt E (2020). "As food supply chain breaks down, farm-to-door CSAs take off." NPR, 10 May. https://www.npr.org/2020/05/10/852512047/as-food-supply-chain-breaks-down-farm-to-door-csas-take-off.

221. Niche Meat Processor Assistance Network (2020). "Mobile slaughter and processing." https://www.nichemeatprocessing.org/mobile-unit-overview/.

222. Map (2020). "Open Food Network USA." https://openfoodnetwork.net/map; Hill P (2020). "Mozilla picks recipients for its COVID-19 Solutions Fund." *Neowin,* 9 June. https://www.neowin.net/news/mozilla-picks-recipients-for-its-covid-19-solutions-fund.

223. Bruce AB and RLS Castellano (2017). "Labor and alternative food networks: challenges for farmers and consumers." *Renewable Agriculture and Food Systems* 32(5): 403-416; Chappell MJ (2018). *Beginning to End Hunger: Food and the Environment in Belo Horizonte, Brazil and Beyond*. University of California Press, Oakland; Motzer N (2019). "'Broad but not deep': regional food hubs and rural development in the United States." *Social & Cultural Geography,* 20(8): 1138-1159.

6. 제곱근

224. Monk R (1990). *Ludwig Wittgenstein: The Duty of Genius.* Penguin Books, New York.

225. Wallace RG. "Notes on a novel coronavirus." This volume.

226. Fearnley L (2013). "The birds of Poyang Lake: Sentinels at the interface of wild and domestic." *Limn* 3. https://limn.it/issues/sentinel-devices/.

227. Banaji J (1990). "Illusions about the peasantry: Karl Kautsky and the Agrarian Question." *The Journal of Peasant Studies,* 17 (2): 288-230.

228. Miller A (2020). "COVID-19 sees focus on peri urban agriculture, food security." *Stock & Land,* 6 April. https://www.stockandland.com.au/story/6713432/coronavirus-sharpens-focus-on-food-security/.

229. Wallace RG (2019). "Redwashing capital: Left tech bros are honing Marx into a capitalist tool." *Uneven Earth*, 11 July. http://unevenearth.org/2019/07/redwashing-capital/.

230. AmericanExperimentMN (2018). "Support mining in Minnesota." YouTube, 29 August. https://www.youtube.com/watch?v=VHGPY4sssqc&feature=youtu.be.

7. 한겨울-19

231. AwesomeMovieScenesHD (2019). "Ending and the cult ritual/Midsommar (2019) Movie Clip HD." YouTube, 26 September. https://www.youtube.com/watch?v=InRMXiwFPxE.

232. Mizkex (2019). "Midsommar Ending Without Music (DISTURBING)." YouTube, 13 December. https://www.youtube.com/watch?v=qpiLMuwReyA.

233. Beaumont P (2020). "Where did Covid-19 come from? What we know about its origins." *The Guardian,* 1 May. https://www.theguardian.com/world/2020/may/01/could-covid-19-be-manmade-what-we-know-about-origins-trump-chinese-lab-coronavirus; Cummins R (2020). "Murder most foul: the perps behind COVID-19." Organic Consumers Association website, 29 April. https://www.organicconsumers.org/blog/murder-most-foul-perps-behind-covid-19; Musto J (2020). "Tom Cotton calls on China to produce evidence that disputes Wuhan lab as source of COVID-19." Fox News, 5 May. https://www.foxnews.com/media/tom-cotton-calls-on-china-to-produce-evidence-

disputing-lab-theory.

234. Wallace RG, et al. (2015). "The dawn of Structural One Health: a new science tracking disease emergence along circuits of capital." *Social Science and Medicine* 129: 68-77.

235. Wallace RG, A Liebman, LF Chaves, and R Wallace (2020). "COVID-19 and circuits of capital." This volume.

236. Schneider M (2017). "Wasting the rural: Meat, manure, and the politics of agro-industrialization in contemporary China." *Geoforum* 78: 89-97.

237. Wallace R, et al. (2018). *Clear-Cutting Disease Control: Capital-Led Deforestation, Public Health Austerity, and Vector-Borne Infection*. Springer International Publishing, Cham.

238. Wallace R and RG Wallace (eds), *Neoliberal Ebola: Modeling Disease Emergence from Finance to Forest and Farm*. Springer International Publishing, Cham.

239. Wallace RG (2016). *Big Farms Make Big Flu*. Monthly Review Press, New York.

240. Tang XC, et al. (2006). "Prevalence and genetic diversity of coronaviruses in bats from China." *Journal of Virology* 80(15): 7481-7490; Hu W, et al. (2005). "Development and evaluation of a multitarget real-time Taqman reverse transcription-PCR assay for detection of the severe acute respiratory syndrome-associated coronavirus and surveillance for an apparently related coronavirus found in masked palm civets." *Journal of Clinical Microbiology* 43(5): 2041-2046.

241. Wu Z, et al. (2016). "Deciphering the bat virome catalog to better understand the ecological diversity of bat viruses and the bat origin of emerging infectious diseases." *The ISME Journal* 10(3): 609-620; Fan Y, K Zhao, Z-L Shi, and P Zhou (2019). "Bat coronaviruses in China." *Viruses*, 11(3): 210.

242. Li X, Y Gao, C Wang, and B Sun (2020). "Influencing factors of express delivery industry on safe consumption of wild dynamic foods." *Revista Científica*. 30(1): 393-403.

243. Forster P, L Forster, C Renfrew, and M Forster (2020). "Phylogenetic analysis of SARS-CoV-2 genomes." *Proceedings of the National Academy of the Sciences* 117(17): 9241-9243.

244. Ridley M (2003). *Evolution*, Third Edition. Wiley-Blackwell, Hoboken, NJ.

245. Pipes L, H Wang, JP Huelsenbeck, and R Nielsen (2020). "Assessing uncertainty in the rooting of theSARS-CoV-2 phylogeny." bioRxiv, 20 June. https://www.biorxiv.org/content/10.1101/2020.06.19.160630v1.full.pdf.

246. Zhou H et al (2020). "A novel bat coronavirus reveals natural insertions at the S1/S2 cleavage site of the Spike protein and a possible recombinant origin of HCov-19." bioRxiv, 11 March. https://www.bioRxiv.org/content/10.1101/202 0.03.02.974139v3.full.

247. Xiao K, et al. (2020). "Isolation and characterization of 2019-nCoV-like coronavirus from Malayan pangolins." bioRxiv, 20 February. https://www.bioRxiv.org/content/10.1101/2020.02.17.951335v1.

248. Schneider M (2016). "Dragon head enterprises and the state of agribusiness in China." *Journal of Agrarian Change* 17(1): 3-21; Bharucha Z and J Pretty (2010). "The roles and values of wild foods in agricultural systems." *Philosophical Transactions of the Royal Society B* 365: 2913-2926.

249. Challender D (2019). "Evaluating the feasibility of pangolin farming and its potential conservation impact." *Global Ecology and Conservation* 20: 00714; Nash HC and C Waterman (2019). *Pangolins: Science, Society, and Conservation.* Elsevier, Amsterdam.

250. Standaert M (2020). "Coronavirus closures reveal vast scale of China's secretive wildlife farm industry." *The Guardian*, 24 February. https://www.theguardian.com/environment/2020/feb/25/coronavirus-closures-reveal-vast-scale-of-chinas-secretive-wildlife-farm-industry.

251. Yan W (2019). "The plight of the pangolin in China." *chinadialogue*, 6 May. https://www.chinadialogue.net/article/show/single/en/11275-The-plight -of-the-pangolin-in-China.

252. Liu P, W Chen, and JP Chen. "Viral metagenomics revealed sendai virus and coronavirus infection of Malayan pangolins (*Manis javanica*)." *Viruses* 11(11): 979.

253. Olson S, et al. (2014). "Sampling strategies and biodiversity of influenza A subtypes in wild birds." *PLoS ONE*, 5 March. https://journals.plos.org/plosone/article?id=10.1371/journal.pone.0090826; Gossner C (2014). "Human-dromedary camel interactions and the risk of acquiring zoonotic Middle East Respiratory Syndrome coronavirus syndrome." *Zoonoses and Public Health* 63(1): 1-9.

254. Nijman V, MX Zhang, and CR Shepherd (2016). "Pangolin trade in the Mong La wildlife market and the role of smuggling pangolins into China." *Global Ecology and Conservation* 5: 118-126.

255. Ling X, J Guan, W Lau, and Y Xiao (2016). "An overview of pangolin trade

in China." *Traffic Briefing*, September 2016. Available online at https://
d2ouvy59p0dg6k.cloudfront.net/downloads/briefing_paper_of_pangolin_trade.
pdf.

256. Neme, L (2016). "Myanmar feeds China's pangolin appetite." *National
Geographic*, 19 January. https://www.nationalgeographic.com/news/2016
/01/160119-pangolins-china-myanmar-wildlife-trafficking/.

257. Lacroix A (2017). "Genetic diversity of coronaviruses in bats in Lao PDR and
Cambodia." *Infection, Genetics, and Evolution* 48: 10-18; Zhou P, et al. (2018).
"Fatal swine acute diarrhoea syndrome caused by an HKU2-related coronavirus
of bat origin." *Nature* 556(7700): 255-258.

258. Zhao Y, K Zhang, Y Fu, and H Zhang (2012). "Examining land-use/land-
cover change in the Lake Dianchi watershed of the Yunnan-Guizhou Plateau
of Southwest China with remote sensing and GIS techniques: 1974-2008."
International Journal of Environmental Research and Public Health 9(11): 3843-
3865.

259. Wallace RG (2008). "Review of Paul Torrence's *Combating the Threat of
Pandemic Influenza: Drug Discovery Approaches.*" *The Quarterly Review of Biology*
83(3): 327-328.

260. Adam D, D Magee, C Bui, M Scotch, and C MacIntyre (2017). "Does influenza
pandemic preparedness and mitigation require gain-of-function research?"
Influenza and Other Respiratory Diseases 11(4): 306-310.

261. Forst CV, et al. (2017). "Integrative gene network analysis identifies key
signatures, intrinsic networks and host factors for influenza virus A infections."
Systems Biology and Applications 3: 35.

262. Husseini, S (2020). "Did this virus come from a lab? Maybe not — but it
exposes the danger of a biowarfare arms race." *Salon*, 24 April https://www.
salon.com/2020/04/24/did-this-virus-come-from-a-lab-maybe-not--but-
it-exposes-the-threat-of-a-biowarfare-arms-race; Guterl, F (2020). "Dr.
Fauci backed controversial Wuhan lab with U.S. dollars for risky coronavirus
research." *Newsweek*, 28 April. https://www.newsweek.com/dr-fauci-
backed-controversial-wuhan-lab-millions-us-dollars-risky-coronavirus-
research-1500741.

263. Wallace RG (2016). *Big Farms Make Big Flu.*

264. Okamoto K, A Liebman, and RG Wallace (2019). "At what geographic scales
does agricultural alienation amplify foodborne disease outbreaks? A statistical

test for 25 U.S. states, 1970-2000." medRxiv, 8 January. https://www.medRxiv.org/content/10.1101/2019.12.13.19014910v2.

265. Wallace RG, et al. (2015). "The dawn of Structural One Health: a new science tracking disease emergence along circuits of capital."

266. Li HY, et al. (2020). "A qualitative study of zoonotic risk factors among rural communities in southern China." *Int Health* 12(2): 77-85.

267. Menachery VD, et al. (2016). "A SARS-like cluster of circulating bat coronaviruses shows potential for human emergence." *Nature Medicine* 21(12): 1508-1513.

268. Ren W, et al. (2008). "Difference in receptor usage between severe acute respiratory syndrome (SARS) coronavirus and SARS-like coronavirus of bat origin." *Journal of Virology* 82(4): 1899-1907; Li W, et al. (2005). "Bats are natural reservoirs of SARS-like coronaviruses." *Science* 310(5748): 676-679.

269. Hu B, et al. (2017). "Discovery of a rich gene pool of bat SARS-related coronaviruses provides new insights into the origin of SARS coronavirus." *PLoS Pathogens*. 13(11): e1006698; Democracy Now (2020). "'Pure baloney': Zoologist debunks Trump's COVID-19 origin theory, explains animal-human transmission." *Democracy Now*, 16 April. https://www.democracynow.org/2020/4/16/peter_daszak_coronavirus.

270. Zhou P, et al. (2018). "Fatal swine acute diarrhoea syndrome caused by an HKU2-related coronavirus of bat origin." *Nature* 556(7700): 255-258.

271. Wallace RG (2011). "A dangerous method." *Farming Pathogens* blog, 28 December. https://farmingpathogens.wordpress.com/2011/12/28/a-dangerous-method/.

272. Branswell H (2015). "SARS-like virus in bats shows potential to infect humans, study finds." *STAT*, 9 November https://www.statnews.com/2015/11/09/sars-like-virus-bats-shows-potential-infect-humans-study-finds/.

273. BBC News (2020). "Coronavirus: Trump stands by China lab origin theory for virus." *BBC News*, 1 May. https://www.bbc.com/news/world-us-canada-52496098.

274. Zarley BD (2020). "Genetic evidence debunks coronavirus conspiracy theories, scientists say." *freethink*, 5 April. https://www.freethink.com/articles/coronavirus-conspiracy-theories.

275. Garrett L (2011). "The bioterrorist next door." *Foreign Policy*, 15 December. https://foreignpolicy.com/2011/12/15/the-bioterrorist-next-door/#sthash.

FbHXLDbC.dpbs.

276. Boeckel TP (2013). "The Nosoi commute: a spatial perspective on the rise of BSL-4 laboratories in cities." *arXiv* 1312.3283. https://arxiv.org/abs/1312.3283.

277. Wallace RG (2013). "Homeland." *Farming Pathogens* blog, 16 December. https://farmingpathogens.wordpress.com/2013/12/16/homeland/.

278. Furmanski, M (2014). "Threatened pandemics and laboratory escapes: Self-fulfilling prophecies." *Bulletin of the Atomic Scientists,* 31 March. https://thebulletin.org/2014/03/threatened-pandemics-and-laboratory -escapes-self-fulfilling-prophecies/.

279. Zhang H, et al. (2018). "Evaluation of MICRO-CHEM PLUS as a disinfectant for Biosafety Level 4 laboratory in China." *Applied Biosafety* 23(1): 32-38.

280. Anonymous (2020). "Evidence SARS-CoV-2 emerged from a biological laboratory in Wuhan, China." 2 May. https://project-evidence.github.io/#%28part._authors%29.

281. Daszak P (2014). "Understanding the risk of bat coronavirus emergence." *Grantome.com* documentation of grant funded by the National Institute of Health. https://grantome.com/grant/NIH/R01-AI110964-06#panel-funding.

282. Owermohle S (2020). "Trump cuts research on bat-human virus transmission over China ties." *Politico,* 27 April. https://www.politico.com/ews/2020/04/27/trump-cuts-research-bat-human-virus-china-213076.

283. Wallace RG, A Liebman, LF Chaves, and R Wallace (2020). "COVID-19 and circuits of capital."284. Piper K (2020). "Why some labs work on making viruses deadliner—and why they should stop." *Vox,* 1 May. https://www.vox.com/2020/5/1/21243148/why-some-labs-work-on-making-viruses-deadlier-and-why-they-should-stop.

285. Kirchgaessner S, E Graham-Harrison, and L Kuo (2020). "China clamping down on coronavirus research, deleted pages suggest." *The Guardian,* 11 April. https://www.theguardian.com/world/2020/apr/11/china-clamping -down-on-coronavirus-research-deleted-pages-suggest.

286. Badiou A (2005). *Metapolitics.* Verso, London.

287. Ali T (2018). *The Extreme Center: A Second Warning.* Verso, London.

288. Fox A (2020). "The race for a coronavirus vaccine runs on horseshoe crab blood." *Smithsonian Magazine,* 8 June. https://www.smithsonianmag.com/smart-news/race-coronavirus-vaccine-runs-horseshoe-crab-blood-180975048/.

289. Ding JL and B Ho (2010). "Endotoxin detection--from *Limulus* amebocyte lysate to recombinant Factor C." In X Wang and PJ Quinn (eds), *Endotoxins: Structure, Function and Recognition.* Springer, Cham, pp.187-208.

290. Fortey R (2012) *Horseshoe Crabs and Velvet Worms: The Story of the Animals and Plants That Time Has Left Behind.* Knopf, New York.

291. Morton T (2016). *Dark Ecology: For a Logic of Future Existence.* Columbia University Press, New York; Badiou A (2019). *I Know There Are So Many of You.* Translated by S Spitzer. Polity Press, Cambridge, UK.

292. Chesler C (2017). "Why biomedical companies are bleeding horseshoe crabs to the brink of extinction." *Esquire,* 14 April. https://www.esquire.com/news-politics/a54516/blood-of-horseshoe-crab/.

293. Ibid.

294. Ding JL and B Ho (2010). "Endotoxin detection--from Limulus Amebocyte Lysate to Recombinant Factor C."

295. Gorman J (2020). "Tests for coronavirus vaccine need this ingredient: horseshoe crabs." *New York Times,* 3 June. https://www.nytimes.com/2020/06/03/science/coronavirus-vaccine-horseshoe-crabs.html.

296. Miller J (2020). "Drugs standards group nixes plan to kick pharma's crab blood habit." Reuters, 30 May. https://www.reuters.com/article/us-lonza-crabs/drugs-standards-group-nixes-plan-to-kick-pharmas-crab-blood-habit-idUSKBN2360MB.

297. Gorman J (2020). "Tests for coronavirus vaccine need this ingredient: horseshoe crabs."

298. Ajl M and RG Wallace. "The bright bulbs." This volume.

299. Wallace RG (2008). "Book review: 'Combating the Threat of Pandemic Influenza: Drug Discovery Approaches.'" *Quarterly Review of Biology* 83:327-328.

300. Chesler C (2017). "Why biomedical companies are bleeding horseshoe crabs to the brink of extinction."

301. Moore JW (2015). *Capitalism in the Web of Life: Ecology and the Accumula-tion of Capital.* Verso, New York.

9. 거대 농업 병원균의 기원

302. Broswimmer FJ (2002). *Ecocide: A Short History of the Mass Extinction of Species.* Pluto Press, London; Dawson A (2016) *Extinction: A Radical History.* OR Books, New York.

303. Foley J, N Ramankutty, KA Brauman, ES Cassidy, JS Gerber, et al. (2011). "Solutions for a cultivated planet." *Nature* 478: 337-342; Valladares G, L Cagnolo, and A Salvo (2012). "Forest fragmentation leads to food web contraction." *Oikos* 121(2): 299-305; Sinclair ARE and A Dobson (2015). "Conservation in a human-dominated world." In ARE Sinclair, KL Metzger, SAR Mduma, and JM Fryxell (eds), *Serengeti IV: Sustaining Biodiversity in a Coupled Human-Natural System.* University of Chicago Press, Chicago, IL, pp 1-10; Ferreira S, F Martínez-Freiría, J-P Boudot, M El Haissoufi, and N Bennas (2015). "Local extinctions and range contraction of the endangered *Coenagrion mercuriale* in North Africa." *International Journal of Odonatology* 18(2): 137-152; Wolf C and WJ Ripple (2017). "Range contractions of the world's large carnivores." *Royal Society Open Science* 4: 170052.

304. Crowl TA, TO Crist, RR Parmenter, G Belovsky, and AE Lugo (2008). "The spread of invasive species and infectious disease as drivers of ecosystem change." *Frontiers in Ecology and the Environment* 6(5): 238-246; Paini DR, AW Sheppard, DC Cook, PJ De Barro, SP Worner, and MB Thomas (2016). "Global threat to agriculture from invasive species." *PNAS* 113(27):7575-7579; Chapman D, BV Purse, HE Roy, and JM Bullock (2017). "Global trade networks determine the distribution of invasive non-native species." *Global Ecology and Biogeography* 26(8): 907-917; Wyckhuys KAG, AC Hughes, C Buamas, AC Johnson, L Vasseur, L Reymondin, J-P Deguine, and S Sheil (2019). "Biological control of an agricultural pest protects tropical forests." *Commun Biol.* 2: 10.

305. Hoffmann I (2010). "Livestock biodiversity." *Rev Sci Tech.* 29(1): 73-86.

306. Bast F (2016). "Primary succession recapitulates phylogeny." *J Phylogenetics Evol Biol* 4: 1.

307. Lefebvre H (1974; 2000). *The Production of Space*. Blackwell Publishers, Oxford; Foster JB (1999). "Marx's theory of metabolic rift: Classical foundations for environmental sociology." *American Journal of Sociology* 105(2): 366-405; Malm, A (2016) *Fossil Capital: The Rise of Steam Power and the Roots of Global Warming*. Verso, New York; Okamoto, KW, A Liebman, and RG Wallace (2020) "At what geographic scales does agricultural alienation amplify foodborne disease outbreaks? A statistical test for 25 U.S. States, 1970-2000." medRxiv, 8 January. https://www.medRxiv.org/content/10.1101/2019.12.13.1901491 0v2; Wallace RG, K Okamoto, and A Liebman (2020) "Gated ecologies." In DB Monk and M Sorkin (eds), *Between Catastrophe and Redemption: Essays in Honor of Mike Davis*. Terreform/OR Books, New York.

308. Illich I (1971; 2000) *Deschooling Society*. Marion Boyars Publishers, London; Illich I (2013). *Beyond Economics and Ecology: The Radical Thought of Ivan Ilich*. Marion Boyars Publishers, London; Ehgartner U, P Gould, and M Hudson (2017). "On the obsolescence of human beings in sustainable development." *Global Discourse* 7(1): 66-83; Galluzzo A (2018). "The singularity in the 1790s: Toward a prehistory of the present with William Godwin and Thomas Malthus." *B20*, 17 September. https://www.boundary2.org/2018/09/galluzzo/.

309. Gignoux CR, BM Henn, and JL Mountain (2011). "Rapid, global demographic expansions after the origins of agriculture." *PNAS* 108(15): 6044-6049; Bocquet-Appel J-P (2011). "The agricultural demographic transition during and after the agriculture inventions." *Current Anthropology* 52(S4): S497-S510; Wallace RG and R Kock (2012). "Whose food footprint? Capitalism, agriculture and the environment." *Human Geography* 5(1): 63-83; Gavin MC, PH Kavanagh, HJ Haynie, C Bowern, CR Ember, et al. (2018). "The global geography of human subsistence." *Royal Society Open Science,* 5(9): 171897.

310. Chappell MJ (2018). *Beginning to End Hunger: Food and the Environment in Belo Horizonte, Brazil, and Beyond*. University of California Press, Berkeley; Kallis G (2019). *Limits: Why Malthus Was Wrong and Why Environmentalists Should Care*. Stanford University Press, Stanford, CA.

311. Stuart D and R Gunderson (2018). "Nonhuman animals as fictitious commodities: Exploitation and consequences in industrial agriculture." *Society & Animals* 1 (aop): 1-20; Miles C (2019). "The combine will tell the truth: On precision agriculture and algorithmic rationality." *Big Data & Society* January-June: 1-12. https://doi.org/10.1177/2053951719849444; Wurgaft, BA. 2019.

Meat Planet: Artificial Flesh and the Future of Food. University of California Press, Berkeley, CA; Wallace RG (2019). "From agribusiness to agroecology: Escaping the market of Dr. Moreau." 10 November. Session on "Utopia, degrowth, and ecosocialism", Historical Materialism, London. https://www. youtube.com/watch?v=ws8CsVJnnc0.

312. Levins R and JH Vandermeer (1990). "The agroecosystem embedded in a complex ecological community." In CR Carroll, JH Vandermeer, and PM Rosset (eds), *Agroecology.* McGraw–Hill, New York, pp 341–362; Rosset PM and ME Martinez–Torres (2013). "La Via Campesina and agroecology." In *La Via Campesina's Open Book: Celebrating 20 Years of Struggle and Hope.* http://nyeleni.pl/wp-content/uploads/2018/01/La-Via-Campesina-and -Agroecology.pdf; Perfecto I, J Vandermeer, and A Wright (2019). *Nature's Matrix: Linking Agriculture, Biodiversity Conservation and Food Sovereignty.* 2nd Edition. Earthscan, London; Wallace RG, K Okamoto, and A Liebman (2020) "Gated ecologies."

313. Alders R, M Nunn, B Bagnol, J Cribb, R Kock, and J Rushton (2016). "Approaches to fixing broken food systems." In M. Eggersdorfer, et al. (eds), *Good Nutrition: Perspectives for the 21st Century.* Krager, Basel, Switzerland, pp 132–144; Chappell MJ (2018). *Beginning to End Hunger: Food and the Environment in Belo Horizonte, Brazil, and Beyond.*

314. Amin S (1988; 2009). *Eurocentrism: Modernity, Religion, and Democracy.* Monthly Review Press, New York; Tsing A (2009). "Supply chains and the human condition." *Rethinking Marxism,* 21(2): 148–176; Coulthard GS (2014). *Red Skin, White Masks: Rejecting the Colonial Politics of Recognition.* University of Minnesota Press, Minneapolis; Vergara–Camus L (2014). *Land and Freedom: The MST, the Zapatistas and Peasant Alternatives to Neoliberalism.* Zed Books, London; Chappell MJ (2018). *Beginning to End Hunger: Food and the Environment in Belo Horizonte, Brazil, and Beyond;* Giraldo OF (2019). *Political Ecology of Agriculture: Agroecology and Post-Development.* Springer, Cham.

315. Foley J, R Defries, GP Asner, C Barford, G Bonan, SR Carpenter, et al. (2005). "Global consequences of land use." *Science* 309: 570–574; Ellis EC and N Ramankutty (2008). "Putting people in the map: anthropogenic biomes of the world." *Frontiers in Ecology and the Environment* 6(8): 439–447; Alexandratos N and J Bruinsma (2012). *World Agriculture Towards 2030/2050: The 2012 Revision. ESA Working Paper 12-03.* Agricultural Development Economics

Division, Food and Agriculture Organization. http://www.fao.org/fileadmin/ templates/esa/Global_persepctives/world_ag_2030_50_2012_rev.pdf; FAO (2013). *FAO Statistical Yearbook 2013.* Food and Agriculture Organization, United Nations, Rome; Wallace R, L Bergmann, L Hogerwerf, R Kock and RG Wallace (2016). "Ebola in the hog sector: Modeling pandemic emergence in commodity livestock." In RG Wallace and R Wallace (eds), *Neoliberal Ebola: Modeling Disease Emergence from Finance to Forest and Farm.* Springer, Cham; Ramankutty N, Z Mehrabi, K Waha, L Jarvis, C Kremen, M Herrero, and LH Rieseberg (2018). "Trends in global agricultural land use: Implications for environmental health and food security." *Annu Rev Plant Biol.,* 69: 789-815.

316. Goldewijk KK, A Beusen, J Doelman, and E Stehfest (2017). "Anthropogenic land use estimates for the Holocene-HYDE 3.2." *Earth Syst. Sci. Data,* 9(2): 927-953.

317. Smil V (2002). "Eating meat: Evolution, patterns, and consequences." *Population and Development Review,* 28:599-639; Van Boeckel TP, W Thanapongtharm, T Robinson, L D'Aietti, and M Gilbert (2012). "Predicting the distribution of intensive poultry farming in Thailand." *Agriculture, Ecosystems & Environment,* 149:144-153; Robinson TP, GRW Wint, G Conchedda, TP Van Boeckel, V Ercoli, E Palamara, G Cinardi, L D'Aietti, SI Hay, and M Gilbert (2014). "Mapping the global distribution of livestock." *PLoS ONE,* 9(5): e96084; Nicolas G, TP Robinson, GRW Wint, G Conchedda, G Cinardi, and M Gilbert (2016). "Using Random Forest to improve the downscaling of global livestock census data." *PLoS ONE,* 11(3): e0150424.

318. Wallace R, L Bergmann, L Hogerwerf, R Kock, and RG Wallace (2016). "Ebola in the hog sector: Modeling pandemic emergence in commodity livestock"; FAO (2018). "FAOSTAT: Live animals." Food and Agriculture Organization of the United Nations. http://www.fao.org/faostat/en/#data/QA/visualize.

319. Steinfeld H, P Gerber, T Wassenaar, V Castel, M Rosales, and C Haan (2006). *Livestock's Long Shadow: Environmental Issues and Options.* Food and Agriculture Organization, Rome; Herrero M, P Havlík, H Valin, A Notenbaert, MC Rufino, et al. (2013). "Biomass use, production, feed efficiencies, and greenhouse gas emissions from global livestock systems." *PNAS* 110(52): 20888-20893; IPCC (2019).*Climate Change and Land.* https://www.ipcc.ch/ site/assets/uploads/2019/08/Fullreport-1.pdf.

320. Global Carbon Project (2011). "Global carbon budget archive." https://www.

globalcarbonproject.org/carbonbudget/archive.htm; Gerber PJ, H Steinfeld, B Henderson, A Mottet, C Opio, et al. (2013). *Tackling Climate Change Through Livestock: A Global Assessment of Emissions and Mitigation Opportunities.* FAO, Rome; Rojas-Downing MM, AP Nejadhashemi, T Harrigan, and SA Woznicki (2017). "Climate change and livestock: Impacts, adaptation, and mitigation." *Climate Risk Management* 16: 145-163.

321. FAO (2019). "GLEAM 2.0 - Assessment of greenhouse gas emissions and mitigation potential." http://www.fao.org/gleam/results/en/.

322. Mészáros I (1970). *Marx's Theory of Alienation.* Merlin Press, UK; Ellis EC, PJ Richerson, A Mesoudi, J-C Svenning, J Odling-Smee, and WR Burnside (2016). "Evolving the human niche." *PNAS*, 113(31): E4436; Piperno, DR, AJ Ranere, R Dickau, and F Aceituno (2017). "Niche construction and optimal foraging theory in Neotropical agricultural origins: A re-evaluation in consideration of the empirical evidence." *Journal of Archaeological Science* 78: 214-220; Arroyo-Kalin, M, CJ Stevens, D Wengrow, DQ Fuller, and M Wollstonecroft (2017). "Civilisation and human niche construction." *Archaeology International* 20: 106-109; Levis C, et al. (2018). "How people domesticated Amazonian forests." *Front. Ecol. Evol.,* https://doi.org/10.3389/fevo.2017.00171; Badiou A (2019). *I Know There Are So Many of You.* The Polity Press, Cambridge.

323. Marx K (1857; 1965). *Pre-Capitalist Economic Formations.* International Publishers, New York; Wood EM (1999; 2002). *The Origins of Capitalism: A Longer View.* Verso, New York; Perelman M (2000). *The Invention of Capitalism.* Duke University Press, Durham, NC; Carlson C (2018). "Rethinking the agrarian question: Agriculture and underdevelopment in the Global South." *Journal of Agrarian Change* 18(4): 703-721.

324. Mészáros I (1970). *Marx's Theory of Alienation;* Arrighi G (1994; 2010). *The Long Twentieth Century: Money, Power and the Origins of Our Times.* Verso, London; Van Bavel BJP (2010). *Manors and Markets: Economy and Society in the Low Countries 500-1600.* Oxford University Press, Oxford, UK; Ratcliff J (2016). "The great data divergence: Global history of science within global economic history." In P Manning and D Rood (eds), *Global Scientific Practice in an Age of Revolutions, 1750- 1850.* University of Pittsburgh Press, Pittsburgh; Rieppel L, W Deringer, and E Lean (2018). *Science and Capitalism: Entangled Histories. Osiris, Volume 33.* University of Chicago Press, Chicago.

325. Rodney W (1972; 2018). *How Europe Underdeveloped Africa.* Verso, New York; Moore, J (2016). "The rise of cheap nature." In J Moore (ed), *Anthropocene or Capitalocene? Nature, History, and the Crisis of Capitalism.* PM Press, Oakland, CA.

326. Ramankutty N, Z Mehrabi, K Waha, L Jarvis, C Kremen, M Herrero, and LH Rieseberg (2018). "Trends in global agricultural land use: Implications for environmental health and food security." *Annu Rev Plant Biol.,* 69: 789-815.

327. Harvey D (1982; 2006). *The Limits to Capital.* Verso, New York; Van Boeckel TP, W Thanapongtharm, T Robinson, L D'Aietti, and M Gilbert (2012). "Predicting the distribution of intensive poultry farming in Thailand." *Agriculture, Ecosystems & Environment,* 149: 144-153; Wallace RG (2016). *Big Farms Make Big Flu: Dispatches on Infectious Disease, Agribusiness, and the Nature of Science.* Monthly Review Press, New York; Bergmann LR and M Holmberg (2016). "Land in motion." *Annals of the American Association of Geographers,* 106(4): 932956; Bergmann LR (2017). "Towards economic geographies beyond the Nature–Society divide." *Geoforum,* 85: 324-335; Holt-Giménez E (2017). *A Foodie's Guide to Capitalism: Understanding the Political Economy of What We Eat.* Monthly Review Press, New York.

328. Lefebvre H (1974; 2000). *The Production of Space.*; Tsing, A (2009). Supply chains and the human condition. *Rethinking Marxism,* 21(2): 148-176; Patel RAJ and JW Moore (2017). *A History of the World in Seven Cheap Things.* University of California Press, Berkeley; Quintus S and EE Cochrane (2018). "The prevalence and importance of niche construction in agricultural development in Polynesia." *Journal of Anthropological Archaeology,* 51: 173-186; Morrison KD (2018). "Empires as ecosystem engineers: Toward a nonbinary political ecology." *Journal of Anthropological Archaeology,* 52: 196-203; Ficek RE (2019) "Cattle, capital, colonization: Tracking creatures of the Anthropocene in and out of human projects. *Current Anthropology,* 60(S20): S260-S271.

329. Arrighi G (1994; 2010). *The Long Twentieth Century: Money, Power and the Origins of Our Times*; Araghi F (2009). "The invisible hand and the visible foot: Peasants, dispossession and globalization." In AH Akram-Lodhi and C Kay (eds), *Peasants and Globalization: Political Economy, Rural Transformation and the Agrarian Question.* Routledge, New York, pp 111-147; McMichael P (2013). *Food Regimes and Agrarian Questions.* Fernwood Publishing, Black Point, Canada.

330. Arrighi G (1994; 2010). *The Long Twentieth Century: Money, Power and the Origins of Our Times*; Bergmann, LR (2017). "Towards economic geographies beyond the Nature-Society divide"; Zerbe N (2019). "Food as commodity." In JL Vivero-Pol, T Ferrando, O De Schutter, and U Mattei (eds), *Routledge Handbook of Food as a Commons*. Routledge, New York, pp 155-170; Wallace R, LF Chaves, LR Bergmann, C Ayres, L Hogerwerf, R Kock, and RG Wallace (2018). *Clear-Cutting Disease Control: Capital-Led Deforestation, Public Health Austerity, and Vector-Borne Infection*. Springer, Cham.

331. Gilbert M, G Conchedda, TP Van Boeckel, G Cinardi, C Linard, G Nicolas, et al. (2015). "Income disparities and the global distribution of intensively farmed chicken and pigs." *PLoS ONE, 10*(7): e0133381; Fritz S, L See, I McCallum, L You, A Bun, E Moltchanova, M Duerauer, et al. (2015). "Mapping global cropland and field size." *Glob Chang Biol., 21*(5): 1980-1992.

332. Hoffmann I (2010). "Livestock biodiversity"; Wallace R, L Bergmann, L Hogerwerf, R Kock, and RG Wallace (2016). "Ebola in the hog sector: Modeling pandemic emergence in commodity livestock."

333. Gilbert M, et al. (2015). "Income disparities and the global distribution of intensively farmed chicken and pigs."

334. Goldewijk KK, A Beusen, J Doelman, and E Stehfest (2017). "Anthropogenic land use estimates for the Holocene – HYDE 3.2." *Earth Syst. Sci. Data 9*(2): 927-953.

335. Lassaletta L, F Estellés, AHW.Beusen, L Bouwman, and S Calvet (2019). "Future global pig production systems according to the Shared Socioeconomic Pathways." *Science of the Total Environment, 665*: 739-751.

336. Kreidenweis U, F Humpenöder, L Kehoe, T Kuemmerle, BL Bodirsky, H Lotze-Campen, and A Popp (2018). "Pasture intensification is insufficient to relieve pressure on conservation priority areas in open agricultural markets." *Glob Chang Biol., 24*(7): 3199-3213.

337. Fritz S., et al. (2015). "Mapping global cropland and field size."

338. White EV and DP Roy (2015). "A contemporary decennial examination of changing agricultural field sizes using Landsat time series data." *Geo., 2*(1): 33-54.

339. Wallace RG (2018). "Vladimir Iowa Lenin 1: A Bolshevik's study of American agriculture." *Capitalism Nature Socialism 29*(2): 92-107.

340. Wang J, X Xiao, Y Qin, J Dong, G Zhang, W Kou, C Jin, Y Zhou, and Y

Zhang (2015). "Mapping paddy rice planting area in wheat-rice double-cropped areas through integration of Landsat-8 OLI, MODIS, and PALSAR images." *Sci Rep.* 5: 10088.

341. Pereira HM, LM Navarro, and IS, Martins (2012). "Global biodiversity change: the bad, the good, and the unknown." *Annu. Rev. Environ. Resourc.* 37: 25-50; Lowder SK, J Skoet, and T Raney (2016). "The number, size, and distribution of farms, smallholder farms, and family farms worldwide." *World Dev.* 87: 16-29.

342. Ramankutty N, et al. (2018). "Trends in global agricultural land use: Implications for environmental health and food security."

343. Haesbaert R (2011). *El Mito de la Desterritorializacíon: Del Fin de los Territorios a la Multiterritorialidad* [The Myth of De-territorialization: From the End of Territories to Multiterritoriality]. México: Siglo XXI. www.scielo.org.mx/pdf/crs/v8n15/v8n15a1.pdf; Craviotti C (2016). "Which territorial embeddedness? Territorial relationships of recently internationalized firms of the soybean chain." *Journal of Peasant Studies,* 43(2): 331-347; Wallace R, et al. (2018). *Clear-Cutting Disease Control: Capital-Led Deforestation, Public Health Austerity, and Vector-Borne Infection.*

344. Jepson W, C Brannstrom, and A Filippi (2010). "Access regimes and regional land change in the Brazilian Cerrado, 1972-2002." *Annals of the Association of American Geographers* 100(1): 87-111; Garrett RD, EF Lambin, and RL Naylor (2013). "The new economic geography of land use change: Supply chain configurations and land use in the Brazilian Amazon." *Land Use Policy* 34: 265-275; Meyfroidt P, KM Carlson, MF Fagan, VH Gutiérrez-Vlez, MN Macedo, et al. (2014). "Multiple pathways of commodity crop expansion in tropical forest landscapes." *Environ. Res. Lett.* 9:074012; Geldes C, C Felzensztein, E Turkina, and A Durand (2015). "How does proximity affect interfirm marketing cooperation? A study of an agribusiness cluster." *Journal of Business Research* 68(2): 263-272; Oliveira GLT (2016). "The geopolitics of Brazilian soybeans." *The Journal of Peasant Studies* 43(2): 348-372; Godar J, C Suavet, TA Gardner, E Dawkins, and P Meyfroidt (2016). "Balancing detail and scale in assessing transparency to improve the governance of agricultural commodity supply chains." *Environ. Res. Lett.* 11: 035015.

345. Turzi M (2011). "The soybean republic." *Yale Journal of International Affairs* 6(2): 5968; Harvey D (2018). "Marx's refusal of the labour theory of value:

Reading Marx's Capital with David Harvey." 14 March. http://davidharvey.
org/2018/03/marxsrefusal-of-the-labour-theory-of-value-by-david-
harvey/.

346. Araghi F (2009). "The invisible hand and the visible foot: Peasants,
dispossession and globalization"; Mastrangelo ME and S Aguiar (2019). "Are
ecological modernization narratives useful for understanding and steering
social-ecological change in the Argentine Chaco?" *Sustainability* 11(13): 3593;
Wallace R, A Liebman, L Bergmann, and RG Wallace (2020). "Agribusiness
vs. public health: Disease control in resource-asymmetric conflict." https://hal.
archives-ouvertes.fr/hal-02513883/.

347. Wallace RG (2009). "Breeding influenza: the political virology of offshore
farming." *Antipode* 41: 916-951; Messinger S and A Ostling (2009). "The
consequences of spatial structure for pathogen evolution." *The American
Naturalist* 174: 441-454; Atkins KE, RG Wallace, L Hogerwerf, M Gilbert,
J Slingenbergh, J Otte, and A Galvani (2010). *Livestock Landscapes and the
Evolution of Influenza Virulence. Virulence Team Working Paper No. 1.* Animal
Health and Production Division, Food and Agriculture Organization of the
United Nations, Rome; Atkins KE, AF Read, NJ Savill, KG Renz, AF Islam,
SW Walkden-Brown, and ME Woolhouse (2013). "Vaccination and reduced
cohort duration can drive virulence evolution: Marek's disease virus and
industrialized agriculture." *Evolution* 67(3): 851-860; Wallace R and RG
Wallace (2015). "Blowback: new formal perspectives on agriculturally-driven
pathogen evolution and spread." *Epidemiology and Infection* 143(10): 2068-
2080.

348. Wallace R, et al. (2018). *Clear-Cutting Disease Control: Capital-Led Deforestation,
Public Health Austerity, and Vector-Borne Infection*; Porter N (2019). *Viral
Economies: Bird Flu Experiments in Vietnam.* The University of Chicago Press,
Chicago; Wallace RG, R Alders, R Kock, T Jonas, R Wallace, and L Hogerwerf
(2019). "Health before medicine: Community resilience in food landscapes."
In M Walton (ed), *One Planet, One Health: Looking After Humans, Animals and
the Environment.* Sydney University Press, Sydney.

349. Gunderson R (2011). "The metabolic rifts of livestock agribusiness."
Organization & Environment, 24(4): 404-422; Gunderson R (2013). "From
cattle to capital: Exchange value, animal commodification, and barbarism."
Critical Sociology, 39(2): 259-275.

350. Novek, J (2003). "Intensive livestock operations, disembedding, and polarization in Manitoba." *Society & Natural Resources,* 16(7): 567-581; Clausen R. and . Clark (2005). "The metabolic rift and marine ecology: An analysis of the ocean crisis within capitalist production." *Organization & Environment,* 18(4): 422-444; Mancus P (2007). "Nitrogen fertilizer dependency and its contradictions: A theoretical exploration of social-ecological metabolism." *Rural Sociology,* 72(2): 269-288; Foster JB, R York, and B Clark (2010). *The Ecological Rift: Capitalism's War on the Earth.* Monthly Review Press, New York; Schneider M (2017). "Wasting the rural: Meat, manure, and the politics of agro-industrialization in contemporary China." *Geoforum,* 78: 89-97.

351. Foster JB (2016). "Marx as a food theorist." *Monthly Review,* 68(7): 1-22.

352. Lewontin R (1998). "The maturing of capitalist agriculture: Farmer as proletarian." *Monthly Review,* 50(3): 72; Moore J (2003). "Capitalism as World-Ecology: Braudel and Marx on environmental history." *Organization & Environment,* 16: 431-458; Akram-Lodhi AH and C Kay (eds) (2009). *Peasants and Globalization: Political Economy, Rural Transformation and the Agrarian Question.* Routledge, New York; Bernstein H (2010). *Class Dynamics of Agrarian Change.* A. Kumarian Press; Gunderson R (2011). "Marx's comments on animal welfare." *Rethinking Marxism,* 23(4): 543-548; Banaji J (2016). "Merchant capitalism, peasant households and industrial accumulation: Integration of a model." *Journal of Agrarian Change,* 16(3): 410-431; Okamoto, KW, A Liebman, and RG Wallace (2020) "At what geographic scales does agricultural alienation amplify foodborne disease outbreaks? A statistical test for 25 U.S. States, 1970-2000."

353. Marsden T (2016). "Exploring the rural eco-economy: Beyond neoliberalism." *Sociologia Ruralis,* 56(4): 597-615; Weber MB (2018). *Manufacturing the American Way of Farming: Agriculture, Agribusiness, and Marketing in the Postwar Period.* Dissertation. Department of History, Iowa State University. https://lib.dr.iastate.edu/etd/16485/; Peng B, Z Liu, B Zhang, and X Chen (2018). "Idyll or nightmare: what does rurality mean for farmers in a Chinese village undergoing commercialization?" *Inter-Asia Cultural Studies,* 19(2): 234-251; Tonts M and J Horsley (2019). "The neoliberal countryside." In M Scott, N Gallent, and M Gkartzios (eds), *The Routledge Companion to Rural Planning.* Routledge, New York.

354. Patton D (2018). "China's multi-story hog hotels elevate industrial farms to

new levels." Reuters, 10 May. https://www.reuters.com/article/us-china-pigs-hotels-insight/insight-chinas-multi-story-hog-hotels-elevate-industrial-farms-to-new-levels-idUSKBN1IB362.

355. Arrighi G (1994; 2010). *The Long Twentieth Century: Money, Power and the Origins of Our Times;* Ministry of Economic Affairs (2017). "Agri & food exports achieve record high in 2016." Government of the Netherlands, news release, January 20. https://www.government.nl/latest/news/2017/01/20/agri-foodexports-achieve-record-high-in-2016; Wallace RG, A Liebman, and L Bergmann (2018). *Are Dutch Livestock Rifts Founded upon Relational Geographies Past and Present?* Report for the Centre for Infectious Disease Control of the National Institute for Public Health and the Environment, the Netherlands.

356. Berry W (2015). "Farmland without farmers." *The Atlantic.* 19 March. https://www.theatlantic.com/national/archive/2015/03/farmland-without-farmers/388282/; Cromartie J (2017). *Rural Areas Show Overall Population Decline and Shifting Regional Patterns of Population Change.* USDA Economic Research Service. 5 September. https://ageconsearch.umn.edu/record/265963/files/https_www_ers_usda_gov_amber-waves_2017_september_rural-areas-show-overall-population-decline-and-shifting-regional-patterns-of-population-c.pdf.

357. Jones CS, CW Drake, CE Hruby, KE Schilling, and CF Wolter (2019). "Livestock manure driving stream nitrate." *Ambio* 48(10): 1143-1153.

358. Jones CS (2019). "Iowa's real population." *Chris Jones, IIHR Research Engineer* blog. https://www.iihr.uiowa.edu/cjones/iowas-real-population/.

359. Merchant JA, AL Naleway, ER Svendsen, KM Kelly, LF Burmeister, et al. (2005). "Asthma and farm exposures in a cohort of Rural Iowa children." *Environ Health Perspect* 113: 350-356; Kleinschmidt TL (2011). Modeling Hydrogen Sulfide Emissions: *Are Current Swine Animal Feeding Operation Regulations Effective at Protecting against Hydrogen Sulfide Exposure in Iowa?* Master of Science thesis. Department of Occupational and Environmental Health, University of Iowa. https://ir.uiowa.edu/cgi/viewcontent.cgi?article=2708&context=etd; Pavilonis BT, WT Sanderson, and JA Merchant (2013). "Relative exposure to swine animal feeding operations and childhood asthma prevalence in an agricultural cohort." *Environmental Research* 122: 74-80; Schechinger A (2019). *Contamination of Iowa's Private Wells: Methods and Detailed Results.* Environmental Working Group and Iowa Environmental

Council. https://www.ewg.org/iowawellsmethods; Tessum CW, JS Apte, AL Goodkind, NZ Muller, KA Mullins, et al. (2019). "Inequity in consumption of goods and services adds to racial-ethnic disparities in air pollution exposure." *PNAS* 116(13): 6001-6006.

360. Roe B, EG Irwin, and JS Sharp (2002). "Pigs in space: Modeling the spatial structure of hog production in traditional and nontraditional production regions." *Amer. J. Agr. Econ.* 84(2): 259-278; Du S (2018). "These rookie Minnesota farmers fight with Big Ag." *City Pages,* 22 August. http://www.citypages.com/news/these-rookie-minnesota-farmers-are-picking-a-fight-with-big-ag/491393901; Wilcox J (2019). "Hog confinement no longer coming to Fillmore County." KIMT News, 13 February. https://www.kimt.com/content/news/Hog-Confinement-no-longer-coming-to-Fillmore-County-505810161.html; Kaeding D (2019). "Proposed hog farm stirs up debate in northern Wisconsin." *Duluth News-Tribune,* 23 April. https://www.duluthnewstribune.com/business/4602936-proposed-hog-farm-stirs-debate-northern-wisconsin.

361. Friedmann H (2005). "From colonialism to green capitalism: Social movements and emergence of food regimes." In F Buttel and P McMichael (eds), *New Directions in the Sociology of Global Development (Research in Rural Sociology and Development, Vol. 11).* Emerald Group Publishing Limited, Bingley, pp 227-264; McMichael P (2009). "A food regime genealogy." *Journal of Peasant Studies* 36(1): 139-169; Wilkie RM (2012). *Livestock/Deadstock: Working with Farm Animals from Birth to Slaughter.* Temple University Press, Philadelphia; Blanchette A (2018). "Industrial meat production." *Annual Review of Anthropology* 47: 185-199.

362. Watts MJ (2004). "Are hogs like chickens? Enclosure and mechanization in two 'white meat' filières." In A Hughes and S Reimer (eds), *Geographies of Commodity Chains.* Routledge, London, pp 39-62; Shukin N (2009). *Animal Capital: Rendering Life in Biopolitical Times.* University of Minnesota Press, Minneapolis; Hendrickson MK (2015). "Resilience in a concentrated and consolidated food system." *Journal of Environmental Studies and Sciences* 5(3): 418-431; Beldo L (2017). "Metabolic labor: Broiler chickens and the exploitation of vitality." *Environmental Humanities* 9(1): 108-128; Gisolfi MR (2017). *The Takeover: Chicken Farming and the Roots of American Agribusiness.* The University of Georgia Press, Athens, GA.

363. Le Rouzic A, JM Álvarez-Castro, and Ö Carlborg (2008). "Dissection of the genetic architecture of body weight in chicken reveals the impact of epistasis on domestication traits." *Genetics*, 179(3): 1591-1599; Hill WG and M Kirkpatrick (2010). "What animal breeding has taught us about evolution." *Annual Review of Ecology, Evolution, and Systematics* 41: 1-19; Komiyama T, M Lin, and A Ogura (2016). "aCGH analysis to estimate genetic variations among domesticated chickens." *BioMed Research International* 2016:1794329; Wallace RG (2016). *Big Farms Make Big Flu: Dispatches on Infectious Disease, Agribusiness, and the Nature of Science;* Isik F, J Holland, and C Maltecca (2017). *Genetic Data Analysis for Plant and Animal Breeding.* Springer, Cham.

364. Watts MJ (2004). "Are hogs like chickens? Enclosure and mechanization in two 'white meat' filières"; Genoways T (2014). *The Chain: Farm, Factory, and the Fate of our Food.* Harper, New York; Leonard C (2014). *The Meat Racket: The Secret Takeover of America's Food Business.* Simon & Schuster, New York; Wallace RG (2016). *Big Farms Make Big Flu: Dispatches on Infectious Disease, Agribusiness, and the Nature of Science;* Blanchette A (2018). "Industrial meat production."

365. Johnson NL (1995). *The Diffusion of Livestock Breeding Technology in the U.S.: Observations on the Relationship between Technical Change and Industry Structure.* Staff Paper Series P95-11. Department of Applied Economics. College of Agricultural, Food, and Environmental Sciences, University of Minnesota; Schmidt TP (2017). *The Political Economy of Food and Finance.* Routledge, New York; Bjorkhaug H, A Magnan, and G Lawrence (eds) (2018). *The Financialization of Agri-Food Systems: Contested Transformations.* Routledge, New York.

366. Fuglie KO, PW Heisey, JL King, K Day-Rubenstein, D Schimmelpfennig, and SL Wang (2011). *Research Investments and Market Structure in Food Processing, Agricultural Input, and Biofuel Industries Worldwide.* Economic Information Bulletin Number 90. Economic Research Service. USDA; MacDonald JM, R Hoppe, and D Newton (2018). *Three Decades of Consolidation in U.S. Agriculture.* Economic Information Bulletin Number 189. Economic Research Service, USDA; Neo H and J Emel (2017). *Geographies of Meat: Politics, Economy and Culture.* Routledge, New York; Schmidt TP (2017). *The Political Economy of Food and Finance.*

367. Gura S (2007). *Livestock Genetics Companies. Concentration and Proprietary*

Strategies of an Emerging Power in the Global Food Economy. League for Pastoral Peoples and Endogenous Livestock Development, Ober-Ramstadt, Germany. http://www.pastoralpeoples.org/docs/livestock_genetics_en.pdf.

368. Johnson NL (1995). *The Diffusion of Livestock Breeding Technology in the U.S.: Observations on the Relationship between Technical Change and Industry Structure*.

369. Neo H and J Emel (2017). *Geographies of Meat: Politics, Economy and Culture*.

370. Bugos GE (1992). "Intellectual property protection in the American chicken-breeding industry." *Business History Review* 66: 127-168; Narrod CA and KO Fuglie (2000). "Private investment in livestock breeding with implications for public research policy." *Agribusiness* 16(4): 457-470; Koehler-Rollefson I (2006). "Concentration in the poultry sector." Presentation at "The Future of Animal Genetic Resources: Under Corporate Control or in the Hands of Farmers and Pastoralists?" International workshop, Bonn, Germany, 16 October. http://www.pastoralpeoples.org/ docs/03Koehler-RollefsonLPP.pdf.

371. MacDonald JM, R Hoppe, and D Newton (2018). *Three Decades of Consolidation in U.S. Agriculture*; Wainwright, W (2018). *Economic Instruments for Supplying Agrobiodiversity Conservation*. Dissertation, Department of GeoSciences, University of Edinburgh.

372. Arthur JA and GAA Albers (2003). "Industrial perspective on problems and issues associated with poultry breeding." In WM Muir and SE Aggrey (eds), *Poultry Genetics, Breeding and Biotechnology*. CABI Publishing, UK; Whyte J, E Blesbois, and MJ McGrew (2016). "Increased sustainability in poultry production: New tools and resources for genetic management." In E Burton, et al. (eds), *Sustainable Poultry Production in Europe*. Poultry Science Symposium Series, Vol. 31. CABI, Wallingford, UK.

373. Fulton JE (2006). "Avian genetic stock preservation: An industry perspective." *Poultry Science*, 85(2): 227-231.

374. Blackburn HD (2006). "The National Animal Germplasm Program: Challenges and opportunities for poultry genetic resources." *Poultry Science*, 85(2): 210-215; Hoffmann I (2009). "The global plan of action for animal genetic resources and the conservation of poultry genetic resources." *World's Poultry Science Journal* 65(2): 286-297; Hoffmann I (2010). "Livestock biodiversity"; Wainwright W (2018). *Economic Instruments for Supplying Agrobiodiversity Conservation*.

375. Rubin CJ, et al. (2010). "Whole-genome resequencing reveals loci under

selection during chicken domestication." *Nature* 464(7288): 587-91.

376. Zuidhof MJ, BL Schneider, VL Carney, DR Korver, and FE Robinson (2014). "Growth, efficiency, and yield of commercial broilers from 1957, 1978, and 2005." *Poultry Science* 93(12): 2970-2982.

377. Knowles TG, SC Kestin, SM Haslam, SN Brown, LE Green, et al. (2008). "Leg disorders in broiler chickens: Prevalence, risk factors and prevention." *PLoS ONE* 3(2): e1545.

378. González LA, X Manteca, S Calsamiglia, KS Schwartzkopf–Genswein, and A Ferret (2012). "Ruminal acidosis in feedlot cattle: Interplay between feed ingredients, rumen function and feeding behavior (a review)." *Animal Feed Science and Technology* 172(1-2): 66-79.

379. Okamoto K, A Liebman, and RG Wallace (2019). "At what geographic scales does agricultural alienation amplify foodborne disease outbreaks? A statistical test for 25 U.S. states, 1970-2000"; Wallace RG, K Okamoto, and A Liebman (2020) "Gated ecologies."

380. Casalone C and J Hope (2018). "Atypical and classic bovine spongiform encephalopathy." *Handbook of Clinical Neurology* 153: 121-134.

381. Simmons M, G Ru, C Casalone, B Iulini, C Cassar, and T Seuberlich (2018). "DISCONTOOLS: Identifying gaps in controlling bovine spongiform encephalopathy." *Transboundary and Emerging Diseases* 65(S1): 9-21.

382. Travel A, Y Nys, and M Bain (2011). "Effect of hen age, moult, laying environment and egg storage on egg quality." In Y Nys, M Bain, and F Van Immerseel (eds), *Improving the Safety and Quality of Eggs and Egg Products: Egg Chemistry, Production and Consumption*. Woodhead Publishing, pp 300-329; Wolc A, J Arango, T Jankowski, I Dunn, P Settar, et al. (2014). "Genome–wide association study for egg production and quality in layer chickens." *Journal of Animal Breeding and Genetics* 131(3): 173-182; Bédécarrats GY and C Hanlon (2017). "Effect of lighting and photoperiod on chicken egg production and quality." In PY Hester (ed), *Egg Innovations and Strategies for Improvements*. Academic Press, pp 65-75.

383. Ross KA, AD Beaulieu, J Merrill, G Vessie, and JF Patience (2011). "The impact of ractopamine hydrochloride on growth and metabolism, with special consideration of its role on nitrogen balance and water utilization in pork production." *J Anim Sci.,* 89(7): 2243-2256; Liu X, DK Grandy, and A Janowsky (2014). "Ractopamine, a livestock feed additive, is a full agonist at

trace amine-associated receptor 1." *J Pharmacol Exp Ther.* 350(1): 124-129;
Strom S (2015) "New type of drug-free labels for meat Has U.S.D.A. blessing."
New York Times, 4 September. https://www.nytimes.com/2015/09/05/
business/new-type-of-drug-free-labels-for-meat-has-usda-blessing.html;
Wallace RG (2015). "Eating the brown acid." *Farming Pathogens.* 21 September.
https://farmingpathogens.wordpress.com/2015/09/21/eating-the-brown-
acid/.

384. Bottelmiller H (2012). "Dispute over drug in feed limits U.S. meat exports."
Food & Environment Reporting Network. 25 January. https://thefern.
org/2012/01/dispute-over-drug-in-feed-limiting-u-s-meat-exports/.

385. Graham JP, JH Leibler, LB Price, JM Otte, DU Pfeiffer, T Tiensin,
and EK Silbergeld. (2008). "The animal-human interface and infectious
disease in industrial food animal production: Rethinking biosecurity and
biocontainment." *Public Health Reports* 123: 28-299; Hincliffe S (2013). "The
insecurity of biosecurity: remaking emerging infectious diseases." In A Dobson,
K Baker, and SL Taylor (eds), *Biosecurity: The Socio-Politics of Invasive Species
and Infectious Diseases.* Routledge, New York, pp 199-214; Allen J and S Lavau
(2015). "'Just-in-time' disease: Biosecurity, poultry and power." *Journal of
Cultural Economy* 8(3): 342-360; Wallace RG (2016). *Big Farms Make Big
Flu;* Leibler JH, K Dalton, A Pekosz, GC Gray, and EK Silbergeld (2017).
"Epizootics in industrial livestock production: Preventable gaps in biosecurity
and biocontainment." *Zoonoses Public Health* 64(2): 137-145.

386. Tauxe RV (1997). "Emerging foodborne diseases: An evolving public health
challenge." *Emerging Infectious Diseases* 3(4): 425-434; Guinat C, A Gogin, S
Blome, G Keil, R Pollin, et al. (2016). "Transmission routes of African swine
fever virus to domestic pigs: current knowledge and future research directions."
Vet Rec. 178(11): 262-267; Wallace R, L Bergmann, L Hogerwerf, R Kock, and
RG Wallace (2016). "Ebola in the hog sector: Modeling pandemic emergence
in commodity livestock"; Marder EP, PM Griffin, PR Cieslak, J Dunn, S Hurd,
et al. (2018). "Preliminary incidence and trends of infections with pathogens
transmitted commonly through food—Foodborne Diseases Active Surveillance
Network, 10 U.S. sites, 2006-2017." *MMWR,* 67(11): 324-328; Wallace RG,
K Okomoto, and A Liebman (2020). "Gated ecologies"; Wallace RG (2020).
"Notes on a novel coronavirus." This volume.

387. Garrett KA and CM Cox (2008). "Applied biodiversity science: Managing

emerging diseases in agriculture and linked natural systems using ecological principles." In RS Ostfeld, F Keesing and VT Eviner (eds), *Infectious Disease Ecology: Effects of Ecosystems on Disease and of Disease on Ecosystems*. Princeton University Press, Princeton, pp 368–386; Vandermeer J (2010). *The Ecology of Agroecosystems*. Jones and Bartlett Publishers, Sudbury, MA; Thrall PH, JG Oakeshott, G Fitt, S Southerton, JJ Burdon, et al. (2011). "Evolution in agriculture – the application of evolutionary approaches to the management of biotic interactions in agro–ecosystems." *Evolutionary Applications* 4: 200–215; Denison RF (2012). *Darwinian Agriculture: How Understanding Evolution Can Improve Agriculture*. Princeton University Press, Princeton, NJ; Gilbert M, X Xiao, and TP Robinson (2017). "Intensifying poultry production systems and the emergence of avian influenza in China: A 'One Health/Ecohealth' epitome." *Archives of Public Health* 75.

388. Houshmand M, K Azhar, I Zulkifli, MH Bejo, and A Kamyab (2012). "Effects of prebiotic, protein level, and stocking density on performance, immunity, and stress indicators of broilers." *Poult Sci.,* 91: 393–401; Gomes AVS, WM Quinteiro–Filho, A Ribeiro, V Ferraz–de–Paula, ML Pinheiro, et al. (2014). "Overcrowding stress decreases macrophage activity and increases Salmonella Enteritidis invasion in broiler chickens." *Avian Pathology* 43(1): 82–90; Yarahmadi P, HK Miandare, S Fayaz, C Marlowe, and A Caipang (2016). "Increased stocking density causes changes in expression of selected stress– and immune–related genes, humoral innate immune parameters and stress responses of rainbow trout (*Oncorhynchus mykiss*)." *Fish & Shellfish Immunology* 48: 43–53; Li W, F Wei, B Xu, Q Sun, W Deng, et al. (2019). "Effect of stocking density and alpha–lipoic acid on the growth performance, physiological and oxidative stress and immune response of broilers." *Asian-Australasian Journal of Animal Studies*. https://doi.org/10.5713/ajas.18.0939.

389. Pitzer VE, R Aguas, S Riley, WLA Loeffen, JLN Wood, and BT Grenfell (2016). "High turnover drives prolonged persistence of influenza in managed pig herds." *J. R. Soc. Interface* 13: 20160138; Gast RK, R Guraya, DR Jones, KE Anderson, and DM Karcher (2017). "Frequency and duration of fecal shedding of *Salmonella* Enteritidis by experimentally infected laying hens housed in enriched colony cages at different stocking densities." *Front. Vet. Sci.* https://doi.org/10.3389/fvets.2017.00047; Diaz A, D Marthaler, C Corzo, C Muñoz–Zanzi, S Sreevatsan, M Culhane, and M Torremorell (2017). "Multiple genome

constellations of similar and distinct influenza A viruses co-circulate in pigs during epidemic events." *Scientific Reports* 7: 11886; EFSA Panel on Biological Hazards (EFSA BIOHAZ Panel), K Koutsoumanis, A Allende, A Alvarez -Ordeñz, D Bolton, et al. (2019). "*Salmonella* control in poultry flocks and its public health impact." *EFSA Journal* 17(2): e05596.

390. Atkins KE, RG Wallace, L Hogerwerf, M Gilbert, J Slingenbergh, J Otte, and A Galvani (2011). *Livestock Landscapes and the Evolution of Influenza Virulence. Virulence Team Working Paper No. 1.* Animal Health and Production Division, Food and Agriculture Organization of the United Nations, Rome; Allen J and S Lavau (2015). "'Just-in-time' disease: Biosecurity, poultry and power"; Pitzer VE, R Aguas, S Riley, WLA Loeffen, JLN Wood, and BT Grenfell (2016). "High turnover drives prolonged persistence of influenza in managed pig herds"; Rogalski MA, CD Gowler, CL Shaw, RA Hufbauer, and MA Duffy (2017). "Human drivers of ecological and evolutionary dynamics in emerging and disappearing infectious disease systems." *Phil. Trans. R. Soc. B* 372(1712): 20160043.

391. Rogalski MA, CD Gowler, CL Shaw, RA Hufbauer, and MA Duffy (2017). "Human drivers of ecological and evolutionary dynamics in emerging and disappearing infectious disease systems."

392. Rozins C and T Day (2017). "The industrialization of farming may be driving virulence evolution." *Evolutionary Applications* 10(2): 189-198.

393. Wallace RG (2009). "Breeding influenza: the political virology of offshore farming"; Atkins KE, AF Read, NJ Savill, KG Renz, AF Islam, SW Walkden-Brown, and ME Woolhouse (2013). "Vaccination and reduced cohort duration can drive virulence evolution: Marek's disease virus and industrialized agriculture." *Evolution* 67(3): 851-860; Wallace RG (2016). "Flu the farmer." In *Big Farms Make Big Flu: Dispatches on Infectious Disease, Agribusiness, and the Nature of Science.* Monthly Review Press, New York, pp 316-318; Mennerat A, MS Ugelvik, CH Jensen, and A Skorping (2017). "Invest more and die faster: The life history of a parasite on intensive farms." *Evolutionary Applications* 10(9): 890-896.

394. Atkins KE, RG Wallace, L Hogerwerf, M Gilbert, J Slingenbergh, J Otte, and A Galvani (2011). *Livestock Landscapes and the Evolution of Influenza Virulence;* Kennedy DA, C Cairns, MJ Jones, AS Bell, RM Salathe, et al. (2017). "Industry-wide surveillance of Marek's disease virus on commercial poultry

farms." *Avian Dis.* 61: 153-164.

395. Wallace RG (2016). "A pale, mushy wing." In *Big Farms Make Big Flu: Dispatches on Infectious Disease, Agribusiness, and the Nature of Science.* Monthly Review Press, New York, pp 222-223; Gilbert M, X Xiao, and TP Robinson (2017). "Intensifying poultry production systems and the emergence of avian influenza in China: A 'One Health/Ecohealth' epitome."

396. Wallace RG (2009). "Breeding influenza: the political virology of offshore farming"; Atkins KE, RG Wallace, L Hogerwerf, M Gilbert, J Slingenbergh, J Otte, and A Galvani (2011). *Livestock Landscapes and the Evolution of Influenza Virulence*; Dhingra MS, J Artois, S Dellicour, P Lemey, G Dauphin, et al. (2018). "Geographical and historical patterns in the emergences of novel Highly Pathogenic Avian Influenza (HPAI) H5 and H7 viruses in poultry." *Front. Vet. Sci.* 05. https://doi.org/10.3389/fvets.2018.00084.

397. Nelson MI, P Lemey, Y Tan, A Vincent, TT Lam, et al. (2011). "Spatial dynamics of human-origin H1 influenza A virus in North American swine." *PLoS Pathog.* 7(6):e1002077; Fuller TL, M Gilbert, V Martin, J Cappelle, P Hosseini, KY Njabo, S Abdel Aziz, X Xiao, P Daszak, and TB Smith (2013). "Predicting hotspots for influenza virus reassortment." *Emerg Infect Dis.* 19(4): 581-588; Wallace R and RG Wallace (2015). "Blowback: new formal perspectives on agriculturally-driven pathogen evolution and spread." *Epidemiology and Infection* 143(10): 2068-2080; Mena I, MI Nelson, F Quezada-Monroy, J Dutta, R Cortes-Fernández, JH Lara-Puente, F Castro-Peralta, LF Cunha, NS Trovão, B Lozano-Dubernard, A Rambaut, H van Bakel, and A García-Sastre (2016). "Origins of the 2009 H1N1 influenza pandemic in swine in Mexico." *Elife* 5.pii:e16777; O'Dea EB, H Snelson, and S Bansal (2016). "Using heterogeneity in the population structure of U.S. swine farms to compare transmission models for porcine epidemic diarrhea." *Scientific Reports* 6: 22248; Dee SA, FV Bauermann, MC Niederwerder, A Singrey, T Clement, et al. (2018). "Survival of viral pathogens in animal feed ingredients under transboundary shipping models." *PLoS ONE* 14(3): e0214529; Gorsich EE, RS Miller, HM Mask, C Hallman, K Portacci, and CT Webb (2019). "Spatio-temporal patterns and characteristics of swine shipments in the U.S. based on Interstate Certificates of Veterinary Inspection." *Scientific Reports,* 9: 3915; Nelson MI, CK Souza, NS Trovão, A Diaz, I Mena, et al. (2019). "Human-origin influenza A(H3N2) reassortant viruses in swine, Southeast

Mexico." *Emerg Infect Dis.* 25(4): 691–700.

398. Rabsch W, BM Hargis, RM Tsolis, RA Kingsley, KH Hinz, H Tschäpe, and AJ Bäumler (2000). "Competitive exclusion of *Salmonella enteritidis* by *Salmonella gallinarum* in poultry." *Emerg Infect Dis.* 6(5): 443–448; Shim E and AP Galvani (2009). "Evolutionary repercussions of avian culling on host resistance and influenza virulence." *PLoS ONE* 4(5): e5503; Nfon C, Y Berhane, J Pasick, C Embury–Hyatt, G Kobinger, et al. (2012). "Prior infection of chickens with H1N1 or H1N2 Avian Influenza elicits partial heterologous protection against Highly Pathogenic H5N1." *PLoS ONE* 7(12): e51933; Yang Y, G Tellez, JD Latorre, PM Ray, X Hernandez, et al. (2018). "Salmonella excludes salmonella in poultry: Confirming an old paradigm using conventional and barcode-tagging approaches." *Front. Vet. Sci.* 5: 101.

399. Smith GJ, XH Fan, J Wang, KS Li, K Qin, et al. (2006). "Emergence and predominance of an H5N1 influenza variant in China." *Proc Natl Acad Sci U S A.* 103(45): 16936–16941; Pasquato A and NG Seidah (2008). "The H5N1 influenza variant Fujian–like hemagglutinin selected following vaccination exhibits a compromised furin cleavage: neurological consequences of highly pathogenic Fujian H5N1 strains." *J Mol Neurosci.* 35(3): 339–343; Lauer D, S Mason, B Akey, L Badcoe, D Baldwin, et al. (2015). *Report of the Committee on Transmissible Diseases of Poultry and Other Avian Species.* United States Animal Health Association. https://www.usaha.org/upload/Committee/ TransDisPoultry/report–pad–2015.pdf.

400. Wallace RG (2016). "Made in Minnesota." In *Big Farms Make Big Flu: Dispatches on Infectious Disease, Agribusiness, and the Nature of Science.* Monthly Review Press, New York, pp 347–358; Lantos PM, K Hoffman, M Höhle, B Anderson, and GC Gray (2016). "Are people living near modern swine production facilities at increased risk of influenza virus infection?" *Clinical Infectious Diseases* 63(12): 1558–1563; Ma J, H Shen, C McDowell, Q Liu, M Duff, et al. (2019). "Virus survival and fitness when multiple genotypes and subtypes of influenza A viruses exist and circulate in swine." *Virology* 532: 30–38.

401. Kennedy DA, PA Dunn, and AF Read (2018). "Modeling Marek's disease virus transmission: A framework for evaluating the impact of farming practices and evolution." *Epidemics* 23: 85–95.

402. Rozins C and T Day (2017). "The industrialization of farming may be driving

virulence evolution." *Evolutionary Applications* 10(2): 189-198; Rozins C, T Day, and S Greenhalgh (2019). "Managing Marek's disease in the egg industry." *Epidemics* 27: 52-58.

403. Bryant L and B Garnham (2014). "Economies, ethics and emotions: Farmer distress within the moral economy of agribusiness." *Journal of Rural Studies* 34: 304-312; Wallace RG (2016). "Collateralized farmers." In *Big Farms Make Big Flu: Dispatches on Infectious Disease, Agribusiness, and the Nature of Science*. Monthly Review Press, New York, pp 336-340; Wallace RG (2017). "Industrial production of poultry gives rise to deadly strains of bird flu H5Nx." Institute for Agriculture and Trade Policy blog, January 24. https://www.iatp.org/blog/201703/industrial-productionpoultry-gives-rise-deadly-strains-bird-flu-h5nx; Wallace RG (2018). *Duck and Cover: Epidemiological and Economic Implications of Ill-founded Assertions that Pasture Poultry Are an Inherent Disease Risk*. Australian Food Sovereignty Alliance. https://afsa.org.au /wpcontent/uploads/2 018/10/WallaceDuck-and-CoverReport-September2018.pdf .

404. Forster P and O Charnoz (2013). "Producing knowledge in times of health crises: Insights from the international response to avian influenza in Indonesia." *Revue d'anthropologie des connaissances* 7(1):w-az; Wallace RG (2016). "A pale, mushy wing."

405. Ingram A (2013). "Viral geopolitics: biosecurity and global health governance." In A Dobson, K Baker, and SL Taylor (eds), *Biosecurity: The Socio-Politics of Invasive Species and Infectious Diseases*. Routledge, New York, pp 137-150; Dixon MW (2015) "Biosecurity and the multiplication of crises in the Egyptian agri-food industry." *Geoforum* 61:90-100.

406. Wallace RG (2018). *Duck and Cover: Epidemiological and Economic Implications of Ill-founded Assertions that Pasture Poultry Are an Inherent Disease Risk*.

407. Wallace RG (2009). "Breeding influenza: the political virology of offshore farming"; Atkins KE, RG Wallace, L Hogerwerf, M Gilbert, J Slingenbergh, J Otte, and A Galvani (2010). *Livestock Landscapes and the Evolution of Influenza Virulence;* Leonard C (2014). *The Meat Racket: The Secret Takeover of America's Food Business*.

408. Lulka D (2004). "Stabilizing the herd: Fixing the identity of nonhumans." *Environment and Planning D* 22(3): 439-463; Lorimer J and C Driessen (2013). "Bovine biopolitics and the promise of monsters in the rewilding of Heck cattle." *Geoforum* 48: 249-259.

409. Harris DL (2000; 2008) *Multi-Site Pig Production.* John Wiley & Sons, Hoboken, NJ.

410. Henry DP (1965). "Experiences during the first eight weeks of life of HYPAR piglets." *Australian Veterinary Journal* 41(5); Harris DL (2000; 2008) *Multi-Site Pig Production;* Stibbe A (2012). *Animals Erased: Discourse, Ecology, and Reconnection with the Natural World.* Wesleyan University Press, Middletown, CT.

411. Muñoz A, G Ramis, FJ Pallarés, JS Martínez, J Oliva, et al. (1999). "Surgical procedure for Specific Pathogen Free piglet by modified terminal hysterectomy." *Transplantation Proceedings* 31: 2627-2629; Zimmerman JJ, LA Karriker, A Ramirez, KJ Schwartz, GW Stevenson, and J Zhang (eds) (2019). *Diseases of Swine.* John Wiley & Sons, Hoboken, NJ.

412. Cameron RDA (2000). *A Review of the Industrialisation of Pig Production Worldwide with Particular Reference to the Asian Region.* http://www.fao. org/ag/againfo/themes/documents/pigs/A%20review%20of%20the%20 industrialisation%20of%20pig%20production%20worldwide%20with%20 particular%20reference%20to%20the%20Asian%20region.pdf; Huang Y, DM Haines, and JCS Harding (2013). "Snatch-farrowed, porcine-colostrum-deprived (SF-pCD) pigs as a model for swine infectious disease research." *Can J Vet Res.,* 77(2): 81-88.

413. Zimmerman JJ, LA Karriker, A Ramirez, KJ Schwartz, GW Stevenson, and J Zhang (eds) (2019). *Diseases of Swine.*

414. Sutherland MA, PJ Bryer, N Krebs, and JJ McGlone (2008). "Tail docking in pigs: acute physiological and behavioural responses." *Animal* 2(2): 292-297; Van Beirendonck S, B Driessen, G Verbeke, L Permentier, V Van de Perre, and R Geers (2012). "Improving survival, growth rate, and animal welfare in piglets by avoiding teeth shortening and tail docking." *Journal of Veterinary Behavior* 7(2): 88-93.

415. Schrey L, N Kemper, M Fels (2017). "Behaviour and skin injuries of sows kept in a novel group housing system during lactation." *Journal of Applied Animal Research,* 46(1): 749-757; Pedersen LJ (2017). "Overview of commercial production systems and their main welfare challenges." In M Špinka (ed), *Advances in Pig Welfare.* Elsevier, pp 3-25; Baxter EM, IL Andersen, and SA Edwards (2017). "Sow welfare in the farrowing crate and alternatives." In M Špinka (ed), *Advances in Pig Welfare.* Elsevier, pp 27-72.

416. Chantziaras I, J Dewulf, T Van Limbergen, M Klinkenberg, and A Palzer (2018). "Factors associated with specific health, welfare and reproductive performance indicators in pig herds from five EU countries." *Preventive Veterinary Medicine,* 159: 106-114.

417. Jonas T (2015). "The vegetarian turned pig-farming butcher." In N Rose (ed), *Fair Food: Stories from a Movement Changing the World.* University of Queensland Press, St Lucia, Australia; Jonas T. (2015). "How to respond to vegan abolitionists." *Tammi Jonas: Food Ethics.* http://www.tammijonas.com/2015/03/24/how-to-respond-to-vegan-abolitionists/.

418. Spellberg B, GR Hansen, A Kar, CD Cordova, LB Price, and JR Johnson (2016). *Antibiotic Resistance in Humans and Animals.* National Academy of Medicine. Discussion Paper. https://nam.edu/antibiotic-resistance-in-humans-and-animals/; Wallace RG (2016). *Big Farms Make Big Flu: Dispatches on Infectious Disease, Agribusiness, and the Nature of Science.*

419. Spellberg B, et al. (2016). *Antibiotic Resistance in Humans and Animals;* Robinson TP, GRW Wint, G Conchedda, TP Van Boeckel, V Ercoli, et al. (2014). "Mapping the global distribution of livestock." *PLoS ONE,* 9(5):e96084; Mughini-Gras L, A Dorado-García, E van Duijkeren , G van den Bunt, CM Dierikx, et al. (2019). "Attributable sources of community-acquired carriage of *Escherichia coli* containing ß-lactam antibiotic resistance genes: a population-based modelling study." *The Lancet Planetary Health,* 3: e357-e369.

420. Lambert ME and S D'Allaire (2009). "Biosecurity in swine production: Widespread concerns?" *Advances in Pork Production* 20: 139-148; Pitkin A, S Otake, and S Dee (2009). *Biosecurity Protocols for the Prevention of Spread of Porcine Reproductive and Respiratory Syndrome Virus.* Swine Disease Eradication Center, University of Minnesota College of Veterinary Medicine. https://datcp.wi.gov/Documents/PRRSVBiosecurityManual.pdf; Janni KA, LD Jacobson, SL Noll, CJ Cardona, HW Martin, and AE Neu (2016). "Engineering challenges and responses to the pathogenic avian influenza outbreak in Minnesota in 2015." 2016 American Society of Agricultural and Biological Engineers Annual International Meeting; Dewulf J and F Van Immerseel (2018). *Biosecurity in Animal Production and Veterinary Medicine: From Principles to Practice.* Acco, Leuven, Belgium.

421. Blanchette A (2015). "Herding species: Biosecurity, posthuman labor, and

the American industrial pig." *Cultural Anthropology,* 30(4): 640-669; Wallace RG (2016). "Banksgiving." *Farming Pathogens,* 30 November. https:// farmingpathogens.wordpress.com/2016/11/30/banksgiving/; Wickramage K and G Annunziata (2018). "Advancing health in migration governance, and migration in health governance." *The Lancet,* 392(10164): 2528-2530; Moyce SC and M Schenker (2018). "Migrant workers and their occupational health and safety." *Annual Review of Public Health* 39: 351-365.

422. Blanchette A (2015). "Herding species: Biosecurity, posthuman labor, and the American industrial pig"; Wallace RG (2016). "Banksgiving."

423. Wallace RG (2016). "Made in Minnesota."

424. Lee J, L Schulz, and G Tonsor (2019). "Swine producers' willingness to pay for Tier 1 disease risk mitigation under ambiguity." Selected Paper prepared for presentation at the 2019 Agricultural & Applied Economics Association Annual Meeting, Atlanta, GA, July 21 - July 23. https://ageconsearch.umn.edu/ record/290908/files/Abstracts_19_05_13_19_46_48_31__129_186_252_93_0. pdf.

425. Wallace RG (2017). "Industrial production of poultry gives rise to deadly strains of bird flu H5Nx"; Briand FX, E Niqueux, A Schmitz, E Hirchaud, H Quenault, et al. (2018). "Emergence and multiple reassortments of French 2015-2016 highly pathogenic H5 avian influenza viruses." *Infection, Genetics and Evolution* 61: 208-214.

426. Belaich PC (2016). "Face à lagrippe aviaire, les éleveurs du Sud-Ouest se remettent ⟨en ordre de marche⟩." *Le Monde,* 28 April. https://www.lemonde.fr/ economie/article/2016/04/29/face-a-la-grippe-aviaire-les-eleveurs-du-sud- ouest-se-remettent-en-ordre-de-marche_4910900_3234.html.

427. Hill A (2015). "Moving from 'matters of fact' to 'matters of concern' in order to grow economic food futures in the Anthropocene." *Agriculture and Human Values* 32(3): 551-563; Wallace RG (2017). "Industrial production of poultry gives rise to deadly strains of bird flu H5Nx"; Maclean K, C Farbotko, and CJ Robinson (2019). "Who do growers trust? Engaging biosecurity knowledges to negotiate risk management in the north Queensland banana industry, Australia." *Journal of Rural Studies* 67: 101-110.

428. Collier SJ and A Lakoff (2008). "The problem of securing health." In A Lakoff and SJ Collier (eds), *Biosecurity Interventions: Global Health and Security in Question.* Columbia University Press, New York; Hincliffe S (2013). "The

insecurity of biosecurity: remaking emerging infectious diseases"; Allen J and S Lavau (2015). "'Just-in-time' disease: Biosecurity, poultry and power"; Gowdy J and P Baveye (2019). "An evolutionary perspective on industrial and sustainable agriculture." In G Lemaire, PCDF Carvalho, S Kronberg, and S Recous (eds), *Agroecosystem Diversity: Reconciling Contemporary Agriculture and Environmental Quality.* Academic Press, pp 425–433.

429. Akram-Lodhi AH (2015). "Land grabs, the agrarian question and the corporate food regime." *Canadian Food Studies* 2(2): 233–241; Montenegro de Wit M and A Iles (2016). "Toward thick legitimacy: creating a web of legitimacy for agroecology." *Elem. Sci. Anth.* 4: 115; Murray A (2018). "Meat cultures: Lab-grown meat and the politics of contamination." *BioSocieties* 13(2): 513–534; Wallace RG, K Okomoto, and A Liebman (2020). "Gated ecologies."

430. Powell J (2017). "Poultry farm sets up lasers to guard its organic hens from bird flu." *The Poultry Site,* 6 March. https://thepoultrysite.com/news/2017/03/poultry-farm-sets-up-lasers-to-guard-its-organic-hens-from-bird-flu; Benjamin M and S Yik (2019). "Precision livestock farming in swine welfare: A review for swine practitioners." *Animals* 9: 133; , Shen JH, C McDowell, Q Liu, M.Duff, et al. (2019). "Virus survival and fitness when multiple genotypes and subtypes of influenza A viruses exist and circulate in swine." *Virology* 532: 30–38.

431. Proudfoot C, S Lillico, and C Tait-Bukard (2019). "Genome editing for disease resistance in pigs and chickens." *Animal Frontiers* 9(3): 6–12.

432. Wallace RG (2016). "Cave/Man." In *Big Farms Make Big Flu: Dispatches on Infectious Disease, Agribusiness, and the Nature of Science.* Monthly Review Press, New York, pp 277–278.

433. Leonard C (2014). *The Meat Racket: The Secret Takeover of America's Food Business;* Wallace RG (2016). "Collateralized farmers"; Adams T, J-D Gerber, M Amacker, and T Haller. (2018). "Who gains from contract farming? Dependencies, power relations, and institutional change." *Journal of Peasant Studies* 46(7): 1435–1457.

434. Fracchia J (2017). "Organisms and objectifications: A historical-materialist inquiry into the 'Human and the Animal.'" *Monthly Review,* 68(10): 1–16; Wallace RG (2018). "Book review: 'Paul Richards' 'Ebola: How a People's Science Helped End an Epidemic.'" (Zed Books, 2016)." https://antipodeonline.org/wp-content/uploads/2018/01/book-review_wallace-on-

richards1.pdf.

435. Wallace RG (2016). "Made in Minnesota."

436. Moerman DE (1986) *Medicinal Plants of Native America*. Museum of Anthropology, Ann Arbor.

437. Ward SM, TM Webster, and LE Steckel (2013). "Palmer Amaranth (*Amaranthus palmeri*): A review." *Weed Technology* 27(1): 12-27; Chahal PS, JS Aulakh, M Jugulam, and AJ Jhala (2015). "Herbicide-resistant Palmer amaranth (*Amaranthus palmeri* S. Wats.) in the United States—mechanisms of resistance, impact, and management." In A Price, J Kelton, and L Sarunite (eds), *Herbicides: Agronomic Crops and Weed Biology*. InTech, Rijeka, Croatia, pp 1-29.

438. Ibid.

439. Webster TM and LM Sosnoskie (2010). "Loss of glyphosate efficacy: a changing weed spectrum in Georgia cotton." *Weed Science* 58(1): 73-79.

440. Kniss AR (2018). "Genetically engineered herbicide-resistant crops and herbicide-resistant weed evolution in the United States." *Weed Science* 66(2): 260-273.

441. Ward SM, TM Webster, and LE Steckel (2013). "Palmer Amaranth (*Amaranthus palmeri*): A review"; Chahal PS, JS Aulakh, M Jugulam, and AJ Jhala (2015). "Herbicide-resistant Palmer amaranth (*Amaranthus palmeri* S. Wats.) in the United States—mechanisms of resistance, impact, and management."

442. Price AJ, KS Balkcom, SA Culpepper, JA Kelton, RL Nichols, and H Schomberg (2011). "Glyphosate-resistant Palmer amaranth: a threat to conservation tillage." *J. Soil Water Conserv.* 66: 265-275; Menalled F, R Peterson, R Smith, W Curran, D Páez, and B Maxwell (2016). "The eco-evolutionary imperative: revisiting weed management in the midst of an herbicide resistance crisis." *Sustainability* 8(12): 1297.

443. Webster TM and LM Sosnoskie (2010). "Loss of glyphosate efficacy: a changing weed spectrum in Georgia cotton"; Ward SM, TM Webster, and LE Steckel (2013). "Palmer Amaranth (*Amaranthus palmeri*): A review"; Chahal PS, JS Aulakh, M Jugulam, and AJ Jhala (2015). "Herbicide-resistant Palmer amaranth (*Amaranthus palmeri* S. Wats.) in the United States—mechanisms of resistance, impact, and management."

444. Heap, I (2018). *The International Survey of Herbicide Resistant Weeds*. www.weedscience.com.

445. Ward SM, TM Webster, and LE Steckel (2013). "Palmer Amaranth (*Amaranthus*

palmeri): A review"; Chahal PS, JS Aulakh, M Jugulam, and AJ Jhala (2015). "Herbicide-resistant Palmer amaranth (*Amaranthus palmeri* S. Wats.) in the United States—mechanisms of resistance, impact, and management."

446. Ibid; Culpepper AS, TM Webster, LM Sosnoskie, and AC York. (2010). "Glyphosate-resistant Palmer amaranth in the US." In VK Nandula (ed), *Glyphosate Resistance: Evolution, Mechanisms, and Management*. J Wiley, Hoboken, NJ, pp 195-212; Culpepper AS, JS Richburg, AC York, LE Steckel, and LB Braxton (2011). "Managing glyphosate-resistant Palmer amaranth using 2,4-D systems in DHT cotton in GA, NC, and TN." *Proceedings of the 2011 Beltwide Cotton Conference*. National Cotton Council of America, Cordova, TN, p 1543; Price AJ, KS Balkcom, SA Culpepper, JA Kelton, RL Nichols, and H Schomberg (2011). "Glyphosate-resistant Palmer amaranth: a threat to conservation tillage"; Gaines TA, SM Ward, B Bekun, C Preston, JE Leach, and P Westra (2012). "Interspecific hybridization transfers a previously unknown glyphosate resistance mechanism in Amaranthus species." *Evol. Applic.* 5: 29-38.

447. Kumar V, R Liu, G Boyer, and PW Stahlman (2019). "Confirmation of 2, 4-D resistance and identification of multiple resistance in a Kansas Palmer amaranth (*Amaranthus palmeri*) population." *Pest Management Science.* https://doi.org/10.1002/ps.5400.

448. Alexander A (2017). "Court finds spraying of dicamba by third-party farmers an intervening cause [Bader Farms, Inc. v. Monsanto Co.]." National Agricultural Law Center. http://nationalaglawcenter.org/court-finds-spraying-dicamba-third-party-farmers-intervening-cause-bader-farms-inc-v-monsanto-co/; Hakim D (2017). "Monsanto's weed killer, dicamba, divides farmers." *New York Times,* 21 September. https://www.nytimes.com/2017/09/21/business/monsanto-dicamba-weed-killer.html; McCune M (2017). "A pesticide, a pigweed, and a farmer's murder." *Planet Money,* National Public Radio, 14 June. https://www.npr.org/2017/06/14/532879755/a-pesticide-a-pigweed-and-a-farmers-murder.

449. Guthman J and S Brown (2016). "Whose life counts: Biopolitics and the 'Bright Line' of chloropicrin mitigation in California's strawberry industry." *Science, Technology, and Human Values* 41(3): 461-482; Moodie A (2017). "Fowl play: the chicken farmers being bullied by big poultry." *The Guardian,* 22 April. https://www.theguardian.com/sustainable-business/2017/apr/22/chicken-

farmers-big-poultry-rules.

450. Stanescu J (2013). "Beyond biopolitics: Animal studies, factory farms, and the advent of deading life." *PhaenEx.* 8(2): 135-160.

451. Larson BMH (2007). "Who's invading what? Systems thinking about invasive species." *Canadian Journal of Plant Science* 993-999; Biermann C and B Mansfield (2014). "Biodiversity, purity, and death: conservation biology as biopolitics." *Environment and Planning D: Society and Space* 32: 257-273; Barker K (2014). "Biosecurity: securing circulations from the microbe to the macrocosm." *The Geographical Journal* 181(4): 357-365; Larson BMH (2016). "New wine and old wineskins? Novel ecosystems and conceptual change." *Nature and Culture* 11(2): 148-164; Srinivasan K (2017). "Conservation biopolitics and the sustainability episteme." *Environment and Planning A* 49(7): 1458-1476.

452. Foucault M (2007). *Security, Territory, Population: Lectures at the College de France, 1977-78.* Palgrave Macmillan, Basingstoke.

453. Guthman J and S Brown (2016). "Whose life counts: Biopolitics and the 'Bright Line' of chloropicrin mitigation in California's strawberry industry."

454. Barker K (2014). "Biosecurity: securing circulations from the microbe to the macrocosm."

455. Davis AS and GB Frisvold (2017). "Are herbicides a once in a century method of weed control?" *Pest Manag Sci* 73: 2209-2220; Harker KN, C Mallory-Smith, BD Maxwell, DA Mortensen and RG Smith (2017). "Another view." *Weed Science* 65: 203-205.

456. Hindmarsh R (2005). "Green biopolitics and the molecular reordering of nature." Paper presented to the 'Mapping Biopolitics: Medical-Scientific Transformations and the Rise of New Forms of Governance' Workshop, European Consortium for Political Research Conference, Granada, Spain, 14-19 April 2005.

457. Harvey D (2001). "Globalization and the 'spatial fix.'" *Geographische Revue* 2: 23-30.

458. Harvey D (1982; 2006). *The Limits to Capital*; Walker R and M Stroper (1991). *The Capitalist Imperative: Territory, Technology and Industrial Growth.* Wiley; Wallace RG, L Bergmann, R Kock, M Gilbert, L Hogerwerf, R Wallace and M Holmberg (2015). "The dawn of Structural One Health: A new science tracking disease emergence along circuits of capital."

459. Stanescu J (2013). "Beyond biopolitics: Animal studies, factory farms, and the advent of deading life."

460. Clegg S (1989). *Frameworks of Power.* Sage, London.

461. Foucault M (2007). *Security, Territory, Population: Lectures at the College de France, 1977-78.*

462. Morton T (2013). *Hyperobjects: Philosophy and Ecology after the End of the World.* University of Minnesota Press, Minneapolis.

463. Chen GQ, YH He, S Qiang (2013). "Increasing seriousness of plant invasions in croplands of Eastern China in relation to changing farming practices: A case study." *PLoS ONE,* 8(9): e74136; Robinson TP, GRW Wint, G Conchedda, TP Van Boeckel, V Ercoli, et al. (2014). "Mapping the global distribution of livestock."

464. Despommier D, BR Ellis, and BA Wilcox (2006) "The role of ecotones in emerging infectious diseases." *Ecohealth* 3(4): 281-289; Wallace RG (2016). *Big Farms Make Big Flu: Dispatches on Infectious Disease, Agribusiness, and the Nature of Science.*

465. Lewontin R (1998). "The maturing of capitalist agriculture: Farmer as proletarian"; Coppin D (2003). "Foucauldian hog futures: The birth of mega-hog farms." *The Sociological Quarterly* 44(4): 597-616; Baird IG (2011). "Turning land into capital, turning people into labour: Primitive accumulation and the arrival of large-scale economic land concessions in the Lao People's Democratic Republic." *New Proposals: Journal of Marxism and Interdisciplinary Inquiry* 5: 10-26.

466. Rotz S and EDG. Fraser (2015). "Resilience and the industrial food system: analyzing the impacts of agricultural industrialization on food system vulnerability." *J Environ Stud Sci.* 5: 459-473; Wallace RG, R Alders, R Kock, T Jonas, R Wallace, and L Hogerwerf (2019). "Health before medicine: Community resilience in food landscapes."

467. Franklin HB (1979). "What are we to make of J.G. Ballard's *Apocalypse?*" In TD Calreson (ed), *Voices for the Future: Essays on Major Science Fiction Writers, Volume Two.* Bowling Green State University Popular Press, Bowling Green, OH.

468. Hincliffe S (2013). "The insecurity of biosecurity: remaking emerging infectious diseases"; Karatani K (2014). *The Structure of World History: From Modes of Production to Modes of Exchange.* Duke University Press, Durham, NC;

Wallace RG, L Bergmann, R Kock, M Gilbert, L Hogerwerf, R Wallace and M Holmberg (2015). "The dawn of Structural One Health: A new science tracking disease emergence along circuits of capital"; Foster JB and P Burkett (2016). *Marx and the Earth: An Anti-Critique*. Brill Academic Publishers, the Netherlands; Harvey D (2018). "Marx's refusal of the labour theory of value: Reading Marx's *Capital* with David Harvey"; Kallis G and E Swyngedouw (2018). "Do bees produce value? A conversation between and ecological economist and a Marxist geographer." *Capitalism Nature Socialism* 29(3): 36–50; Wallace RG, R Alders, R Kock, T Jonas, R Wallace, and L Hogerwerf (2019). "Health before medicine: Community resilience in food landscapes."

469. Keck F (2019). "Livestock Revolution and ghostly apparitions: South China as a sentinel territory for influenza pandemics." *Current Anthropology* 60(S20):S251–S259; Tsing A (2017). "The buck, the bull, and the dream of the stag: Some unexpected weeds of the Anthropocene." *Soumen Anthropologi* 42(1): 3–21; Tsing A, J Deger, AK Saxena, and E Gan (eds). (2020). *Feral Atlas: The More-than-Human Anthropocene*. Stanford University Press, Palo Alto, CA.

470. Wallace R and RG Wallace (2015). "Blowback: new formal perspectives on agriculturally-driven pathogen evolution and spread"; Gowdy J and P Baveye (2019). "An evolutionary perspective on industrial and sustainable agriculture." In G Lemaire, PCDF Carvalho, S Kronberg, and S Recous (eds), *Agroecosystem Diversity: Reconciling Contemporary Agriculture and Environmental Quality*.

471. Meiners SJ, STA Pickett, and ML Cadenasso (2002). "Exotic plant invasions over 40 years of old field successions: community patterns and associations." *Ecography* 25: 215–223; Jordan NR, L Aldrich-Wolfe, SC Huerd, D Larson, and G Muehlbauer (2012). "Soil-occupancy effects of invasive and native grassland plant species on composition and diversity of mycorrhizal associations." *Invasive Plant Science and Management* 5(4): 494–505; Stein S (2020). "Witchweed and the ghost: A parasitic plant devastates peasant crops on capital-abandoned plantations in Mozambique." In A Tsing, J Deger, AK Saxena, and E Gan (eds), *Feral Atlas: The More-than-Human Anthropocene*. Stanford University Press, Palo Alto, CA.

472. Simberloff D (2012). "Nature, natives, nativism, and management: Worldviews underlying controversies in invasion biology." *Environmental Ethics* 34(1): 5–25; Code L (2013). "Doubt and denial: Epistemic responsibility meets

climate change skepticism." *Onati Socio-Legal Series* 3(5): 838853; Doan MD (2016). "Responsibility for collective inaction and the knowledge condition." *Social Epistemology* 30: 532-54.

473. Levins R (1998). "The internal and external in explanatory theories." *Science as Culture* 7(4): 557-582; Levins R (2006). "Strategies of abstraction." *Biol Philos* 21: 741-755; Winther RG (2006). "On the dangers of making scientific models ontologically independent: taking Richard Levins' warnings seriously." *Biol Philos* 21: 703-724; Schizas D (2012). "Systems ecology reloaded: A critical assessment focusing on the relations between science and ideology." In GP Stamou (ed), *Populations, Biocommunities, Ecosystems: A Review of Controversies in Ecological Thinking*. Bentham Science Publishers, Sharjah; Nikisianis N and GP Stamou (2016). "Harmony as ideology: Questioning the diversity-stability hypothesis." *Acta Biotheoretica* 64(1): 33-64.

474. Wallace R, LF Chaves, LR Bergmann, C Ayres, L Hogerwerf, R Kock, and RG Wallace (2018). *Clear-Cutting Disease Control: Capital-Led Deforestation, Public Health Austerity, and Vector-Borne Infection.*

475. Farmer P (2008). "Challenging orthodoxies: the road ahead for health and human rights." *Health Hum. Rights* 10(1): 519; Sparke M (2009). "Unpacking economism and remapping the terrain of global health." In A Kay, OD Williams (eds), *Global Health Governance: Crisis, Institutions and Political Economy*. Springer, Cham; Chiriboga D, P Buss, AE Birn, J Garay, C Muntaner, and L Nervi (2015). "Investing in health." *The Lancet* 383(9921): 949; Sparke M (2017). "Austerity and the embodiment of neoliberalism as ill-health: Towards a theory of biological sub-citizenship." *Social Science Medicine* 187: 287-295.

476. Chapura M (2007). *Actor Networks, Economic Imperatives and the Heterogeneous Geography of the Contemporary Poultry Industry*. MA thesis, Department of Geography, University of Georgia; Food and Water Watch (2012). *Public Research, Private Gain: Corporate Influence Over University Agricultural Research*. https://www.foodandwaterwatch.org/sites/default/files/Public%20Research%20Private%20Gain%20Report%20April%202012.pdf; Pardy PG, JM Alston, C Chang-Kang, TM Hurley, RS Andrade, et al. (2018). "The shifting structure of agricultural R&D: Worldwide investment patterns and payoffs." In N Kalaitzandonakes, EG Carayannis, E Grigoroudis, and S Rozakis (2018). *From Agriscience to Agribusiness: Theories, Policies and Practices in Technology Transfer*

and Commercialization. Springer, Cham.

477. Hulme PE (2009). "Trade, transport and trouble: managing invasive species pathways in an era of globalization." *Journal of Applied Ecology* 46: 10-18; Blanchette A (2015). "Herding species: Biosecurity, posthuman labor, and the American industrial pig"; Bagnato A (2017). "Microscopic colonialism." *E-Flux*. https://www.e-flux.com/architecture/positions/153900/microscopic-colonialism/.

478. Lezaun J and N Porter (2015). "Containment and competition: transgenic animals in the One Health agenda." *Soc Sci Med* 129: 96-105; Wallace RG (2016). "Protecting H3N2v's privacy." In *Big Farms Make Big Flu: Dispatches on Infectious Disease, Agribusiness, and the Nature of Science*. Monthly Review Press, New York, pp 319-321; Borkenhagen LK, MD Salman, M Mai-Juan, GC Gray (2019). "Animal influenza virus infections in humans: A commentary." *International Journal of Infectious Diseases*, 88: 113-119; Gorsich EE, RS Miller, HM Mask, C Hallman, K Portacci, and CT Webb (2019). "Spatio-temporal patterns and characteristics of swine shipments in the U.S. based on Interstate Certificates of Veterinary Inspection"; Okamoto K, A Liebman, and RG Wallace (2020). "At what geographic scales does agricultural alienation amplify foodborne disease outbreaks? A statistical test for 25 U.S. states, 1970-2000."

479. Norgaard RB (1984). "Coevolutionary agricultural development." *Economic Development and Cultural Change*, 32(3): 525-546; Noailly J (2008). "Coevolution of economic and ecological systems. An application to agricultural pesticide resistance." *Journal of Evolutionary Economics* 18: 1-29; Tsing A (2009). "Supply chains and the human condition"; Moreno-Pe ñaranda R and G Kallis (2010). "A coevolutionary understanding of agroenvironmental change: A case-study of a rural community in Brazil." *Ecological Economics* 69(4): 770-778; Coq-Huelva D, A Higuchi, R Alfalla-Luque, R Burgos-Morán, and R Arias-Gutiérrez (2017). "Co-evolution and bio-social construction: The Kichwa agroforestry systems (*Chakras*) in the Ecuadorian Amazonia." *Sustainability* 9(10): 1920; Giraldo OF (2019). *Political Ecology of Agriculture: Agroecology and Post-Development*.

480. IPES-Food (2016). *From Uniformity to Diversity: A Paradigm Shift from Industrial Agriculture to Diversified Agroecological Systems*. Louvain-la-Neuve, Belgium. http://www.ipes-food.org/_img/upload/files/UniformityToDiversity_FULL.pdf; IPES-Food (2018). *Breaking Away from Industrial Food and*

Farming Systems: Seven Case Studies of Agroecological Transition. Louvain-la-Neuve, Belgium. http://www.ipes-food.org/_img/upload/files/CS2_web.pdf; Chappell MJ (2018). *Beginning to End Hunger: Food and the Environment in Belo Horizonte, Brazil, and Beyond;* Arias PF, T Jonas, and K Munksgaard (eds) (2019). *Farming Democracy: Radically Transforming the Food System from the Ground Up*. Australian Food Sovereignty Alliance; Vivero-Pol JL, T Ferrando, O De Schutter, and U Mattei (eds) (2019). *Routledge Handbook of Food as a Commons*. Routledge, New York.

481. Liebman M, ER Gallandt, and LE Jackson (1997). "Many little hammers: ecological management of crop-weed interactions." *Ecology in Agriculture* 1: 291-343; Enticott G (2008). "The spaces of biosecurity: prescribing and negotiating solutions to bovine tuberculosis." *Environment and Planning A* 40: 1568-1582; Wallace RG (2016). "A probiotic ecology." In *Big Farms Make Big Flu: Dispatches on Infectious Disease, Agribusiness, and the Nature of Science*. Monthly Review Press, New York, pp 250-256; Midega CA, JO Pittchar, JA Pickett, GW Hailu, and ZR Khan (2018). "A climate-adapted push-pull system effectively controls fall armyworm, *Spodoptera frugiperda* (J E Smith), in maize in East Africa." *Crop Protection* 105: 10-15; Wallace RG, R Alders, R Kock, T Jonas, R Wallace, and L Hogerwerf (2019). "Health before medicine: Community resilience in food landscapes."

482. Holt-Giménez E And M Altieri (2016). *Agroecology "Lite:" Cooptation and Resistance in the Global North*. Food First - Institute for Food and Development Policy. https://foodfirst.org/agroecology-lite-cooptation-and-resistance-in-the-global-north/; Giraldo OF (2019). *Political Ecology of Agriculture: Agroecology and Post-Development*.

10. 사람을 위한 팬데믹 연구

483. Agroecology and Rural Economics Research Corps (2020). "Pandemic Research for the People." ARERC, 25 March. https://arerc.wordpress.com/pandemic-research-for-the-people/; Pandemic Research for the People (2020). "About PReP." https://www.prepthepeople.net/about.

484. Luce E (2020). "Inside Trump's coronavirus meltdown." *Financial Times*, 14 May. https://www.ft.com/content/97dc7de6-940b-11ea-abcd-371e24b679ed.

485. Scott K (2002). TikTok video, 14 April. Available online at https://www.tiktok.com/@kyscottt/video/6815758866769349894.

486. Wilson J (2020). "US lockdown protests may have spread virus widely, cellphone data suggests." *The Guardian*, 18 May. https://www.theguardian.com/us-news/2020/may/18/lockdown-protests-spread-coronavirus-cellphone-data.

487. Spinney L (2020). "The coronavirus slayer! How Kerala's rock star health minister helped save it from Covid-19." *The Guardian*, 14 May. https://www.theguardian.com/world/2020/may/14/the-coronavirus-slayer-how-keralas-rock-star-health-minister-helped-save-it-from-covid-19; Kretzschmar ME, G Rozhnova, MCJ Bootsma, M van Boven, JHHM van de Wijgert, MJM Bonten (2020). "Impact of delays on effectiveness of contact tracing strategies for COVID-19: a modelling study." *The Lancet Public Health*, 16 July. https://doi.org/10.1016/S2468-2667(20)30157-2; Luo E, N Chong, C Erikson, C Chen, S Westergaard, E Salsberg, and P Pittman (2020). "Contact tracing workforce estimator." Fitzhugh Mullan Institute for Health Workforce Equity, George Washington University. https://www.gwhwi.org/estimator-613404.html.

488. Pan A, et al. (2020). "Association of public health interventions with the epidemiology of the COVID-19 outbreak in Wuhan, China." *JAMA* 323(19): 1915-1923; Black G (2020). "Vietnam may have the most effective response to Covid-19." *The Nation*, 24 April. https://www.thenation.com/article/world/coronavirus-vietnam-quarantine-mobilization/.

489. Gurba M (2020). "Be about it: a history of mutual aid has prepared POC for this moment." *REMEZCLA*, 14 May https://remezcla.com/features/culture/southern-solidarity-mutual-aid-history-and-coronavirus; Derysh I (2020). "States smuggle COVID-19 medical supplies to avoid federal seizures as House probes Jared Kushner." *Salon*, 21 April https://www.salon.com/2020/04/21/states-smuggle-covid-19-medical-supplies-to-avoid-federal-seizures-as-house-probes-jared-kushner; Artenstein AW (2020). "In pursuit of PPE." *New*

England Journal of Medicine 382:e46.

490. Richert C (2020). "Minnesota counties say contact tracing is taking too long." *MPRNews*, 11 May. https://www.mprnews.org/story/2020/05/11/minnesota-counties-say-contact-tracing-is-taking-too-long.

491. Goodman JD, WK Rashbaum, and JC Mays (2020). "DeBlasio strips control of virus tracing from health department." *New York Times*, 7 May. https://www.nytimes.com/2020/05/07/nyregion/coronavirus-contact-tracing-nyc.html; Sanders A (2020). "NYC coronavirus contract tracers program turns disastrous after hiring too many remote workers." *New York Daily News*, 28 May. https://www.nydailynews.com/coronavirus/ny-coronavirus-nyc-contact-tracer-hiring-hospital-system-remote-20200528-xpdt4pefkrgwhiso73cvgvj4ge-story.html.

492. Trump D (2020). "Donald Trump speech transcript at PA distribution center for coronavirus relief supplies." *Rev*, 14 May. https://www.rev.com/blog/transcripts/donald-trump-speech-transcript-at-pennsylvania-distribution-center-for-coronavirus-relief-supplies; Our World in Data (2020). "Daily COVID-19 tests per thousand people." https://ourworldindata.org/grapher/full-list-daily-covid-19-tests-per-thousand.

493. Romm T, J Stein, and E Werner (2020). "2.4 million Americans filled job claims last week, bringing nine-week total to 38.6 million." *Washington Post*, 21 May. https://www.washingtonpost.com/business/2020/05/21/unemployment-claims-coronavirus/.

494. Táíwò O (2020). "Corporation are salivating over the coronavirus pandemic." *The New Republic*, 3 April. https://newrepublic.com/article/157159/corporations-salivating-coronavirus-pandemic; Picchi A (2020). "Trump adviser says America's 'human capital stock' ready to return to work, sparking anger." CBS News, 26 May. https://www.cbsnews.com/news/human-capital-stock-kevin-hassett-trump-economic-advisor-back-to-work; Hartman M (2020). "Half of Americans who lost work or wages are getting $0 jobless benefits." *Marketplace*, 18 May. https://www.marketplace.org/2020/05/18/half-of-americans-who-lost-work-or-wages-are-getting-0-jobless-benefits/; Brenner R (2020). "Escalating plunder." *New Left Review* 123: 5-22.

495. Glenza J (2020). "Up to 43m Americans could lose health insurance amid pandemic, report says." *The Guardian*, 10 May. https://www.theguardian.com/us-news/2020/may/10/us-health-insurance-layoffs-coronavirus.

496. BBC News (2020). "Wilbur Ross says coronavirus could boost US jobs." *BBC News*, 31 January. https://www.bbc.com/news/business-51276323.

497. Chang GC (2020). "Many smart people, knowing that #China would dominate the world . . ." Twitter, 19 February. https://twitter.com/GordonGChang/status/1230147427795185667.

498. Associated Press (2020). "US Senator criticized for telling students China is to blame for Covid-19." *The Guardian*, 17 May. https://www.theguardian.com/us-news/2020/may/17/senator-ben-sasse-china-coronavirus-graduation-speech; Rogin J (2020). "The coronavirus crisis is turning Americans in both parties against China." *Washington Post*, 8 April. https://www.washingtonpost.com/opinions/2020/04/08/coronavirus-crisis-is-turning-americans-both-parties-against-china/.

499. Chiu A (2020). "Trump has no qualms about calling coronavirus the 'Chinese Virus.' That's a dangerous attitude, experts say." *Washington Post*, 20 March. https://www.washingtonpost.com/nation/2020/03/20/coronavirus-trump-chinese-virus; Day M (2020). "No act of God." *Jacobin*, 19 May. https://www.jacobinmag.com/2020/05/no-act-of-god.

500. Fisher M (2020). "Coronavirus 'hits all the hot buttons' for how we misjudge risk." *New York Times*, 13 February. https://www.nytimes.com/2020/02/13/world/asia/coronavirus-risk-interpreter.html.

501. Cornwall W (2020). "Crushing coronavirus means 'breaking the habits of a lifetime.' Behavior scientists have some tips." *Science*, 16 April. https://www.sciencemag.org/news/2020/04/crushing-coronavirus-means-breaking-habits-lifetime-behavior-scientists-have-some-tips.

502. WABC (2020). "Coronavirus news: NYC poison control sees uptick in Lysol, bleach exposures after Trump's comments on disinfectants." Eyewitness News ABC7, 25 April. https://abc7ny.com/lysol-bleach-president-trump-nyc-health/6128990/.

503. The Brian Lehrer Show (2017). "When Ivanka Trump and Senator Schumer share cocktails in the Hamptons." WNYC website, 10 July. https://www.wnyc.org/story/when-ivanka-trump-and-sen-schumer-share-cocktails-hamptons/.

504. Vogell H and K Sullivan (2020). "Trump's company paid bribes to reduce property taxes, assessors say." ProPublica, 11 March. https://www.propublica.org/article/trumps-company-paid-bribes-to-reduce-property-taxes-

assessors-say.

505. Gindin S and L Panitch (2012). *The Making of Global Capitalism*. Verso: New York

506. Tharoor I (2020). "Trump's pandemic responses underscores the crisis in global politics." *Washington Post*, 17 April. https://www.washingtonpost.com/world/2020/04/17/trumps-pandemic-response-underscores -crisis-global-politicst/.

507. Karni A and M Haberman (2020). "Trump announces his 'opening the country' council." *The New York Times*, 14 April. https://www.nytimes.com/2020/04/14/us/politics/coronavirus-trump-reopening-council.html

508. Oprysko C, B Ehley, R Roubein, and Q Forgey (2020). "Trump kicks off a day of whiplash over future of coronavirus task force." *Politco*, 6 May. https://www.politico.com/news/2020/05/06/trump-white-house-coronavirus-task-force-239900; Gangitano A (2020). "Trump uses Defense Production Act to order meat processing plants to stay open." *The Hill*, 28 April https://thehill.com/homenews/administration/495175-trump-uses-defense-production-act-to-order-meat-processing-plants-to; Kwiatkowski M and TL Nadolny (2020). "'It makes no sense': Feds consider relaxing infection control in US nursing homes." *USA Today*, 4 May. https://www.usatoday.com/story/news/investigations/2020/05/04/coronavirus-nursing-homes-feds-consider-relaxing-infection-control/3070288001.

509. James F (2009). "Call 'swine flu' H1N1 instead: Ag Sec'y." NPR, 28 April. https://www.npr.org/sections/health-shots/2009/04/call_swine_flu_h1n1_instead_ob.html; Farm Lands of Guinea Limited (2011). "Farm Lands of Guinea completes reverse merger and investment valuing the company at USD$45 million." *Cision PR Newswire*, 4 March. https://www.prnewswire.com/news-releases/farm-lands-of-guinea -completes-reverse-merger-and-investment-valuing-the-company-at-usd45-million-117415048.html.

510. Schwartz M (2020). "Governors divide by party on Trump plan to reopen businesses shut by coronavirus." NPR, 17 April. https://www.npr.org/2020/04/17/837579713/governors-divide-by-party-on-trump-plan-to-reopen-businesses-shut-by-coronavirus.

511. Toosi N (2020). "Biden ad exposes a rift over China on the left." *Politico*, 23 April. https://www.politico.com/news/2020/04/23/biden-ad-exposes-left-rift-china-202241; Biden J (2020). "Joe Biden: My plan to safely reopen

America." *New York Times,* 12 April. https://www.nytimes.com/2020/04/12/opinion/joe-biden-coronavirus-reopen-america.html.

512. Oprysko C and M Caputo. (2020). "Trump, Biden speak by phone about coronavirus response." *Politico,* 6 April https://www.politico.com/news/2020/04/06/trump-biden-dnc-convention-168323.

513. Cohen E (2020). "China says coronavirus can spread before symptoms show — calling into question US containment strategy." CNN, 26 January. https://www.cnn.com/2020/01/26/health/coronavirus-spread-symptoms-chinese-officials/index.html.

514. Chan JFW, et al. (2020). "A familial cluster of pneumonia associated with the 2019 novel coronavirus indicating person-to-person transmission: a study of a family cluster." *The Lancet,* 24 January. https://www.thelancet.com/journals/lancet/article/PIIS0140-6736(20)30154-9/fulltext.

515. Saturday Night Live (2020). "Dr. Anthony Fauci Cold Open — SNL." YouTube, 25 April. https://www.youtube.com/watch?v=uW56CL0pk0g; Johnson, LM (2020). "Doughnuts featuring Dr. Fauci's face are quickly becoming a nationwide hit." CNN, 26 March; https://www.cnn.com/2020/03/26/us/dr-fauci-doughnuts-trnd/index.html.

516. C-SPAN (2020). "Fauci on NSC global health office." C-SPAN, 19 March. https://www.c-span.org/video/?c4862190/user-clip-fauci-nsc-global-health-office.

517. Rev.com (2020). "NIH director testify before House on coronavirus response as cases grow in U.S." Rev website, 11 March. https://www.rev.com/transcript-editor/shared/opVK9vJZvEC1TLj1TmE5nDfmsB2ESUETmEnVbgr7N_QZUfxRTZMwEpZMuDZ_PR7mM4b7sV3qBOMpt9pNsAvYcKuSjDI?loadFrom=PastedDeeplink&ts=3097blka.

518. Matthews GJ (2018) "Family caregivers, AIDS narratives, and the semiotics of the bedside in Colm Tóibín's *The Blackwater Lightship.*" *Critique* 60(3): 289-299.

519. Price JR (2017). "The treatment and prevention of HIV bodies." In M Brettschneider, S Burgess, and C Keating (eds), *LGBTQ Politics: A Critical Reader.* New York University Press, New York, pp 54-71.

520. Hoppe T (2018). *Punishing Disease: HIV and the Criminalization of Sickness.* University of California Press, Oakland.

521. Fauci AS, HC Lane, and RR Redfield (2020). "Covid-19 — navigating the

uncharted." *New England Journal of Medicine* 382: 1268-1269.

522. Faust JS and C del Rio (2020). "Assessment of deaths from COVID-19 and from seasonal influenza." *JAMA Internal Medicine*, 14 May. https://jamanetwork.com/journals/jamainternalmedicine/fullarticle/2766121.

523. Smith KF, et al. (2014). "Global rise in human infectious disease outbreaks." *Journal of the Royal Society* 11(101): 20140950.

524. Medecins Sans Frontieres (2020). "DRC Ebola outbreaks: crisis update —May 2020." Medecins Sans Frontieres, 18 May. https://www.msf.org/drc-ebola-outbreak-crisis-update.

525. Ota M (2020). "Will we see protection or reinfection in COVID-19?" *Nature Reviews Immunology* 20(6): 351; Harding L (2020). "'Weird as hell': the Covid-19 patients who have symptoms for months." *The Guardian*, 15 May. https://www.theguardian.com/world/2020/may/15/weird-hell-professor-advent-calendar-covid-19-symptoms-paul-garner; Parshley L (2020). "The emerging long-term complications of Covid-19, explained." *Vox*, 8 May. https://www.vox.com/2020/5/8/21251899/coronavirus-long-term-effects-symptoms.

526. Kreston R (2013). "The public health legacy of the 1976 swine flu outbreak." *Discover*, 30 September. https://www.discovermagazine.com/health/the-public-health-legacy-of-the-1976-swine-flu-outbreak.

527. Reinhard B, E Brown, and N Satjia (2020). "Trump says he can bring in coronavirus experts quickly. The experts say it is not that simple." *Washington Post*, 27 February https://www.washingtonpost.com/investigations/trump-says-he-can-bring-in-coronavirus-experts-quickly-the-experts-say-it-is-not-that-simple/2020/02/27/6ce214a6-5983-11ea-8753-73d96000faae_story.html.

528. Wallace RG (2010). "The Alan Greenspan strain." *Farming Pathogens* blog, 30 March. https://farmingpathogens.wordpress.com/2010/03/30/the-alan-greenspan-strain/.

529. St Clair J (2020). "Roaming charges: bernt offerings." *Counterpunch*, 17 April. https://www.counterpunch.org/2020/04/17/roaming-charges-bernt-offerings/.

530. Bendavid E, et al. (2020). "COVID-19 antibody seroprevalence in Santa Clara County, California." *MedRvix*, 30 April. https://www.medRxiv.org/content/10.1101/2020.04.14.20062463v2.

531. Lee SM (2020). "JetBlue's founder helped fund a Stanford study that said the coronavirus wasn't that deadly." *BuzzFeed News*, 15 May. https://www.buzzfeednews.com/article/stephaniemlee/stanford-coronavirus-neeleman-ioannidis-whistleblower.

532. Jasper C, C Ryan, and A Kotoky (2020). "An $85 billion airline rescue may only prolong the pain." *Bloomberg*, 2 May. https://www.bloomberg.com/news/articles/2020-05-02/coronavirus-airline-bailouts-a-guide-to-85-billion-in-state-aid.

533. Dutkiewicz J, A Taylor, and T Vettese (2020). "The Covid-19 pandemic shows we must transform the global food system." *The Guardian*, 16 April. https://www.theguardian.com/commentisfree/2020/apr/16/coronavirus-covid-19-pandemic-food-animals.

534. Wallace RG, A Liebman, LF Chaves, and R Wallace (2020). "COVID-19 and circuits of capital." This volume.

535. Huber M (2019). "Ecological politics for the working class." *Catalyst* (3)1. https://catalyst-journal.com/vol3/no1/ecological-politics-for-the-working-class.

536. Wurgaft BA (2019). *Meat Planet*. University of California Press, Oakland; Ellis EG (2019). "I'm a vegetarian—will I eat lab-grown meat?" *Wired*, 27 November. https://www.wired.com/story/vegetarian-ethics-lab-grown-meat/.

537. Murray A (2018). "Meat cultures: Lab-grown meat and the politics of contamination." *BioSocieties* 13: 513-534.

538. Puig N (2014). *Bédouins sédentarisés et société citadine à Tozeur*. Karthala, Paris.

539. Weizman E (2015). *The Conflict Shoreline: Colonization as Climate Change in the Negev Desert*. Steidel, Göttingen.

540. Amuasi, JH et al (2020). "Calling for a COVID-19 One Health research coalition." *The Lancet* 395(10236): 1543-1544.

541. Shah S and A Goodman (2020). "Sonia Shah: 'It's time to tell a new story about coronavirus—our lives depend on it.'" *Democracy Now!*, 17 July. https://www.democracynow.org/2020/7/17/sonia_shah_its_time_to_tell.

542. Wallace RG, et al. (2015). "The dawn of Structural One Health: a new science tracking disease emergence along circuits of capital." *Social Science and Medicine* 129: 68-77.

543. Johnson W (2017). *River of Dark Dreams: Slavery and Empire in the Cotton Kingdom*. Harvard University Press, Cambridge.

544. Luna AG, B Ferguson, O Giraldo, B Schmook, and EMA Maya (2019). "Agroecology and restoration ecology: fertile ground for Mexican peasant territoriality?" *Agroecology and Sustainable Food Systems* 43(10): 1174-1200.

545. Davis D (1996). "Gender, indigenous knowledge, and pastoral resource use in Morocco." *Geographical Review* 86(2): 284-288.

546. Jacobs R (2017). "An urban proletariat with peasant characteristics: land occupations and livestock raising in South Africa." *Journal of Peasant Studies* 45(5-6): 884-903.

547. Allred BW, SD Fuhlendorf, and RG Hamilton (2011). "The role of herbivores in Great Plains conservation: comparative ecology of bison and cattle." *Ecosphere* 2(3): 1-17.

548. Sharma D (2017). *Technopolitics, Agrarian Work and Resistance in Post-Green Revolution Indian Punjab.* Ph.D Dissertation available at https://ecommons. cornell.edu/handle/1813/59067.

549. Augustine D, A Davidson, K Dickinson, and B Van Pelt (2019). "Thinking like a grassland: Challenges and opportunities for biodiversity conservation in the Great Plains of North America." *Rangeland Ecology & Management.* https:// www.sciencedirect.com/science/article/pii/S1550742419300697.

550. Gerber P, I Touré, A Ickowicz, I Garba, and B Toutain (2012*). Atlas of Trends in Pastoral Systems in the Sahel.* FAO & CIRAD, Rome.

551. Vettese T (2019). "The political economy of half-earth." *The Bullet*, 30 January. https://socialistproject.ca/2019/01/the-political-economy-of-half-earth/.

552. Cohen DA (2020). ""The problem isn't some people's taste for seemingly strange delicacies . . ." Twitter, 16 April. https://twitter.com/aldatweets/ status/1250883909145026573.

553. Schmitz O (2016). "How 'natural geoengineering' can help slow global warming." *Yale Environment 360,* 25 January. https://e360.yale.edu/features/ how_natural_geo-engineering_can_help_slow_global_warming.

554. Liang J, T Reynolds, A Wassie, C Collins, and A Wubalem (2016). "Effects of exotic *Eucalyptus spp.* plantationson soil properties in and around sacred natural sites in the northern Ethiopian Highlands." *AIMS Agriculture and Food* 1(2): 175-193.

555. Soto-Shoender JR, RA McCleery, A Monadjem, and DC Gwinn (2018). "The importance of grass cover for mammalian diversity and habitat associations in a bush encroached savanna." *Biological Conservation* 221:127-136.

556. Tishkov AA (2010). "Fires in steppes and savannas." In VM Kotlyanov (ed), *Natural Disasters—Volume II*. Encyclopedia of Life Support Systems, UK, pp 144-158.

557. Lynch J and R Pierrehumbert (2019). "Climate impacts of cultured meat and beef cattle." *Sustainable Food Systems*, 19 February https://www.frontiersin.org/articles/10.3389/fsufs.2019.00005/full.

558. Thieme R (2017). "The gruesome truth about lab-grown meat." *Slate*, 11 July. https://slate.com/technology/2017/07/the-gruesome-truth-about-lab-grown-meat.html.

559. Anonymous (2019). "Our meatless future: How the $1.8T global meat market gets disrupted." *CB Insights*, 13 November. https://www.cbinsights.com/research/future-of-meat-industrial-farming/.

560. Wallace RG (2019). "Redwashing capital: Left tech bros are honing Marx into a capitalist tool." *Uneven Earth*, 11 July. http://unevenearth.org/2019/07/redwashing-capital/.

561. Edelman M (2019). "Hollowed out Heartland, USA: How capital sacrificed communities and paved the way for authoritarian populism." *Journal of Rural Studies*, 10 November. https://www.sciencedirect.com/science/article/pii/S0743016719305157.

562. Anonymous (2007). "Wilderswil declaration on livestock diversity." La Via Campesina, 11 September. https://viacampesina.org/en/wilderswil-declaration-on-livestock-diversity/.

563. Swagemakers P, MDD Garcia, AO Torres, H Oostindie, and JCJ Groot (2017). "A values-based approach to exploring synergies between livestock farming and landscape conservation in Galicia (Spain)." *Sustainability* 9(11), 1987. https://www.mdpi.com/2071-1050/9/11/1987/htm.

564. Qualman D (2017). "Agribusiness takes all: 90 years of Canadian net farm income." *Darrin Qualman* blog, 28 February. https://www.darrinqualman.com/canadian-net-farm-income/.

565. CLOC—Via Campesina Secretary (2020). *CLOC—Via Campesina: Returning to the Countryside*. La Via Campesina, 14 April. https:// viacampesina.org/en/cloc-via-campesina-returning-to-the -countryside/.

566. Mann G (2020). "Irrational expectations." *Viewpoint Magazine*, 29 April. https://www.viewpointmag.com/2020/04/29/irrational-expectations/.

567. Ajl M (2019). "How much will the US Way of Life © have to change?" *Uneven*

Earth, 10 June. http://unevenearth.org/2019/06/how-much-will -the-us-way-of-life-have-to-change/.

568. Huber M (2020). "Socialize the food system." *Tribune*, 19 April. https://www.tribunemag.co.uk/2020/04/socialise-the-food-system.

569. Perfecto I and J Vandermeer (2010). "The agroecological matrix as alternative to the land-sparing/agriculture intensification model." *PNAS* 107(13) 5786-5791; Smith A (2020). "To combat pandemics, intensify agriculture." The Breakthrough Institute, 13 April. https://thebreakthrough.org/issues/food/zoonosis.

570. McDonald JM (2020). *Consolidation in US Agriculture Continues*. United States Department of Agriculture Economics Research Service, 3 February. https://www.ers.usda.gov/amber-waves/2020/february/consolidation-in -us-agriculture-continues/.

571. Marris E (2020). "GMOs are an ally in a changing climate." *Wired*, 1 April. https://www.wired.com/story/future-food-will-need-gmo-organic-hybrid/.

572. Patel R and J Goodman (2020). "The Long New Deal." *Journal of Peasant Studies* 47(3): 431-463.

573. Kampf-Lassin M (2019). "A Popeyes chicken sandwich under socialism." *Jacobin*, 27 August. https://www.jacobinmag.com/2019/08/popeyes -chicken-sandwich-fast-food-workers.

574. Esteva G, DIG Luna, I Ragazzini (2014). "Mandar obedeciendo en territorio Zapatista." *alai*, July. https://ri.conicet.gov.ar/bitstream/handle/11336/94112/CONICET_Digital_Nro.f1a1789b-ab5e-4c5d-8ee2-60f37d0216b7_X.pdf?sequence=5.

575. Frison EA, et al. (2016). *From Uniformity to Diversity: A Paradigm Shift from Industrial Agriculture to Diversified Agroecological Systems*. International Panel of Experts on Sustainable Food Systems. http://www.ipes-food.org/_img/upload/files/UniformityToDiversity_FULL.pdf; Anonymous (2014). *Regenerative Organic Agriculture and Climate Change*. Rodale Institute, Kutztown, PA http://rodaleinstitute.org/assets/RegenOrgAgricultureAndClimateChange_20140418.pdf; Gliessman S, et al. (2018). *Breaking Away from Industrial Food and Farming Systems: Seven Case Studies of Agroecological Transition*. International Panel of Experts on Sustainable Food Systems. http://www.ipes-food.org/_img/upload/files/CS2_web.pdf.

576. Wallace RG and R Kock (2012). "Whose food footprint? Capitalism,

agriculture, and the environment." *Human Geography* 5(1): 63-83; Frison EA, et al. (2016). *From Uniformity to Diversity: A Paradigm Shift from Industrial Agriculture to Diversified Agroecological Systems.*

577. Chappell MJ (2018). *Beginning to End Hunger: Food and the Environment in Belo Horizonte, Brazil and Beyond.* University of California Press, Oakland.

578. Cox S (2020). *The Green New Deal and Beyond: Ending the Climate Emergency While We Still Can.* City Lights Books, San Francisco.

579. Malkan S (2018). "Pamela Ronald's ties to chemical industry front groups." U.S. Right to Know, 27 December. https://usrtk.org/our-investigations/pamela-ronald-led-chemical-industry-front-group-efforts; Malkan S (2019). "Cornell Alliance for Science is a PR campaign for the agrichemical industry." GRAIN, 27 November. https://www.grain.org/en/article/6368-cornell-alliance-for-science-is-a-pr-campaign-for-the-agrichemical-industry; Marris E (2020). "GMOs are an ally in a changing climate."

580. Marx K (1875). *Critique of the Gotha Program.* Progress Publishers, Moscow.

581. Caffentzis G (2013). *In Letters of Blood and Fire: Work, Machines, and the Crisis of Capitalism.* PM Press, Oakland; Wallace R (2018). *Canonical Instabilities of Autonomous Vehicle Systems.* Springer International Publishing, Cham, Switzerland.

582. U.S. Food Sovereignty Alliance (2000). "Home." U.S. Food Sovereignty Alliance, http://usfoodsovereigntyalliance.org/; Soul Fire Farm (2020). "Reparations." Soul Fire Farm, http://www.soulfirefarm.org/get-involved/reparations; Savanna Institute (2020). "About." Savanna Institute website, http://www.savannainstitute.org

583. Cavooris R (2019). "Origins of the crisis: on the coup in Bolivia." *Viewpoint Magazine*, 18 November https://www.viewpointmag.com/2019/11/18/origins-of-the-crisis-on-the-coup-in-bolivia/.

12. 박쥐 동굴 속으로

584. Zhong N, et al. (2003). "Epidemiology and cause of severe acute respiratory syndrome (SARS) in Guangdong, People's Republic of China, in February 2003." *The Lancet* 362(9393): 1353-1358; Xu R-H, et al. (2004). "Epidemiologic clues to SARS origin in China." *Emerg. Infect. Dis.*, 10(6):

1030-1037; deWit E, van Doremalen N, D Falzarano, and V Munster (2016). "SARS and MERS: recent insights into emerging coronaviruses." *Nat. Rev. Microbio.,* 14(8): 523-534.

585. Wang L and B Eaton B (2007). "Bats, civets, and the emergence of SARS." *Curr. Top. Microbiol. Immunol.* 315: 324-344.

586. Yuan J, et al. (2010). "Intraspecies diversity of SARS-like coronaviruses in *Rhinolophus sinicus* and its implications for the origins of SARS coronaviruses in humans." *J. Gen. Virol.,* 91(4). https://doi.org/10.1099/vir.0.016378-0.

587. Li W, et al. (2005). "Bats are natural reservoirs of SARS-like coronaviruses." *Science.* 310(5748): 676-679.

588. Drexler JF, VM Corman, and C Drosten (2014). "Ecology, evolution and classification of bat coronaviruses in the aftermath of SARS." *Antiviral Res.* 101:45-56.

589. Corman VM, D Muth, D Niemeyer, and C Drosten C. (2018). "Hosts and sources of endemic human coronaviruses." *Adv Virus Res.* 100:163-188.

590. Mao X, G He, J Zhang, S Rossiter, and S Zhang (2013). "Lineage divergence and historical gene flow in the Chinese horseshoe bat (*Rhinolophus sinicus*)." *PLoS One* 8(2): E56786.

591. Ibid; Sun K (2019). "*Rhinolophus sinicus.*" *The IUCN Red List of Threatened Species.* 2019: e.T41529A22005184. https://dx.doi.org/10.2305/IUCN.UK.2019-3.RLTS.T41529A22005184.en.

592. Mao X, G He, J Zhang, S Rossiter, and S Zhang (2013). "Lineage divergence and historical gene flow in the Chinese horseshoe bat (*Rhinolophus sinicus*)"; Liang L, X Luo, J Wang, T Huang, and E Li (2019). "Habitat selection and prediction of the spatial distribution of the Chinese horseshoe bat (*R. sinicus*) in the Wuling Mountains." *Environmental Monitoring and Assessment,* 191:4.

593. Feijó A, Y Wang, J Sun, F Li, Z Wen, D Ge, L Xia, and Q Yanga (2019). "Research trends on bats in China: A twenty-first century review." *Mamm Biol.* 98: 163-172.

594. Wu H, T Jiang, X Huang, and J Feng (2018). "Patterns of sexual size dimorphism of horseshoe bats: testing Rensch's rule and potential causes." *Scientific Reports* 8:2616. https://www.nature.com/articles/S41598-018-21077-7.

595. Kawamoto K (2003). "Endocrine control of reproductive activity in hibernating bats." *Zoological Science* 20(9):1057-1069.

596. Ye G-X, L-M Shi, K-P Sun, X Zhu, and J Feng (2009). "Coexistence mechanism of two sympatric horseshoe bats (*Rhinolophus sinicus* and *Rhinolophus affinis*) (Rhinolophidae) with similar morphology and echolocation calls." https://www.researchgate.net/publication/286370087_Coexistence_mechanism_of_two_sympatric_horseshoe_bats_Rhinolophus_sinicus_and_Rhinolophus_affinis_Rhinolophidae_with_similar_morphology_and_echolocation_calls.

597. Mao X, G He, J Zhang, SJ Rossiter, and S Zhang (2013). "Lineage divergence and historical gene flow in the Chinese Horseshoe Bat (*Rhinolophus sinicus*)." *PLoS ONE* 8(2): e56786; Mao X, G Tsagkogeorga VD Thong, and SJ Rossiter (2019). "Resolving evolutionary relationships among six closely related taxa of the horseshoe bats (*Rhinolophus*) with targeted resequencing data." *Molecular Phylogenetics and Evolution* 139:106551.

598. Magrone T, M Magrone, and E Jirillo (2020). "Focus on receptors for coronaviruses with special reference to angiotensin-converting enzyme 2 as a potential drug target—a perspective." *Endocr. Metab. Immune Disord. Drug Targets.* doi: 10.2174/1871530320666200427112902. Epub ahead of print.

599. Zheng Y-Y, Y-T Ma, J-Y Zang, and X Xie (2020). "COVID-19 and the cardiovascular system." *Nature Reviews Cardiology* 17:259-260; McGonagle D, JS O'Donnell, K Sharif, PE Emery, and C Bridgemwood (2020). "Immune mechanisms of pulmonary intravascular coagulopathy in COVID-19 pneumonia." *Lancet Rheumatology.* Epub ahead of print. https://www.sciencedirect.com/science/article/pii/S2665991320301211.

600. Hou Y, Peng C, Yu M, Han Z, Li F, Wang L, Shi Z (2010). "Angiotensin-converting enzyme 2 (ACE2) proteins of different bat species confer variable susceptibility to SARS-CoV entry." *Arch. Virol.,* 155(10): 1563-1569.

601. Department of Communicable Disease Surveillance and Response (2003). Consensus Document on the Epidemiology of Severe Acute Respiratory Syndrome (SARS). World Health Organization, Geneva, Switzerland. https://www.who.int/csr/sars/en/WHOconsensus.pdf; Karlberg J, D Chong, and Y Lai (2004). "Do men have a higher case fatality rate of severe acute respiratory syndrome than women do?" *Am. J. Epidemiol.* 159(3): 229-231; Hamming I, et al (2007). "The emerging role of ACE2 in physiology and disease." *J. Pathol.* 212(1): 1-11; Jin J-M, P Bai, W He, F Wu, X-F Liu, et al. (2020). "Gender differences in patients with COVID-19: Focus on severity and mortality."

Frontiers of Public Health, 29 April. https://doi.org/10.3389/fpubh.2020.00152.

602. Yang J, Y Zheng, X Gou, K Pu, Z Chen, et al. (2020). "Prevalence of comorbidities and its effects in patients infected with SARS-CoV-2: a systematic review and meta-analysis." *International Journal of Infectious Diseases* 94:91-95; Baker MG, TK Peckham, and NS Seixas (2020). "Estimating the burden of United States workers exposed to infection or disease: A key factor in containing risk of COVID-19 infection." *PLoS ONE* 15(4): e0232452.

603. Rodriguez A (2020). "Texas' lieutenant governor suggests grandparents are willing to die for US economy." *USA Today,* 24 March. https://www.usatoday. com/story/news/nation/2020/03/24/covid-19-texas-official-suggests- elderly-willing-die-economy/2905990001/.

604. Wambier CG and A Goren (2020). "Severe acute respiratory syndrome coronavirus 2 (SARS-CoV-2) infection is likely to be androgen mediated." *J Am Acad Dermatol* 83:308-309; Goren A, S Vaño-Galván, CG Wambier, J McCoy, A Gomez-Zubiaur (2020). "A preliminary observation: Male pattern hair loss among hospitalized COVID-19 patients in Spain – A potential clue to the role of androgens in COVID-19 severity." *Journal of Cosmetic Dermatology,* 19:1545-1547; Wambier CG, S Vaño-Galván, J McCoy, A Gomez-Zubiaur, S Herrera, et al. (2020). "Androgenetic alopecia present in the majority of hospitalized COVID-19 patients – the 'Gabrin sign'." *J Am Acad Dermatol.* doi: 10.1016/j.jaad.2020.05.079. Epub ahead of print.

605. Hoffmann M, H Kleine-Weber, S Schroeder, N Krüger, T Herrler, et al. (2020). "SARS-CoV-2 cell entry depends on ACE2 and TMPRSS2 and is blocked by a clinically proven protease inhibitor." *Cell* 181(2):271-280.e8.

606. Ambrosino I, E Barbagelata, E Ortona, A Ruggieri, G Massiah, et al. (2020). "Gender differences in patients with COVID-19: A narrative review." *Monaldi Arch Chest Dis* 90(2):318-324.

607. Jordan-Young RM and K Karkazis (2019). *Testosterone: An Unauthorized Biography.* Harvard University Press, Cambridge, MA.

608. Gebhard C, V Regitz-Zagrosek, HK Neuhauser, R Morgan, and SL Klein (2020). "Impact of sex and gender on COVID-19 outcomes in Europe." *Biol Sex Differ.* 11: 29.

609. Ibid; Chen X, Ran L, Liu Q, Hu Q, Du X and X Tan (2020). "Hand hygiene, mask-wearing behaviors and its associated factors during the COVID-19 epidemic: A cross-sectional study among primary school students in Wuhan,

China." *International Journal of Environmental Research and Public Health* 17(8): 2893; Gunasekaran GH, SS Gunasekaran, SS Gunasekaran, and FHBA Halim (2020). "Prevalence and acceptance of face mask practice among individuals visiting hospital during COVID-19 pandemic: Observational study." Preprint. doi:10.20944/preprints202005.0152.v1.

610. Shattuck-Heirdon H, MW Reiches, and SS Richardson (2020). "What's really behind the gender gap in Covid-19 deaths?" *New York Times,* 24 June. https://www.nytimes.com/2020/06/24/opinion/sex-differences-covid.html.

611. Brannstrom C (2009). "South America's neoliberal agricultural frontiers: Places of environmental sacrifice or conservation opportunity?" *Ambio* 38(3): 141–149.

612. Ambrosino I , E Barbagelata, E Ortona, A Ruggieri, G Massiah, et al. (2020). "Gender differences in patients with COVID-19: A narrative review."

613. Hou Y, C Peng, M Yu, Y Li, Z Han, et al. (2010). "Angiotensin-converting enzyme 2 (ACE2) proteins of different bat species confer variable susceptibility to SARS-CoV entry." *Archives of Virology,* 155:1563-1569.

614. Ibid; Ge X-Y, J-L Li, X-L Yang, AA Chmura, G Zhu, et al. (2013). "Isolation and characterization of a bat SARS-like coronavirus that uses the ACE2 receptor." *Nature* 503: 535-538.

615. Channappanavar R, C Fett, M Mack, PPT Eyck, DK Meyerholz, and S Perlman (2017). "Sex-based differences in susceptibility to Severe Acute Respiratory Syndrome coronavirus infection." *Journal of Immunology,* 198(10): 4046-4053.

616. Killerby M, H Biggs, C Midgley, S Gerber, and J Watson (2020). "Middle East Respiratory Syndrome coronavirus transmission." *Emerg. Infect. Dis.* 26(2). https://wwwnc.cdc.gov/eid/article/26/2/19-0697_article.

617. Hayman DTS, RA Bowen, PM Cryan, GF McCracken, TJ O'Shea, et al. (2013). "Ecology of zoonotic infectious diseases in bats: Current knowledge and future directions." *Zoonoses and Public Health,* 60(1): 2-21; O'Shea T, et al. (2014). "Bat flight and zoonotic viruses." *Emerg. Infect. Dis.* 20(5): 741-745; Subuhi S, N Rapin, and V Misra (2019). "Immune system modulation and viral persistence in bats: understanding viral spillover." *Viruses* 11(2): 192.

618. Fenton A, J Lello, MB Bonsall (2006). "Pathogen responses to host immunity: the impact of time delays and memory on the evolution of virulence." *Proc Biol Sci,* 273(1597): 2083-2090; Wyne JW and L-F Wang (2013). "Bats and viruses: Friend or foe?" *PLoS Pathogens* 9(10): e1003651.

619. Drexler JF, VM Corman, and C Drosten (2014). "Ecology, evolution and classification of bat coronaviruses in the aftermath of SARS"; Wong A, L Xin, S Lau, and P Woo (2019). "Global epidemiology of bat coronaviruses." *Viruses* 11(2): 174; Lau S, et al (2019). "Novel bat alphacoronaviruses in Southern China support Chinese horseshoe bat as an important reservoir for potential novel coronaviruses." *Viruses* 11(5): 423.

620. Slingenbergh J and JM Leneman. Submitted. "Upon a virus host shift from wildlife to humans or livestock, the pathogenesis in the new host evolves to reflect the long term virus life history in the sylvatic cycle." *Viruses.*

621. O'Leary MA, JI Bloch, JJ Flynn, TJ Gaudin, A Giallombardo, et al. (2013). "The placental mammal ancestor and the post-K-Pg radiation of placentals." *Science* 339: 662-667.

622. Wallace RG. "Blood machines." This volume.

623. Smith KF, M Goldberg, S Rosenthal, L Carlson, J Chen, et al. (2014). "Global rise in human infectious disease outbreaks." *J R Soc Interface* 11(101): 20140950.

624. Field HE (2009). "Bats and emerging zoonoses: Henipaviruses and SARS." *Zoonoses and Public Health,* 56(6-7): 278-284; Wallace R, LF Chaves, LR Bergmann, C Ayres, L Hogerwerf, R Kock, and RG Wallace (2018). *Clear-Cutting Disease Control: Capital-Led Deforestation, Public Health Austerity, and Vector-Borne Infection.* Springer, Cham; Wallace RG, A Liebman, LF Chaves, and R Wallace (2020). "COVID-19 and circuits of· capital." This volume; Fisher G (2020). "Deforestation and monoculture farming spread COVID-19 and other diseases." *Truthout,* May 12. https://truthout.org/articles/deforestation-and-monoculture-farming-spread-covid-19-and-other-diseases/.

625. Wallace RG, A Liebman, LF Chaves, and R Wallace (2020). "COVID-19 and circuits of capital."

626. Cahill P (2020). "U.S.-China blame game over COVID-19 heats up and Congress looks into antibody testing." NBC News, 29 April. https://www.nbcnews.com/news/morning-briefing/u-s-china-blame-game-over-covid-19-heats-congress-n1195146.

627. Arrighi G (2009). *Adam Smith in Beijing: Lineages of the 21st Century.* Verso, New York; Gulick J (2011). "*The Long Twentieth Century* and barriers to China's hegemonic accession." *American Sociological Association* 17(1): 4-38.

628. Shines R (2020) "WHO defunding threatens pillars of U.S. comprehensive national power." *Charged Affairs,* 25 May. https://chargedaffairs.org/who-defunding-threatens-pillars-of-u-s-comprehensive-national-power/.

629. Sylvers E and B Pancevski (2020). "Chinese doctors and supplies arrive in Italy." *Wall Street Journal,* 18 March. https://www.wsj.com/articles/chinese-doctors-and-supplies-arrive-in-italy-11584564673; Marques CF (2020). "China in Africa is more than a land grab." Bloomberg, 27 April. https://www.bloomberg.com/opinion/articles/2020-04-27/china-s-coronavirus-aid-to-africa-will-build-political-support.

630. Gretler C (2020). "Xi vows China will share vaccine and gives WHO full backing." Bloomberg, 18 May. https://www.bloomberg.com/news/articles/2020-05-18/china-s-virus-vaccine-will-be-global-public-good-xi-says.

631. Human Rights Watch (2020). "China: Covid-19 discrimination against Africans." 5 May. https://www.hrw.org/news/2020/05/05/china-covid-19-discrimination-against-africans; Abi-Habib M and K Bradsher (2020). "Poor countries borrowed billions from China. They can't pay it back." *New York Times,* 18 May. https://www.nytimes.com/2020/05/18/business/china-loans-coronavirus-belt-road.html; Marsh J (2020). "As China faces a backlash in the West, Xi needs Africa more than ever." CNN, 20 May. https://www.cnn.com/2020/05/19/asia/xi-jinping-africa-coronavirus-hnk-intl/index.html; George A (2020). "China's failed pandemic response in Africa." *Lawfare,* 24 May. https://www.lawfareblog.com/chinas-failed-pandemic-response-africa.

632. Anonymous (2020). "Africa's anti-COVID-19 efforts boosted by donations from China." Xinhua Net, 28 April. http://www.xinhuanet.com/english/2020-04/28/c_139015727.htm; Kapchanga M (2020). "African leadership shares China's health vision." *Global Times,* 20 May. https://www.globaltimes.cn/content/1188965.shtml; Kuyoh S (2020). "United fight against virus needed in Africa." *China Daily,* 25 May. http://global.chinadaily.com.cn/a/202005/25/WS5ecb248ea310a8b2411581e3.html.

633. Ward A (2020). "How China is ruthlessly exploiting the coronavirus pandemic it helped cause." *Vox,* 28 April. https://www.vox.com/2020/4/28/21234598/coronavirus-china-xi-jinping-foreign-policy.

634. People's Daily (2020). "US politicians reveal their cold-bloodedness in pandemic response." *Global Times,* 7 May. https://www.globaltimes.cn/

content/1187657.shtml.

635. Valitutto MT, O Aung, KYN Tun, ME Vodzak, D Zimmerman, et al. (2020) "Detection of novel coronaviruses in bats in Myanmar." *PLoS ONE* 15(4): e0230802.

636. Silver A and D Cyranoski (2020). "China is tightening its grip on coronavirus research findings." *Nature* 580(7804): 439-440.

637. Alliance for Human Research Protection (2016) "Former FDA Commissioner is charged in RICO lawsuit." 23 April. https://ahrp.org/former-fda-commissioner-charged-in-federal-racketeering-lawsuit/.

638. Edelman M (2019). "Hollowed out Heartland, USA: How capital sacrificed communities and paved the way for authoritarian populism." *Journal of Rural Studies*, 10 November. https://www.sciencedirect.com/science/article/pii/S0743016719305157.

639. Wallace RG. "Midvinter-19." This volume.

640. Ye G-X, L-M Shi, K-P Sun, X Zhu, and J Feng (2009). "Coexistence mechanism of two sympatric horseshoe bats (*Rhinolophus sinicus* and *Rhinolophus affinis*) (Rhinolophidae) with similar morphology and echolocation calls."

641. Wu Z et al (2016). "Deciphering the bat virome catalog to better understand the ecological diversity of bat viruses and the bat origin of emerging infectious diseases." *The ISME Journal* 10(3): 609-620; Fan Y, K Zhao, Z-L Shi, and P Zhou (2019). "Bat coronaviruses in China." *Viruses*, 11(3): 210; Zhang W (2018). "Global pesticide use: Profile, trend, cost/ benefit and more." *Proceedings of the International Academy of Ecology and Environmental Sciences* 8(1): 1-27; Zhang W, Y Lu, W van der Werf, J Huang, F Wu, et al. (2018). "Multidecadal, county-level analysis of the effects of land use, Bt cotton, and weather on cotton pests in China." *PNAS* 115 (33): E7700-E7709; Maggi FF, HM Tang, D la Cecilia, and A McBratney (2019). "Global Pesticide Grids (PEST-CHEMGRIDS), 2015: Application rate of propanil on rice, high estimate." In *Global Pesticide Grids (PEST-CHEMGRIDS)*. Palisades, NY. https://sedac.ciesin.columbia.edu/downloads/maps/ferman-v1/ferman-v1-pest-chemgrids/ferman-v1-pest-chemgrids-app-rate-propanil-rice-high-est-2015.jpg.

642. Chen S and J Li (2020). "Xi says China won't return to planned economy, urges cooperation." Bloomberg, 23 May. https://www.bloomberg.com/news/articles/2020-05-23/xi-says-china-won-t-return-to -planned-economy-

urges-cooperation.

643. Norton B and M Blumenthal (2019). "DSA/Jacobin/Haymarket-sponsored 'Socialism' conference features US gov-funded regime-change activists." *The Gray Zone,* 6 July. https://thegrayzone.com/2019/07/06/dsa-jacobin-iso-socialism-conference-us-funded-regime-change/.

644. La Botz D (2019). "Against the GrayZone slanders." *Medium,* 12 July. https://medium.com/@danlabotz/against-the-grayzone-slanders-ff305eecaf71.

645. Miranda A (2020). "COVID-19 Essentials pop-up offers in-demand supplies for pandemic in one place." WSVN News Miami, 11 June. https://wsvn.com/entertainment/covid-19-essentials-pop-up-offers-in-demand-supplies-for-pandemic-in-one-place/.

646. Feldman N (2020). "America has no plan for the worst-case scenario on Covid-19." Bloomberg, 6 May. https://finance.yahoo.com/news/america-no-plan-worst-case-153036385.html; Hawkins D, B Shammas, M Kornfield, M Berger, K Adam, et al. (2020). "Trump tells Oklahoma rally he directed officials to slow virus testing to find fewer cases." *Washington Post,* 20 June. https://www.washingtonpost.com/nation/2020/06/20/coronavirus-live-updates-us/; Fitz D (2020). "How Che Guevara taught Cuba to confront COVID-19." *Monthly Review,* 1 June. https://monthlyreview.org/2020/06/01/how-che-guevara-taught-cuba-to-confront-covid-19/; Kretzschmar ME, G Rozhnova, MCJ Bootsma, M van Boven, JHHM van de Wijgert, MJM Bonten (2020). "Impact of delays on effectiveness of contact tracing strategies for COVID-19: a modelling study." *The Lancet Public Health,* 16 July. https://doi.org/10.1016/S2468-2667(20)30157-2; Edwards E (2020). "Money and speed for COVID-19 tests needed to combat 'impending disaster'". NBC News, 16 July. https://www.nbcnews.com/health/health-news/money-speed-covid-19-tests-needed-combat-impending-disaster-n1234037.

647. National Center for Health Statistics (2020). *Weekly Updates by Select Demographic and Geographic Characteristics: Provisional Death Counts for Coronavirus Disease 2019 (COVID-19).* Centers for Disease Control and Prevention, 17 June. https://www.cdc.gov/nchs/nvss/vsrr/covid_weekly/index.htm#Race_Hispanic; Ford T, S Rener, and RV Reeves (2020). "Race gaps in COVID-19 deaths are even bigger than they appear." Brookings Institution, 16 June. https://www.brookings.edu/blog/up-front/2020/06/16/race-gaps-in-covid-19-deaths-are-even-bigger-than-they-appear/.

648. Ndii D (2020). "Thoughts of a pandemic, geoeconomics and Africa's urban sociology." *The Elephant,* 25 March. https://www.theelephant.info/op-eds/2020/03/25/thoughts-on-a-pandemic-geoeconomics-and-africas-urban-sociology/; Burki T (2020). "COVID-19 in Latin America." *The Lancet Infectious Diseases* 20(5):547-548.

649. Foster JB and I Sunwandi (2020). "COVID-19 and catastrophe capitalism: Commodity chains and ecological-epidemiological-economic crises." *Monthly Review* 72(2).

650. Whitehead MJ (2020). "Surveillance capitalism in the time of Covid-19: The possible costs of technological liberation from lockdown." Interdisciplinary Behavioral Insights Research Centre blog, 11 May. https://abi554974301.wordpress.com/2020/05/11/surveillance-capitalism-in-the-time-of-covid-19-the-possible-costs-of-technological-liberation-from-lockdown/; Timotijevic J (2020). "Society's 'new normal'? The role of discourse in surveillance and silencing of dissent during and post Covid-19." *Social Science & Humanities,* 27 May. https://papers.ssrn.com/sol3/papers.cfm?abstract_id=3608576; Hensley-Clancy M (2020). "The coronavirus is shattering a generation of kids." *Buzzfeed,* 11 June. https://www.buzzfeednews.com/article/mollyhensleyclancy/coronavirus-kids-school-inequality.

651. Taylor C (2020). "This map shows where coronavirus vaccines are being tested around the world." CNBC, 5 June. https://www.cnbc.com/2020/06/05/this-map-shows-where-coronavirus-vaccines-are-being-tested-worldwide.html.

652. Bienkov A (2020). "Scientists fear the hunt for a coronavirus vaccine will fail and we will all have to live with the 'constant threat' of COVID-19." *Business Insider,* 25 April. https://www.businessinsider.com/coronavirus-vaccine-may-be-impossible-to-produce-scientists-covid-2020-4; Collins F (2020). "Meet the researcher leading NIH's COVID-19 vaccine development efforts." *NIH Director's Blog,* 9 July. https://directorsblog.nih.gov/2020/07/09/meet-the-researcher-leading-nihs-covid-19-vaccine-development-efforts/; O'Donnell C (2020). "Merck CEO says raising COVID-19 vaccine hopes 'a grave disservice'-report." Reuters, 14 July. https://www.reuters.com/article/us-health-coronavirus-vaccine-merck-co/merck-ceo-says-raising-covid-19-vaccine-hopes-a-grave-disservice-report-idUSKCN24F2RV; Hollar J (2020). "Stories dooming vaccine hopes overlook immunity's complexity in search of easy clicks." FAIR, 22 July. https://fair.org/home/stories-dooming-vaccine-hopes-

overlook-immunitys-complexity-in-search-of-easy-clicks/.

653. Lanese N (2020). "Researchers fast-track coronavirus vaccine by skipping key animal testing first." *Live Science*, 13 March. https://www.livescience.com/coronavirus-vaccine-trial-no-animal-testing.html; Megget K (2020). "What are the risks of fast-tracking a Covid-19 vaccine?" *Chemistry World*, 13 July. https://www.chemistryworld.com/news/what-are-the-risks-of-fast-tracking-a-covid-19-vaccine/4012130.article.

654. Peeples L (2020). "News Feature: Avoiding pitfalls in the pursuit of a COVID-19 vaccine." *PNAS*, 117(15): 8218-8221; Leming AB and V Raabe (2020). "Current studies of convalescent plasma therapy for COVID-19 may underestimate risk of antibody-dependent enhancement." *J Clin Virol.* 127: 104388; Garber K (2020). "Coronavirus vaccine developers wary of errant antibodies." *Nature Biotechnology*, 5 June. https://www.nature.com/articles/d41587-020-00016-w.

655. Wallace RG, R Kock, L Bergmann, M Gilbert, L Hogerwerf, C Pittiglio, R Mattioli, and R Wallace (2016). "Did neoliberalizing West Africa's forests produce a vaccine-resistant Ebola?" In Wallace R and RG Wallace (eds), *Neoliberal Ebola: Modeling Disease Emergence from Finance to Forest and Farm.* Springer International Publishing, Cham, pp 55-68.

656. Associated Press (2020). "Half of Americans would get a COVID-19 vaccine, AP-NORC poll finds." 27 May. https://www.nbcnews.com/health/health-news/half-americans-would-get-covid-19-vaccine-ap-norc-poll-n1215606.

657. Payne DC, SE Smith-Jeffcoat, G Nowak, U Chukwuma, JR Geibe, et al. (2020). "SARS-CoV-2 infections and serologic responses from a sample of U.S. Navy service members—USS Theodore Roosevelt, April 2020." *MMWR* 69(23): 714-721.

658. Long Q-X, X-J Tang, Q-L Shit, Q Li, H-J Deng, et al. "Clinical and immunological assessment of asymptomatic SARS-CoV-2 infections." *Nature Medicine*, 18 June. https://www.nature.com/articles/s41591-020-0965-6.

659. Grifoni A, D Weiskopf, SI Ramirez, J Mateus, JM Dan, et al. (2020). "Targets of T Cell responses to SARS-CoV-2 coronavirus in humans with COVID-19 disease and unexposed individuals." *Cell*, 181(7):1489-1501; Sekine, T, A Perez-Potti, O Rivera-Ballesteros, K Strålin, J-B Gorin, et al. (2020). "Robust T cell immunity in convalescent individuals with asymptomatic or mild COVID-19." bioRxiv, 29 June. https://www.biorxiv.org/content/10.1101/202

0.06.29.174888v1.abstract.

660. Schultz PR and AI Meleis (1988). "Nursing epistemology: Traditions, insights, questions." *Journal of Nursing Scholarship* 20(4): 217-221; Reed PG (2006). "The practice turn in nursing epistemology." *Nursing Science Quarterly* 19(1):1-3.

661. Gulick J, J Araujo, C Roelofs, T Kerssen, M Figueroa, et al. (2020). "What is mutual aid? A COVID-19 primer." PReP Neighborhoods, Pandemic Research for the People, Dispatch 2, 14 May. https://drive.google.com/file/d/1f62eApKdHXCVa-rnHV-EjCPTEa4N6g9i/view.

662. Davis M (2018). *Old Gods, New Engimas: Marx's Lost Theory.* Verso, New York.

663. Karatani K (2014). *The Structure of World History: From Modes of Production to Modes of Exchange.* Duke University Press, Durham, NC.

664. van der Sande M, P Teunis, and R Sabel (2008). "Professional and home-made face masks reduce exposure to respiratory infections among the general population." *PLoS ONE* 3(7): e2618; Tognotti E (2013). "Lessons from the history of quarantine, from plague to influenza A." *Emerg Infect Dis.,* 19(2): 254-259; Lynteris C (2018). "Plague masks: The visual emergence of anti-epidemic personal protection equipment." *Medical Anthropology* 37:6, 442-457; Bufano M and B Robbins (2020). "Facemasks through the ages, from medical aid to fashion statement." CBS News, 31 May. https://www.cbsnews.com/news/facemasks-through-the-ages-from-medical-aid-to-fashion-statement/; Zhang R, Y Li, AL Zhang, Y Wang, and MJ Molina (2020). "Identifying airborne transmission as the dominant route for the spread of COVID-19." *PNAS.* Advance publication, 11 June. https://doi.org/10.1073/pnas.2009637117.

665. Rieger MO (2020). "To wear or not to wear? Factors influencing wearing face masks in Germany during the COVID-19 pandemic." *Social Health and Behavior* 3(2):50-54.

666. Grandjean D, R Sarkis, J-P Tourtier, C Julien-Lecocq, A Benard, et al. (2020). "Detection dogs as a help in the detection of COVID-19 Can the dog alert on COVID-19 positive persons by sniffing axillary sweat samples? Proof-of-concept study." bioRxiv, 5 June. https://www.bioRxiv.org/content/10.1101/2020.06.03.132134v1.full.

667. Wallace RG, A Liebman, D Weisberger, T Jonas, L Bergmann, R Kock, and R Wallace. "The origins of industrial agricultural pathogens." This volume.

668. Wallace RG, A Liebman, LF Chaves, and R Wallace (2020). "COVID-19

and circuits of capital"; Tyberg J (2020). *Unlearning: From Degrowth to Decolonization.* Rosa Luxemburg Stiftung, May 2020. http://www.rosalux-nyc. org/unlearning-from-degrowth-to-decolonization/; Foster JB, T Riofrancos, L Steinfort, G Kallis, M Ajl, B Tokar, and H Moore (2020). "ROAR Roundtable: COVID-19 and the climate crisis." ROAR Magazine, 23 June. https:// roarmag.org/essays/roar-roundtable-covid-19-and-the-climate-crisis/.

669. *Foster JB, T Riofrancos, L Steinfort, G Kallis, M Ajl, B Tokar, and H Moore (2020). "ROAR Roundtable: COVID-19 and the climate crisis."*

670. Wallace RG. "Midvinter-19." This volume; Chaw S-M, J-H Tai, S-L Chen, C-H Hsieh, S-Y Chang, et al. (2020). "The origin and underlying driving forces of the SARS-CoV-2 outbreak". *Journal of Biomedical Science* 27:73.

671. Brufsky A and MY Lotze (2020). "DC/L-SIGNs of hope in the COVID-19 pandemic." *Journal of Medical Virology.* https://doi.org/10.1002/jmv.25980.

672. Lee L, T Hughes, M-H Lee, H Field, Hume1, JJ Rovie-Ryan, et al. (2020). "No evidence of coronaviruses or other potentially zoonotic viruses in Sunda pangolins (*Manis javanica*) entering the wildlife trade via Malaysia." bioRxiv, 19 June. https://www.bioRxiv.org/content/bioRxiv/ear ly/2020/06/19/2020.06.19.158717.full.pdf.

673. Yee E (2019). "The pangolin trade explained: situation in Malaysia." *The Pangolin Reports*, 2 May. https://www.pangolinreports.com/malaysia/.

674. Chan YA and SH Zhan (2020). "Single source of pangolin CoVs with a near identical Spike RBD to SARS-CoV-2." bioRxiv, 7 July. https://www.bioRxiv. org/content/10.1101/2020.07.07.184374v1; Thomas L (2020). "Research sheds doubt on the Pangolin link to SARS-CoV-2." *News Medical*, 8 July. https:// www.news-medical.net/news/20200708/Research-sheds-doubt-on-the- Pangolin-link-to-SARS-CoV-2.aspx.

675. Latham J and A Wilson (2020). "A proposed origin for SARS-CoV-2 and the COVID-19 pandemic." *Independent Science News,* 15 July. https://www. independentsciencenews.org/commentaries/a-proposed-origin-for-sars-cov- 2-and-the-covid-19-pandemic/.

676. Wallace RG. "The blind weaponmaker." Patreon. In preparation.

677. Wallace RG. "Midvinter-19." This volume.

678. Foster JB, T Riofrancos, L Steinfort, G Kallis, M Ajl, B Tokar, and H Moore (2020). "ROAR Roundtable: COVID-19 and the climate crisis."

찾아보기